Typografische Grundlagen
Handbuch für Technik und Gestaltung

Bases Typographiques
Manuel pour technique et conception

Basic Typography
Handbook of technique and design

Ruedi Rüegg / Godi Fröhlich

ABC Verlag Zürich

Editions ABC Zurich

ABC Edition Zurich

Autoren
Ruedi Rüegg und Godi Fröhlich
Übersetzungen
Denise Schai, französisch
M. J. Schärer-Wynne, englisch
Gestaltung
Ruedi Rüegg
Verlegerische Gesamtleitung
Konrad Baumann

Gesamtherstellung
ABC Druckerei + Verlags AG Zürich
Klischees
Nievergelt Repro AG Zürich
Papier
Biber Admiro hochweiss SK 3 140 g
Papierfabrik Biberist
Druckfarben
Printcolor AG Zürich

ISBN 3–85504–028–1
Gedruckt in der Schweiz

Auteurs
Ruedi Rüegg et Godi Fröhlich
Traductions
Denise Schai, français
M. J. Schärer-Wynne, anglais
Conception
Ruedi Rüegg
Direction de l'ouvrage
Konrad Baumann

Fabrication totale
ABC Druckerei + Verlags AG Zurich
Clichés
Nievergelt Repros SA Zurich
Papier
Biber Admiro extra-blanc CM 3 140 g
Papeterie Biberist
Encres à imprimer
Printcolor SA Zurich

ISBN 3–85504–028–1
Imprimé en Suisse

Authors
Ruedi Rüegg and Godi Fröhlich
Translations
Denise Schai, French
M. J. Schärer-Wynne, English
Layout
Ruedi Rüegg
Responsible for publication
Konrad Baumann

Total production
ABC Druckerei + Verlags AG Zurich
Engravings
Nievergelt Repros AG Zurich
Paper
Biber Admiro super-white MC 3 140 g
Biberist Paper-mill
Printing inks
Printcolor AG Zurich

ISBN 3–85504–028–1
Printed in Switzerland

Inhalt

Einführung
von J. Müller-Brockmann, Zürich 7
Handwerk und Kunst
von Paul Rand, Weston, Conn., USA 9

Typografische Mass-Systeme 11

Produktionstechniken
Handsatz 18
Linotype/Intertype 25
Monotype 30
Schreibsatz 37
Fotosetzgeräte und Fotosetzmaschinen 41
Film- und Lichtsatzanlagen 56
Die Automation in der Satzherstellung 78

Die typografischen Elemente
Der einzelne Buchstabe 82
Das Wort 88
Die Zeile 92
Die Spalte 95

Gestaltungsmöglichkeiten
Kontraste 104
Proportionen 108
Rhythmus 110
Variationen 111
Schwarz und Grau 114
Farbe 116
Gestaltungsmöglichkeiten eines Inserates 120
Der typografische Raster 124

Arbeitsgrundlagen
Ablauf einer typografischen Arbeit 134
Manuskriptbearbeitung 139
Typografische Matrix 143

Typografie in der Praxis
Bücher, Zeitschriften, Prospekte 148
Inserate 168
Plakate 180
Packungen, Etiquetten 189
Geschäftsdrucksachen 195
Einheitliche Firmentypografie 198

Entwicklung der Schriftformen 207

Sommaire

Introduction
de J. Müller-Brockmann, Zurich 7
Métiers et arts
de Paul Rand, Weston, Conn., USA 9

Les systèmes de mesures typographiques 11

Les techniques de production
Composition manuelle 18
Linotype/Intertype 25
Monotype 30
La composition par machine à écrire 37
Phototitreuses et photocomposeuses 41
La photocomposition 56
L'automation dans la composition 78

Les éléments typographiques
La lettre d'imprimerie 82
Le mot 88
La ligne 92
La colonne 95

La conception formelle
Contrastes 104
Proportions 108
Rythme 110
Variations 111
Noir et gris 114
La couleur 116
Conception formelle d'une annonce 120
La trame typographique 124

Bases du travail typographique
Déroulement d'un travail typographique 134
Traitement des manuscrits 139
La matrice typographique 144

Typographie dans la pratique
Livres, revues, prospectus 148
Annonces 168
Affiches 180
Conditionnements, Etiquettes 189
Imprimés d'affaires 195
Unité dans la typographie d'entreprise 198

Développement des formes de lettre 207

Contents

Introduction
by J. Müller-Brockmann, Zürich 7
Craft and Art
by Paul Rand, Weston, Conn., USA 9

Typographic measurement systems 11

Production techniques
Hand composition 18
Linotype/Intertype 25
Monotype 30
Cold type composition 37
Photocomposition machines for headline setting and job work 41
Photo typesetting 56
Automation in composition 78

Typographic elements
The single letter 82
The word 88
The line 92
The column 95

Formal aspects
Contrasts 104
Proportions 108
Rhythm 110
Variations 111
Black and grey 114
Colour 116
Possibilities of designing an advertisment 120
The typographic grid 124

Working principles
Course of a typographical work 134
Preparation of the copy 139
Typographic matrix 145

Applied typography
Books, magazines, brochures 148
Advertisements 168
Posters 180
Packaging, Labels 189
Business stationary 195
Corporate identity by typography 198

Development of type forms 207

Typografie haben wir als eine Summe verschiedener Aspekte zu betrachten, Aspekte des Inhalts, der Absicht, des Senders, des Empfängers, der Sprache, der Gestaltung, der Technik, der Wirtschaftlichkeit.

Nous devons considérer la typographie comme un tout qui peut être examiné de différents points de vue: contenu des textes, intention, émetteur et destinataire du message, langue, forme typographique, technique, rentabilité.

Typography must be regarded as the sum total of various aspects. These concern the content, intention, sender, receiver, language, design, technique and the economic point of view.

Einführung

Die Typografie ist keine freie, unabhängige Kunst wie die Malerei, Plastik oder Musik, sondern, wie Architektur und Grafik, an einen klaren Auftrag gebunden. Primär bestimmen Nützlichkeitserwägungen die typografische Gestaltung. Ihr Ziel: sachlich übermittelte Gedanken, Ideen, Fakten.

Die sinnvolle Lösung einer solchen Aufgabe setzt technisches wie formales Know-how voraus, denn jeder technische Vorgang wird in der Typografie zugleich zur formalen Aussage. Die Ausbildung visueller Gestalter nimmt sich beider Problemkreise mit gleicher Sorgfalt an.

Je gründlicher der Gestalter mit typografischen Elementen, Mass-Systemen und Produktionstechniken vertraut ist, desto souveräner wird er Textteile nach ihrem Stellenwert ordnen, ihre Bedeutung offensichtlich machen.

Seit Gutenberg änderte sich die geschlossene Satzform kaum. Eine Vielzahl neuer Schriften erschien, aber nur wenige in zeitlos gültiger Formqualität. Doch die typografischen Regeln und Normen erweiterten und verfeinerten sich. Die revolutionären Bewegungen in der 1. Hälfte des 20. Jahrhunderts: Konstruktivismus, Futurismus, Dadaismus, de Stijl und Bauhaus, unterstützt von grossen Gestalter-Persönlichkeiten ausserhalb dieser Kollektive, versuchten hergebrachte Konventionen mit neuen Ideen zu überwinden. Sie inspirierten die Typografen zu gestalterischen Experimenten, zur eigenständigen, lebendigen Buchstabenform. Grössenkontraste, diagonalgestellte Wörter und Wortgruppen konkretisierten optische Gegensätze und Spannungen. Typografische Text-Organisation wurde zum Be-

Introduction

La typographie n'est pas un art libre et indépendant comme la peinture, la sculpture ou la musique; au contraire, comme l'architecture ou le graphisme, elle dépend d'impératifs précis. Des considérations d'ordre utilitaire déterminent en premier lieu la forme typographique. Le but de la typographie est de transmettre sous une forme tangible des réflexions, des idées, des informations.

L'exécution correcte de cette tâche suppose un «savoir-faire» technique aussi bien qu'esthétique, car toute démarche technique, en typographie, s'accompagne d'une expression plastique. La formation du créateur visuel aborde avec le même soin les deux ordres de problèmes.

Plus le créateur typographe est familiarisé avec les éléments typographiques, les systèmes de mesure et les techniques de production, mieux il saura ordonner les sections de texte selon leur importance et éclairer leur signification.

Depuis Gutenberg, la forme de l'imprimé s'est à peine modifiée. De nombreuses écritures nouvelles sont apparues, mais très peu d'entre elles ont une valeur durable. Pourtant les règles et les normes typographiques se sont multipliées et affinées. Les mouvements révolutionnaires de la première moitié du XXe siècle, constructivisme, futurisme, dadaïsme, mouvement de Stijl et Bauhaus, soutenus par l'éminentes personnalités de créateurs extérieurs à ces mouvements, s'éfforcérent de dépasser par des idées neuves les conventions adoptées jusqu'alors. Ils inspirèrent aux typographes des expériences esthétiques, des formes de lettres originales et vivantes. Les contrastes de corps, les

Introduction

Typography is not a free, independent art like painting, sculpture or music but, like architecture and graphic design, it is connected with a definite order. Its aim is the impartial transmission of thoughts, ideas and facts.

The relevant solution of such a task presupposes technical as well as formal know-how because every technical process at the same time becomes a formal declaration in typography. The training of visual designers is applicable to the same degree in both the problem spheres.

The more thoroughly the designer is conversant with typographic elements, systems of measurement and production techniques, the better will he be able to arrange the different parts of the text according to their importance and to make their meaning apparent.

The form of composition has hardly changed since Gutenberg. A multitude of new type faces have appeared but only few of them have a quality of form which is of lasting applicability. Typographic rules and norms have, however, been extended and improved. The revolutionary movements during the first half of the 20th century, constructivism, futurism, dadaism, de Stijl and Bauhaus, supported by great personalities in designing outside these collective groups, have attempted to overcome traditional conventions by means of new ideas. They inspired typographers to carry out experiments in designing, using their own vigorous forms of letters. Words and groups of words, varying in size and placed diagonally, produce concrete optical contrast and interest. The typographic arrangement of the text became a comstandteil der künstlerischen Konzeption. Die konstruktivistische Richtung forderte Einfachheit, Gesetzmässigkeit und eine zweckgerecht funktionell gestaltete Typografie. Einen klaren, mühelos lesbaren Druck also.

Jan Tschichold hielt diese Forderungen 1925 in seiner «Elementaren Typographie» fest und 1928 in «Die neue Typographie». Seither sind diese Thesen weltweit bekannt und Allgemeingut.

Neue Erfindungen modernisierten die Produktionstechnik des Schriftsatzes. Das Digiset-System, z. B., produziert bereits vollelektronisch 1–2 Mio. Zeichen pro Stunde.

Um zukünftigen Problemstellungen gewachsen zu sein, sind fundierte Kenntnisse der formalen wie technischen Mittel für den Gestalter existenznotwendig. Dieses Buch orientiert über den neuesten Stand technischer Satzherstellung und typografischer Grundlagen. Schulen, Kursleitern, Lehrern ist damit eine brauchbare Ausbildungshilfe an die Hand gegeben, Gestaltern ein Nachschlagewerk und eine Anleitung zum Selbststudium.

J. Müller-Brockmann, Zürich

mots et les groupes de mots placés en diagonale concrétisaient les oppositions et les tensions typographiques. L'organisation typographique d'un texte devint partie intégrante de la conception artistique. La tendance constructiviste exigeait la simplicité, la rigueur, une typographie fonctionnelle. Et aussi une impression claire et aisément lisible.

Jan Tschichold a exprimé ces exigences en 1925 dans son ouvrage «Elementare Typographie», et en 1928 dans «Die neue Typographie.» Depuis, ces thèses sont connues dans le monde entier et devenues propriété publique.

De nouvelles inventions ont amélioré les techniques de composition. Le système Digiset par exemple produit les signes de façon entièrement électronique à des vitesses pouvant atteindre deux millions de signes à l'heure.

Il est d'une importance vitale pour le créateur typographe d'acquérir des connaissances solides des moyens techniques et esthétiques, s'il veut pouvoir faire face aux problèmes qui se poseront dans l'avenir. Ce livre traite de la situation la plus récente des techniques de composition et des principes typographiques.
Il apporte une aide, dans leur effort de formation, aux élèves, aux directeurs de cours, aux professeurs; pour les créateurs typographes, il est un ouvrage de référence et une incitation à l'étude personnelle.

J. Müller-Brockmann, Zurich

ponent of artistic conception. The constructive movement furthered simplicity, conformity and functionally designed typography that was appropriate to its purpose, i.e. clear print that is easily legible.

Jan Tschichold indicates these demands in his "Elementaren Typographie" in 1925 and in "Die neue Typographie" in 1928. Since then, these assertions have become known all over the world and are generally applicable.

New discoveries have improved production technique of type. The Digiset system, for example, produces completely electronically up to two million characters per hour.

In order to be equal to dealing with future problems which may arise, fundamental knowledge of formal as well as technical means is absolutely essential for the designer. This book gives information on the latest situation regarding the production of type and the basic principles of typography. It therefore presents schools and teachers with a useful instructional aid as well as providing designers with a reference book and an introduction to independent study.

J. Müller-Brockmann, Zürich

Handwerk und Kunst

Die Vorstellung, dass Intuition und Intellekt einander nicht ergänzen, dürfte längst überholt sein. Auf ähnlichen falschen Überlegungen beruht die Annahme, dass Inspiration handwerkliches Können und Wissen erübrige. Im Gegensatz dazu hat sich die Erkenntnis durchgesetzt, dass es für das künstlerische Schaffen von ausschlaggebender Bedeutung ist, sich mit den handwerklich-technischen Grundregeln, im Sinne des Rohmaterials, vertraut zu machen.

Auf dem Gebiet des Graphic Design wie in allen Bereichen kreativer Tätigkeit wird die künstlerische Fähigkeit im wesentlichen auf die Beherrschung des Handwerks * zurückgeführt, auf das berufliche Metier, die Fachkenntnis. Beim Tanz zum Beispiel ist es unerlässlich, die Grundbegriffe des Schreitens, der rhythmischen Bewegung zu kennen. In der Musik ist die Kenntnis der Tonleitern lebensnotwendig. In der Typografie gehört die Beherrschung der Terminologie und die Erfassung ihres Sinnes zum fachlichen Rüstzeug. Der Typograf muss die Begriffe Punkt, Linie, Fläche, Durchschuss, Buchstabe, Wort, Pagina, Schriftzug, Papier, Druckfarbe, Druckverfahren, Buchbindereitechnik usw. kennen. Das Formen-Vokabular beinhaltet unter anderem Zwischenraum (Spatium), Abfolge, Serie, Bewegung, Gleichgewicht, Volumen, Spannung, Harmonie, Ordnung und Einfachheit.

So, wie es keine Kunst ohne Handwerk und kein Handwerk ohne Grundbegriffe gibt, ist Kunst ohne Phantasie, ohne Ideenflug nicht denkbar. Kindliche Kunst beruht auf starker Phantasie und relativ geringem handwerklichem Können. Erst die Intensität in der Verbindung von Ein-

* Das Missverständnis, hervorgerufen durch die Bezeichnung «Arts and Crafts» (Kunst und Handwerk), hat die Kunst dem Handwerk entfremdet. Vielleicht kommt es daher, dass durch die Verbindung in der Bezeichnung «Handicraft» das Wort einen völlig anderen Sinn bekommen hat.

Métiers et arts

C'est une vieille idée romantique que l'intuition et l'intelligence sont deux facultés étrangères l'une à l'autre. Selon une tradition également erronnée, l'inspiration rendrait superflues les connaissances professionnelles. Il n'est donc pas étonnant que ces idées fausses nous mènent à minimiser l'importance de l'apprentissage des règles et principes qui constituent les éléments de base du travail de l'artiste.

Dans le graphisme, comme dans toute expression créative, l'art procède du métier *. Dans la danse, le métier consiste à maîtriser les pas essentiels, en musique, à apprendre les gammes. En typographie, le vocabulaire de métier concerne les points, les lignes, les formes, les picas, les cicéros, les interlignes, les cadrats, les empattements, les lettres, les mots, les folios, les pages, les cahiers, le papier, l'encre, la couleur, l'impression et le brochage. Le vocabulaire de l'esthétique comprend, entre autres: l'espace, les proportions, l'échelle, les corps, la forme, les rythmes, les répétitions, les séquences, le mouvement, l'équilibre, les volumes, les contrastes, l'harmonie, l'ordre et la simplicité.

De la même façon qu'il n'y a pas d'art sans métier ni métier sans règles, il n'y a pas d'art sans imagination, sans idées. L'art de l'enfant comporte beaucoup d'imagination, peu de métier. C'est la rencontre des deux qui marque la différence entre l'art de l'enfant et celui de l'adulte.

La liberté résulte de contraintes qui constituent la base du jeu et de l'invention. Lorsqu'une œuvre réussie a enfreint une règle ou semble l'enfreindre, on découvre toujours qu'un élément compensateur est intervenu, qu'il s'agisse d'une interprétation

* La formule «arts et métiers» (en français comme en anglais, bien que dans un sens différent) n'évoque absolument plus l'idée de l'art, et n'a pu qu'éloigner les artistes des préoccupations de métier.

Craft and Art

There is an old romantic idea that intuition and intellect do not mix. There is an equally erroneous belief that inspiration takes the place of industry. Fortified with such misconceptions, it is understandable that we tend to minimize the importance of learning the rules, the fundamentals, which are the raw material of the artist's craft.

In graphic design, as in all creative expression, art evolves from craft *. In dancing, craft is mastering the basic steps; in music, it is learning the scales. In typographic design, craft deals with points, lines, planes, picas, ciceros, leads, quads, serifs, letters, words, folios, pages, signatures, paper, ink, color, printing, and binding. The vocabulary of form (art) includes, among others: space, proportion, scale, size, shape, rhythm, repetition, sequence, movement, balance, volume, contrast, harmony, order, and simplicity.

Just as there is no art without craft and no craft without rules, so too there is no art without phantasy, without ideas. A child's art is much phantasy but little craft. It is the fusion of the two that makes the difference.

Freedom is the product of restraint (rules) which forms the basis for play and invention. If in a successful work a rule is or seems to be broken, one will discover that a compensatory element is operating: either an ingenious interpretation of a familiar rule or replacement of the rule with an extraordinary or novel element.

The history of art is also part of the artist's craft. It reveals the origin of the rules. Without the awareness of Burckhardt and

* The confusion that the phrase "arts and crafts" engenders has further alienated art from craft. Because of its association with handicrafts, the simple and the rustic, this combination of words has taken on quite another meaning.

fallsreichtum und Technik schafft hier die feinen Unterschiede.

Künstlerische Freiheit ist das Ergebnis erfasster und erlebter Gestaltungsprinzipien, die die Grundlage eines Zusammenwirkens von Spiel und Erfindung bilden. Werden in einem erfolgreichen Kunstwerk gewisse Grundsätze ausser acht gelassen, dann finden wir an ihrer Stelle kompensatorische Elemente: eine neue Interpretation der an sich bekannten Regeln oder den Ersatz durch ein aussergewöhnliches, neues Element.

Zur Geschichte der Kunst gehört unter anderem die Entwicklung des künstlerischen Handwerks und Könnens. Sie weist den Ursprung der Regeln nach. Ohne die Kenntnis von Burckhardts oder Wölfflins Theorien, derjenigen von Updike oder Morrison wäre das Design ärmer. Kunstgeschichte offenbart die Beziehung von Picasso zu Masaccio, von Cézanne und den grossen Primitiven. Sie zieht die Grenzlinien zwischen Malewitsch und Lissitzky, macht deutlich, dass eine grössere Verwandtschaft besteht zwischen Mondrian und dem Swiss Design als zwischen dem Biedermeier und dem Bauhaus.

Gutes Design, gute Typografie, schweizerischen oder anderen Ursprungs, ist eine Verbindung von Information und Inspiration, des Bewusstseins und Unterbewusstseins, von gestern und heute, von Realität und Phantasie, Arbeit und Spiel, Handwerk und Kunst.

Paul Rand, Weston, Connecticut, USA

(Freie deutsche Übertragung durch Hans Neuburg, Zürich)

ingénieuse d'une règle connue, ou du remplacement de la règle par un élément extraordinaire ou nouveau.

L'histoire de l'art fait aussi partie du métier de l'artiste. Elle révèle l'origine des règles. Si l'artiste ne connaît pas l'existence de Burckhardt et de Wölfflin, d'Updike et de Morrison, il en est considérablement appauvri. L'histoire de l'art révèle la relation de Picasso à Masaccio, à Cézanne et aux primitifs. Elle fixe l'écoulement du temps entre Malevich et Lissitzky. Elle suggère que sans Mondrian, le graphisme suisse serait beaucoup plus apparenté au Biedermeier qu'au Bauhaus.

Le bon graphisme, la bonne typographie, de Suisse ou d'ailleurs, est une fusion d'information et d'inspiration, une rencontre du conscient et de l'inconscient, de l'hier et de l'aujourd'hui, de la réalité et de l'imagination, du travail et du jeu, du métier et de l'art.

Paul Rand, Weston, Connecticut, USA

Wolfflin, of Updike and Morrison, the designer is all the poorer. Art history reveals the relationship of Picasso to Masaccio, to Cezanne and the primitives. It fixes the time between Malevich and Lissitzky. It suggest that without Mondrian, Swiss design might be more akin to Biedermeier than to Bauhaus.

Good design, good typography, Swiss or otherwise, is a fusion of information and inspiration, of the conscious and the unconscious, of yesterday and today, of fact and phantasy, work and play, craft and art.

Paul Rand, Weston, Connecticut, USA

Typografische Mass-Systeme

Les systèmes de mesures typographiques

Typographic measurement systems

Typografische Mass-Systeme umfassen die Masseinheiten, auf denen die Abstufungen der Schriftgrade und alle andern Ausmasse der Satzelemente basieren.

Heute werden international noch zwei Punkt-Systeme angewandt,
das Didot-Punktsystem (in Europa) und das englisch-amerikanische Punktsystem (in England, in Englands Einflussgebieten und in ganz Amerika).

Die kleinste Masseinheit nennt man in beiden Systemen 1 Punkt.
Als nächst grössere Masseinheit werden 12 Punkte zusammengefasst. 12 Didotpunkte nennt man in Deutschland, Österreich und der Schweiz *Cicero,* in Frankreich *Douze,* in Italien *Riga Tipografica* und in Holland *Augustijn*. 12 englisch-amerikanische Punkte werden *Pica* oder *Pica em* genannt.
Beide Systeme finden jedoch keine massliche Übereinstimmung zueinander wie auch keine Übereinstimmung zum metrischen oder zum amerikanischen Längenmass.

1 Didot-Punkt
= 0,3759 mm
1 Didot-Punkt
= 1,07 englisch-amerikanischer Punkt
1 Didot-Punkt
= 0,0148 inch

1 englisch-amerikanischer Punkt
= 0,0138 inch (approximativ 1/72 inch)
1 englisch-amerikanischer Punkt
= 0,935 Didot-Punkt
1 englisch-amerikanischer Punkt
= 0,351 mm

Par «mesures typographiques» il faut entendre les unités de mesure s'appliquant à la gradation des caractères et à toutes les autres dimensions des éléments de composition.

Deux systèmes de points sont utilisés de nos jours sur le plan international,
le système de points Didot (en Europe) et le système de points anglo-américain (en Grande-Bretagne, dans les pays sous influence anglo-saxonne et dans toute l'Amérique).

L'unité de base de ces deux systèmes est le point.
L'unité suivante se nomme le «douze»; il se compose, comme son nom l'indique, de 12 points. En Allemagne, en Autriche et en Suisse, le *douze* est appelé *cicéro*, en France *douze*, en Italie *riga tipografica* et aux Pays-Bas *augustijn*. 12 points anglo-américains se nomment *pica* ou *pica em.*
Entre les deux systèmes, il n'existe toutefois pas d'équivalence, et ces mesures purement typographiques n'appartiennent ni au système métrique, ni aux mesures de longueur américaines.

1 point Didot
= 0,3759 mm
1 point Didot
= 1,07 point anglo-américain
1 point Didot
= 0,0148 pouce

1 point anglo-américain
= 0,0138 pouce (environ 1/72 pouce)
1 point anglo-américain
= 0,935 point Didot
1 point anglo-américain
= 0,351 mm

Typographic measuring systems comprise the units of measurement on which the gradation of type sizes and all other scales of composition elements are based.

Two point systems are still internationally used today,
the didot point system (in Europe) and the English-American point system (in Great Britain, areas under British influence and in the whole of America).

The smallest unit of measurement in both systems is termed a point.
The next larger unit consists of 12 points. 12 didot points are termed *cicero* in Germany, Austria and Switzerland, *douze* in France, *riga tipografica* in Italy and *augustijn* in Holland. Twelve English-American points are termed *pica* or *pica em.*
These two systems, however, do not conform to each other as units of measurement nor is there any conformity to metric or American lineal measures.

1 Didot point
= 0.3759 mm
1 Didot point
= 1.07 English-American points
1 Didot point
= 0.0148 inch

1 English-American point
= 0.0138 inch (approx. 1/72 inch)
1 English-American point
= 0.935 Didot point
1 English-American point
= 0.351 mm

Didot-Punkte	mm	Engl. Points	Inch
1	.376	1.070	.0148
2	.752	2.139	.0296
3	1.128	3.210	.0444
4	1.504	4.280	.0592
5	1.879	5.349	.0740
6	2.255	6.419	.0888
7	2.631	7.489	.1036
8	3.007	8.559	.1184
9	3.383	9.629	.1332
10	3.759	10.699	.1480
11	4.135	11.769	.1628
12	4.511	12.839	.1776
13	4.887	13.909	.1924
14	5.263	14.979	.2072
15	5.638	16.049	.2220
16	6.014	17.118	.2368
17	6.390	18.188	.2516
18	6.766	19.258	.2664
19	7.142	20.328	.2812
20	7.518	21.398	.2960
21	7.894	22.468	.3108
22	8.270	23.539	.3256
23	8.646	24.608	.3404
24	9.023	25.678	.3552
25	9.398	26.748	.3700
26	9.773	27.814	.3848
27	10.149	28.887	.3996
28	10.525	29.957	.4144
29	10.901	31.027	.4292
30	11.277	32.097	.4440
31	11.653	33.167	.4588
32	12.029	34.237	.4736
33	12.405	35.307	.4884
34	12.781	36.377	.5032
35	13.157	37.447	.5180
36	13.532	38.516	.5328
37	13.908	39.586	.5476
38	14.284	40.656	.5624
39	14.660	41.726	.5772
40	15.036	42.796	.5920
41	15.412	13.866	.6068
42	15.788	44.936	.6216
43	16.164	46.007	.6364
44	16.539	47.077	.6512
45	16.916	48.146	.6660
46	17.291	49.215	.6808
47	17.667	50.285	.6956
48	18.043	51.355	.7104

Didot-Punkte	mm	Engl. Points	Inch
49	18.419	52.425	.7252
50	18.785	53.495	.7400
51	19.171	54.565	.7548
52	19.547	55.635	.7696
53	19.923	56.705	.7844
54	20.299	57.775	.7992
55	20.675	58.845	.8140
56	21.050	59.915	.8288
57	21.426	60.984	.8436
58	21.802	62.054	.8584
59	22.178	63.124	.8732
60	22.554	64.194	.8880
61	22.929	65.264	.9028
62	23.306	66.334	.9176
63	23.682	67.404	.9324
64	24.058	68.473	.9472
65	24.434	69.544	.9620
66	24.809	70.613	.9768
67	25.185	71.683	.9916
68	25.561	72.753	1.0064
69	25.937	73.823	1.0212
70	26.313	74.893	1.0360
71	26.689	75.962	1.0508
72	27.065	77.032	1.0656
73	27.441	78.103	1.0804
74	27.817	79.173	1.0952
75	28.193	80.243	1.1100
76	28.568	81.312	1.1248
77	28.944	82.382	1.1396
78	29.320	83.452	1.1544
79	29.696	84.522	1.1692
80	30.072	85.592	1.1840
81	30.448	86.661	1.1988
82	30.824	87.732	1.2136
83	31.199	88.801	1.2284
84	31.577	89.871	1.2432
96	36.088	102.710	1.4208
108	40.599	115.548	1.5984
120	45.110	128.387	1.7760
132	49.621	141.226	1.9536
144	54.132	154.065	2.1312

Engl. Points	Inch	Didot-Punkte	mm
1	.0138	0.935	0.351
2	.0276	1.869	0.703
3	.0415	2.804	1.054
4	.0553	3.738	1.406
5	.0690	4.673	1.757
6	.0830	5.608	2.108
7	.0968	6.542	2.460
8	.1107	7.477	2.811
9	.1245	8.411	3.163
10	.1383	9.346	3.514
11	.1521	10.281	3.865
12	.1660	11.215	4.217
13	.1798	12.150	4.568
14	.1936	13.084	4.920
15	.2074	14.019	5.271
16	.2213	14.954	5.622
17	.2351	15.888	5.974
18	.2490	16.823	6.325
19	.2628	17.757	6.677
20	.2766	18.692	7.028
21	.2904	19.627	7.379
22	.3043	20.561	7.731
23	.3181	21.496	8.082
24	.3320	22.430	8.434
25	.3458	23.365	8.785
26	.3596	24.230	9.136
27	.3734	25.234	9.488
28	.3873	26.169	9.839
29	.4011	27.103	10.191
30	.4150	28.038	10.542
31	.4288	28.973	10.893
32	.4426	29.907	11.245
33	.4564	30.842	11.596
34	.4703	31.776	11.948
35	.4841	32.711	12.299
36	.4980	33.646	12.650
37	.5118	34.580	13.002
38	.5256	35.515	13.353
39	.5394	36.449	13.705
40	.5533	37.384	14.056
41	.5671	38.319	14.407
42	.5810	39.253	14.759
43	.5948	40.188	15.110
44	.6086	41.122	15.462
45	.6224	42.057	15.813
46	.6363	42.992	16.164
47	.6501	43.926	16.516
48	.6640	44.861	16.867

Engl. Points	Inch	Didot-Punkte	mm
49	.6778	45.795	17.219
50	.6916	46.730	17.570
51	.7054	47.665	17.921
52	.7193	48.599	18.273
53	.7331	49.534	18.624
54	.7470	50.468	18.976
55	.7608	51.403	19.327
56	.7746	52.338	19.678
57	.7885	53.272	20.030
58	.8023	54.207	20.381
59	.8161	55.141	20.733
60	.8301	56.076	21.084
61	.8438	57.011	21.435
62	.8576	57.945	21.787
63	.8715	58.880	22.138
64	.8853	59.814	22.490
65	.8991	60.749	22.841
66	.9130	61.684	23.192
67	.9268	62.618	23.544
68	.9406	63.553	23.895
69	.9545	64.487	24.247
70	.9683	65.422	24.598
71	.9821	66.357	24.949
72	.9960	67.291	25.301
73	1.0098	68.225	25.652
74	1.0236	69.160	26.004
75	1.0375	70.095	26.355
76	1.0513	71.030	26.706
77	1.0651	71.964	27.058
78	1.0790	72.899	27.409
79	1.0930	73.933	27.761
80	1.1066	74.768	28.112
81	1.1205	75.703	28.463
82	1.1343	76.637	28.815
83	1.1481	77.572	29.166
84	1.1620	78.506	29.518
96	1.3280	89.721	33.735
108	1.4940	100.936	37.952
120	1.6600	112.151	42.169
132	1.8260	123.367	46.385
144	1.9920	134.582	50.602

Ein Didot-Punkt ist also nur wenig grösser als ein englisch-amerikanischer Punkt. 15 Cicero ergeben aber schon ca. 16 Picas.

Grössere Dimensionen, z. B. Spaltenbreiten, werden mit Vorteil in Cicero oder Picas angegeben.

Fototechnisch hergestellte Schriften werden je nach Produktionsart in gleicher Weise wie der gegossene Satz in Punkten oder in den entsprechenden Längenmassen gemessen (mm/inch).

Mit der internationalen Entwicklung auf dem Gebiete der Typografie und der Drucktechnik wird ein einheitliches Mass-System immer notwendiger. Seit 1964 ist deshalb ein Projekt in Bearbeitung, welches eine internationale Normung der typografischen Masse mit metrischen Dimensionen zum Ziele hat.

Le point Didot n'est donc que légèrement plus grand que le point anglo-saxon. 15 cicéros sont l'équivalent de 16 picas environ.

Les dimensions plus longues, telles que colonne, galée etc. sont mesurées de préférence en cicéros/douze, ou en picas.

Les caractères utilisés sur les photocomposeuses sont mesurés selon le même système que dans la composition dite «chaude», c'est-à-dire en points, en pouces ou en mm.

Le développement pris par l'industrie graphique sur le plan international impose de plus en plus impérieusement une unification des mesures typographiques. Depuis 1964, un projet de normalisation est en préparation: son objectif est l'établissement de normes typographiques internationales, basées sur le système métrique.

A Didot point is therefore only slightly larger than an English-American point. 15 ciceros, however, amount to approx. 16 picas.

Larger dimensions, e.g. widths of columns are advantageously indicated in picas or ciceros.

Texts produced photo-technically are measured in the same way as cast texts in points or in the corresponding lineal measures (inch/mm).

With international developments in the field of typography and printing technique, a uniform system of measurements becomes increasingly necessary. A plan has therefore been under consideration since 1964 which has the aim of internationally standardizing typographical measurements using metric dimensions.

Messinstrumente

Die Messinstrumente variieren von Land zu Land, von Produzent zu Produzent. Sie werden Typometer oder Pica-Ruler genannt. In der Regel sind zwei Mass-Systeme auf einem Instrument kombiniert, Didot-Punkte mit dem metrischen Längenmass oder englisch-amerikanische Punkte mit dem amerikanischen Längenmass.
Die 12er Einheiten sind bei den meisten Punktskalen speziell markiert und fortlaufend numeriert. Dazu kommen, je nach Fabrikat, Skalen mit geschlossenen Punktreihen, z. B. eine 8-Punkt- oder 10-Punkt-Einteilung.

Les instruments de mesure

Les instruments de mesure varient d'un pays à l'autre et d'un fabricant à l'autre. Les modèles les plus usuels sont les typomètres et les pica-rulers qui présentent en général l'avantage de combiner deux systèmes de mesure: points Didot avec le système métrique ou points anglo-américains avec les mesures de longueur américaines.
Le douze ou cicéro est indiqué spécialement sur presque tous les instruments de mesure et numéroté en continu. De plus il existe, selon les fabricants, des échelles et règles portant la numérotation graduée des différents corps, par exemple 8 ou 10 points.

Measuring instruments

Measuring instruments vary from country to country and from one producer to another. Two measuring systems are generally combined in one instrument, i.e. didot points with metric lineal measures or English-American points with American lineal measures.
The 12 units are specially marked and consecutively numbered in most point scales. In addition, there are also scales, varying according to the make, with continuous series of points, e.g. 8 or 10 point divisions.

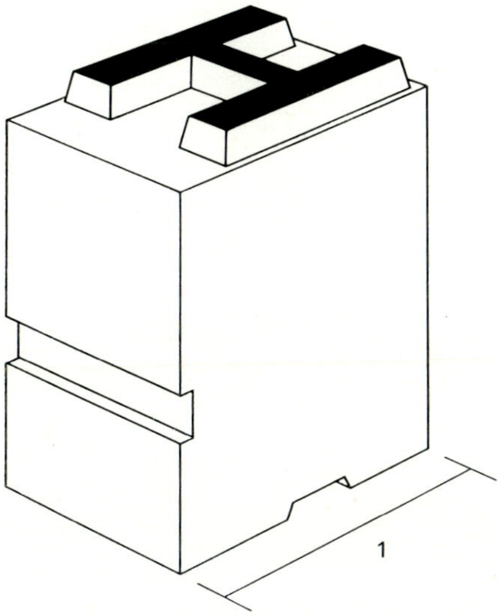

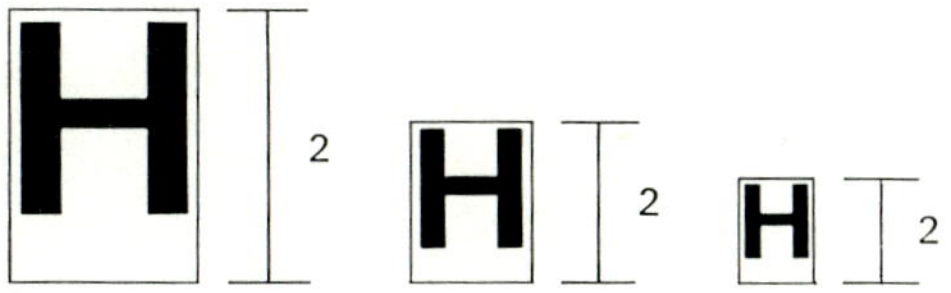

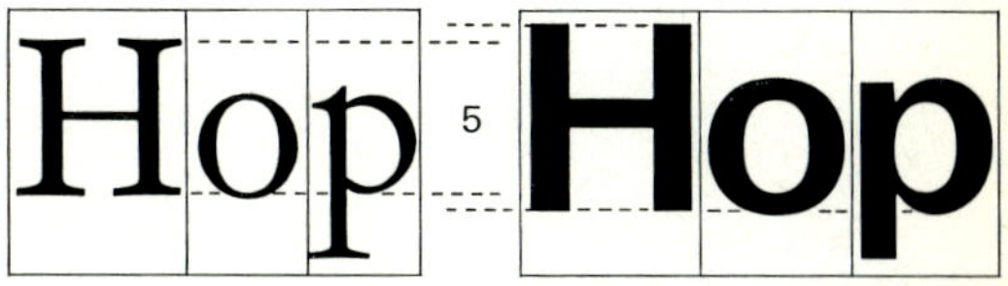

Anwendung

Mit den beiden Punktsystemen werden alle Dimensionen der gegossenen Satzelemente und die Abstufungen der Schriftgrade gemessen.

Das Mass des Kegels (1) wird als Schriftgrad (Schriftgrösse) angegeben. Das sichtbare Schriftbild ist deshalb kleiner (2). Zeilen werden von Fusslinie zu Fusslinie (4) oder von Kopflinie zu Kopflinie (3) gemessen.

Innerhalb desselben Schriftgrades (Kegelgrösse) unterscheiden sich die sichtbaren Buchstaben in ihrer Grösse. Verschiedene Schrifttypen haben verschiedene Proportionen (5).

Application

Les deux systèmes de points décrits ci-dessus permettent de mesurer toutes les dimensions des éléments de la composition fondue et celles de différents corps de caractères.

La force du corps (1) est la dimension d'un caractère, exprimé en points. L'œil «visible» du caractère est de ce fait plus petit (2). Les lignes sont mesurées d'une ligne en pied à la suivante (4) ou d'une ligne supérieure à l'autre (3).

Au sein d'une même force de corps, il est possible de distinguer les caractères par leur hauteur en pied. Divers caractères ont, dès lors, des proportions très différentes (5).

Application

All dimensions of cast composition elements and the gradations of type sizes are measured by means of the two systems of points.

The measurement of the body size (1) is indicated as the type size. The visible type face is therefore smaller (2). Lines are measured from foot rule to foot rule (4) or from head rule to head rule (3).

Visible letters vary in size within the same type size. Different forms of type have different proportions (5).

Produktionstechniken

Les techniques de production

Production techniques

Handsatz

Als Handsatz bezeichnet man die manuelle Aneinanderreihung von Einzellettern. Die heutige Technik des Handsatzes unterscheidet sich grundsätzlich kaum von der Erfindung Gutenbergs um 1440.
Jede Schriftletter ist ein einzeln gegossenes Metallstück, eine Bleilegierung. Der Kopf trägt das erhabene, spiegelverkehrte Schriftzeichen. Gedruckt erscheint dieses seitenrichtig.

Der Produzent der Schriftlettern ist die Schriftgiesserei, welche bis heute für den Guss zwei verschiedene Matrizen (Gussformen) verwendet: die geprägte Matrize und die gebohrte Matrize.

Dem Setzer stehen zwei Elementgruppen zur Verfügung:
die druckenden Elemente,
die nichtdruckenden Elemente.

Composition manuelle

La composition à la main est l'assemblage manuel des lettres pour former des mots, des lignes, des pages. Cette technique n'a pour ainsi dire pas évolué depuis l'invention de Gutenberg en 1440.
Chaque caractère consiste en une pièce de métal qui est un alliage de plomb, d'antimoine et d'étain. Sur sa partie supérieure, il porte en relief l'œil négatif de la lettre. Une fois imprimé, l'œil apparaît en positif.

Les maisons spécialisées dans la fabrication des caractères sont appelées des «fonderies de caractères». Aujourd'hui encore, les deux matrices les plus couramment employés pour la fonte des caractères sont: la frappe d'une matrice, la gravure de la matrice à la fraise pantographique.

Il existe, dans l'imprimerie, deux groupes d'éléments:
les éléments imprimants,
les éléments non imprimants.

Hand composition

Hand composition indicates the manual placing in position of individual letters. The modern technique of hand composition hardly varies in principle from Gutenberg's discovery in about 1440.
Every type letter is an individually cast piece of metal, a lead alloy. The lead bears the projecting type sign in reverse. When printed, this appears correct.

The maker of type letters is the type foundry which today still uses two different matrices for the casting: the stamped matrice and the drilled matrice.

The compositor has two groups of elements at his disposal:
the printing elements,
the non-printing elements.

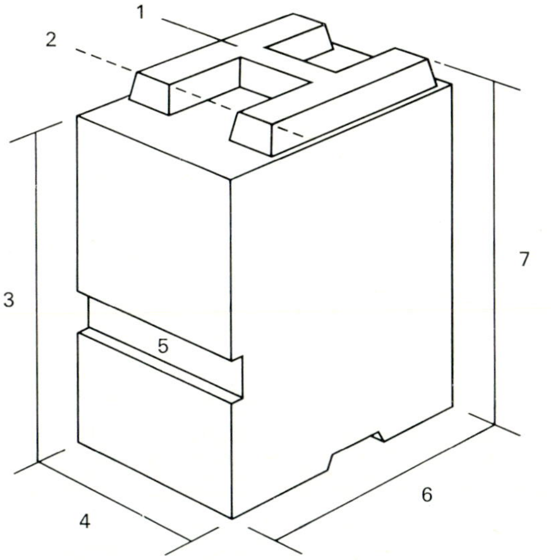

1 = Bild, œil de la lettre, face
2 = Fusslinie, pied, foot rule
3 = Schulterhöhe, hauteur du socle, height of shoulder
4 = Dickte, chasse (épaisseur), width of letter
5 = Signatur, cran, nick
6 = Kegel, corps, body size
7 = Schrifthöhe*, hauteur typographique*, type height*

*Europäische Normalschrifthöhe
23,566 mm = 0,9285 inch
Englisch-amerikanische Normalschrifthöhe
0,918 inch = 23,3167 mm

*La hauteur typographique normale en Europe est de:
23,566 mm = 0,9285 pouce
La hauteur anglo-américaine normale est de:
0,918 inch = 23,3167 mm

*European basic type height:
23,566 mm = 0,9285 inch
English-American type height:
0,918 inch = 23,3167 mm

1

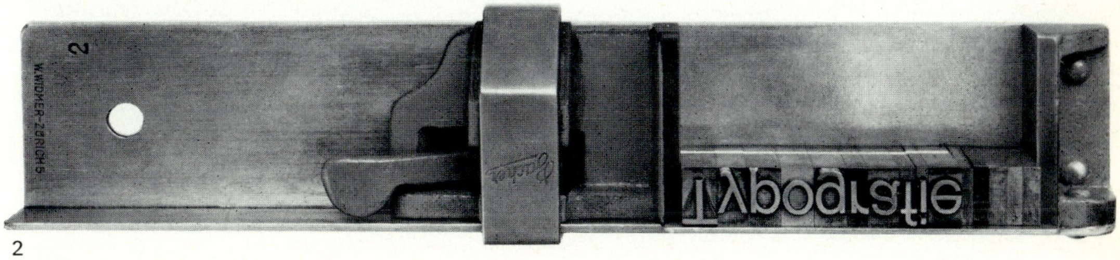
2

1
Setzkasten
Casse
Type case

2
Winkelhaken
Composteur
Composing stick

Druckende Elemente

Zu den druckenden Elementen gehören

Grossbuchstaben (Versalien) ABCDE . . .
Kleinbuchstaben (Gemeine) abcde . . .
Ziffern 12345 . . .
Satzzeichen : . , ?)
mathematische Zeichen + − × = ≃ ±
Kalenderzeichen ☽ ☾ ☻ ☺
Linien
Schmuck und Ornamente.

Jeder Schrifttyp ist in verschiedenen Grössen (Schriftgraden) erhältlich. Gegossene Metallbuchstaben von 3 Punkt bis 72 Punkt. Dazwischen liegen je nach Schriftfamilie etwa 15 Zwischengrössen.
Grössere Schriften sind meist aus Kunststoff oder Holz gefertigt. Diese werden im Gegensatz zu den Grössen bis 72 Punkt in Cicero (oder Picas) gemessen.

Die Linien sind meist aus Messing oder aus dem Schriftmetall. Die Schriftmetallinien werden in längeren Bahnen gegossen und dann vom Setzer je nach Bedarf auf die notwendige Länge zugeschnitten. Die Giesserei verkauft auch fertige Messing-Stücklinien in Cicero- (oder Pica-) Längen.
Die Kegelstärken der meistgebrauchten Linien reichen von 1 Punkt bis 12 Punkt, es gibt aber auch solche bis zu 72 Punkt.
Wie bei den Buchstaben entspricht das Kegelmass (mit Ausnahmen) nicht dem sichtbaren Linienbild. Die fetten Linien füllen den ganzen Kegel, das Bild einer feinen oder stumpffeinen Linie nur einen Teil.

Les éléments imprimants

A cette première catégorie appartiennent

les majuscules (appelées capitales ou haut de casse) ABCDE...
les minuscules (appelées bas de casse) abcde...
les chiffres 12345...
les signes de ponctuation :., ?)
les signes mathématiques + − × = ± ≃
les signes du calendrier ☽ ☾ ☻ ☺
les filets
les vignettes typographiques et ornements.

Chacun de ces signes est disponible en différents corps. Généralement les caractères sont fondus du corps 3 au corps 72. Mais il existe aussi quelque 15 corps intermédiaires.
Les gros corps, au-delà de 72 points, sont en général fabriqués en matière plastique ou en bois. Ils ne sont plus mesurés en points, mais en cicéros/douzes (ou en picas).

Les filets sont généralement en laiton, ou en plomb, comme les caractères. Les filets de plomb sont employés en lames et coupés, selon les besoins du compositeur, à la longueur voulue. Les filets de métal peuvent être livrés par les fonderies, en longueurs cicéro/douze (ou pica).
Ces filets ont habituellement une force de corps de 1 à 12 points, mais peuvent aussi atteindre jusqu'à 72 points.
Comme pour les caractères, la valeur du corps ne correspond pas à l'œil du filet. L'œil des filets gras remplissent entièrement le corps, les filets maigres ou quart-gras n'en remplissent qu'une partie.

Printing elements

To the printing elements belong

capital letters ABCDE...
lower case abcde...
figures 12345...
punctuation marks : . , ?)
mathematical signs + − × = ≃ ±
calendar signs ☽ ☾ ☻ ☺
rules
decorations and ornaments

Every form of type is available in different sizes (type sizes). Cast metal letters are from 3 to 72 points. Between these two there are about fifteen intermediate sizes according to the type families.
Larger type is usually made of synthetic materials or wood. These, contrary to sizes up to 72 points, are measured in picas or ciceros.

The rules are generally made of brass or the same metal as the type. Typemetal rules are cast in long lengths and then cut by the compositor to the necessary length required. The foundry also sells finished brass rule-pieces in pica or cicero lengths. The type sizes of the rules most generally used are between one and 12 points although there are those up to 72 points. As with the letters, the measurement of the body size, with exceptions, does not correspond to the visible rule face. Full face rules fill the whole body size but the face of a fine or medium rule fills only a part.

Nichtdruckende Elemente

Nichtdruckende Elemente sind die Teile im Schriftsatz, welche alle Zwischenräume füllen und regulieren, z. B. Buchstaben-, Wort- und Zeilenabstände. Der Setzer nennt sie *Blindmaterial*.

Les éléments non imprimants

Les éléments non imprimants servent à espacer les mots séparés des lignes et à combler les emplacements laissés vides dans la composition. Le compositeur les appelle des «blancs».

Non-printing elements

Non-printing elements are the parts in the composition which fill all the spaces and regulate, for example, the distances between letters, words and lines. The compositor terms them *spacing material*.

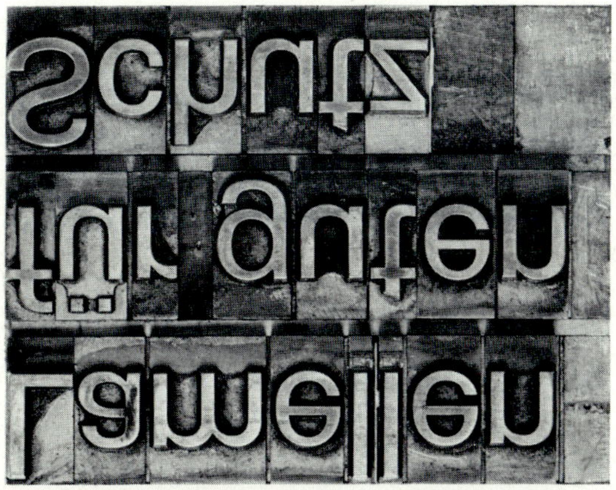

Durchschuss
Interlignes
Leads

Ausschluss
Espaces
Spaces

Das Blindmaterial ist gruppiert in Ausschluss, Quadraten, Durchschuss, Regletten und Hohlstege.

Der *Ausschluss,* auf die Kegelgrössen der Schriften gegossen, bildet die Buchstaben- und Wortzwischenräume. Das grösste Ausschlusstück ist das Geviert oder em, die Dickte entspricht immer der Kegelstärke. Das kleinste Ausschlussstück misst nur ½ Punkt (Spatium oder Copper).

Die *Quadrate* entsprechen wie der Ausschluss den Kegelstärken der Lettern. Sie sind aber länger, bis zu 4 Ciceros (oder 4 em). Mit den Quadraten füllt man z. B. Ausgangszeilen oder Leerräume in Tabellenkolonnen.

Unter *Durchschuss* versteht man alles Material, welches für die Regulierung der Zeilenabstände dient. Stückdurchschuss (kurze Längen, Masse wie bei den Quadraten) und Längendurchschuss (Regletten) sind die beiden Materialgruppen. Die Kegelstärken von Durchschuss und Regletten reichen von 1 Punkt bis 12 Punkt (1, 1½, 2, 3, 4, 6, 12 Punkt).

Mit den *Hohlstegen,* den grössten Elementen des Blindmaterials, werden die leeren Räume innerhalb des Schriftsatzes ausgefüllt.

Anwendungsbereich

Handsatz ist nur für kleinere Satzarbeiten anzuwenden wie Geschäftsdrucksachen, Einzelprospekte, Tabellen, Inserate, bibliophyle Werke.

Les blancs comprennent les espaces, les cadrats, les interlignes, les garnitures (réglettes) et les lingots.

L'espace, fondue d'après la force de corps du caractère, sert à espacer les lettres et les mots. La plus grande espace est le cadratin (carré du corps) ou em dont la force de corps correspond toujours à celle de la lettre. La plus petite espace utilisée est le demi-point (espace ligne ou copper).

A l'instar des espaces, les *cadrats* correspondent à la force de corps des caractères. Ils sont, par contre, plus longs, allant jusqu'à 4 cicéros/douzes (ou 4 em). Ils sont utilisés pour remplir les lignes de fin d'alinéa ou les espaces entre les colonnes des catalogues et tableaux.

Les *interlignes* servent à régulariser l'espace entre les lignes. Il existe deux groupes d'interlignes: les interlignes courtes et les garnitures (interlignes longues). Les épaisseurs de ces interlignes von de 1 à 12 points (1, 1½, 2, 3, 4, 6, 12 points).

Les *lingots*, les plus gros éléments non imprimants, servent à combler les grands vides laissés dans la composition.

Champ d'application

La composition manuelle ne doit être utilisée que pour les petits travaux de composition, tels que imprimés commerciaux et publicitaires, prospectus, tableaux, annonces, travaux destinés aux bibliophiles.

The spacing material can be grouped as follows: spaces, quadrats, leads and furniture.

The *space*, cast in the same size as the type, forms the spaces between letters and words. The largest space pieces are em quads, or muttons, the width always corresponding to the type size. The smallest space piece measures only ½ point (space or copper).

The *quadrats,* like the spaces, correspond to the type size of the letters. They are, however, longer and are up to 4 ems or 4 ciceros. Quadrats are used to fill in, for example, line endings or empty spaces in columns of tables.

Leads include all material used for regulating the spaces between lines. Cut leads (short lengths having the same size as quadrats) and clumps (reglets) are the two groups of material. The point sizes of leads and reglets vary from 1–12 points (1, 1½, 2, 3, 4, 6 and 12 points).

Pieces of furniture, the largest elements in spacing material are used to fill in the empty spaces within the matter.

Range of application

Hand composition is only applicable for small printing orders such as office stationery, single prospectuses, tables, advertisements, bibliophile works.

Beispiele für die Anwendung von Handsatz
Exemples d'application de la composition manuelle
Examples of the use of hand composition

1

2

3

1
Einladung
Invitation
Invitation
Georg Schmid, Wien

2
Briefbogen
Papier à lettre
Letter head
E. + U. Hiestand, Zürich

3
Einladung
Invitation
Invitation
Hans Neuburg, Zürich

1

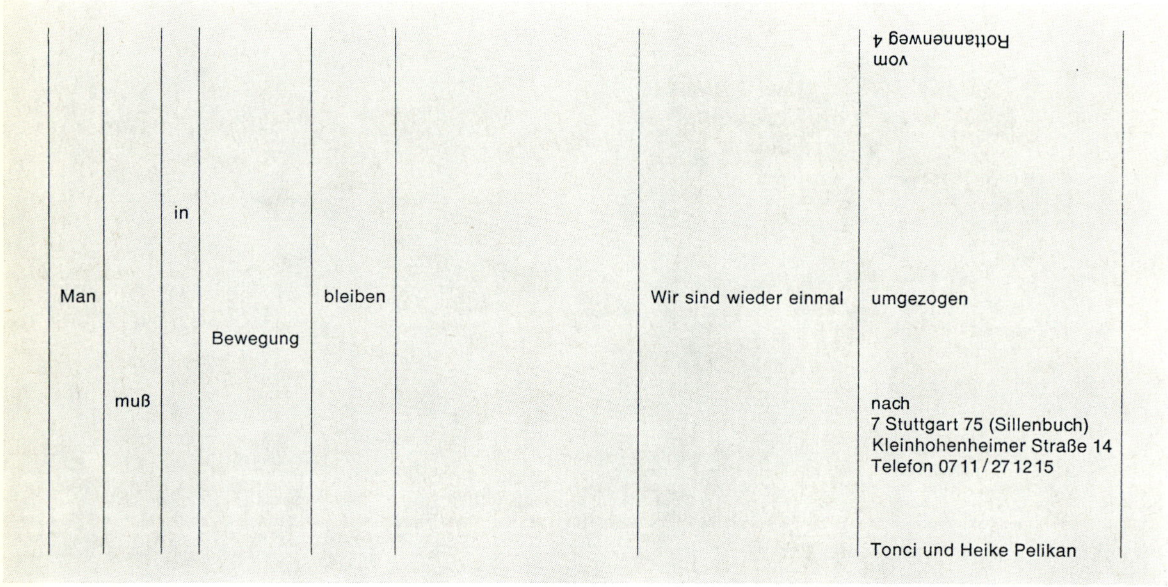

2

1
Wünsche zum Jahreswechsel
Vœux de Nouvel An
New Year's greetings
Neue Didot Schriftgiesserei AG, Muttenz

2
Umzugsanzeige
Avis de déménagement
Removal announcement
Tonci Pelikan, Stuttgart

Linotype/Intertype-Zeilen-Setz-Giess- und Ablegemaschine

Die Linotype- wie die Intertype-Setz- und Giessmaschine besteht aus einer Einheit. Der ursprüngliche Zweck dieser Setzmaschinen war die Herstellung grosser Mengensätze für Werke, Zeitungen und Zeitschriften. So waren denn lange Zeit vor allem die kleineren Schriftgrade bis zu 12 Punkt vorherrschend. Die Entwicklung führte aber nebst der Automation hauptsächlich für die Zeitungsindustrie dazu, dass heute von 5 bis 36 Punkt Schriften gegossen werden können sowie bis zu einer Breite von 40 Cicero.

Die Hauptteile einer Zeilen-Setz- und Giessmaschine sind folgende:

1 Manuskripthalter, Klaviatur
2 Schriftmagazine
3 Einfallbleche
4 Sammelelevator
5 Keile für Wortzwischenräume
6 Erster Elevator; Giessmechanismus
7 Giessrad, Giessform
8 Zweiter Elevator
9 Ableger, Zahnstange, Ablegespindel
10 Satzschiff

Zeilenguss
Composition ligne-bloc
Line fount

La Linotype/Intertype, fondeuse-composeuse en ligne-bloc et machine de distribution

La fondeuse-composeuse Linotype, de même que l'Intertype, réunit en un seul ensemble un clavier de composition et un élément de fonte. A l'origine, ce type de machines a été créé pour produire rapidement de grandes quantités de composition destinée aux imprimeries de labeur, journaux et revues. C'est ainsi que, pendant très longtemps, les petits corps jusqu'à 12 points prédominaient. Les progrès de la technique et les effets de l'automation ont mené à la construction de machines capables de fondre des caractères de 5 à 36 points et à des justifications allant jusqu'à 40 cicéros/douzes, en particulier pour l'industrie de la presse.

Les parties principales d'une fondeuse-composeuse ligne-bloc sont les suivantes:

1 Porte-copie, clavier
2 Magasins
3 Distributeurs
4 Assembleur
5 Espaces-bandes
6 Premier élévateur
7 Roue-moule, moule
8 Deuxième élévateur
9 Distributeur, vis sans fin, broche de suspension
10 Galée

Linotype/Intertype-line-casting-machine

The Linotype –, as well as the Intertype –, line-casting machine comprises one unit. The original purpose of large typesetting machines was the production of large quantity matter for books, newspapers and periodicals. For this reason the smaller type sizes up to 12 point have been predominant for a long time. Initiated by the newspaper industry, the development as well as the advance of automation resulted today in type being set from 5 to 36 point, and in line lengths up to 43 picas.

The main assemblies of a line-casting-machine are the following:

1 Copyholder, keyboard
2 Magazines
3 Incidence sheets
4 First elevator
5 Space band for word spaces
6 First elevator
7 Casting wheel, casting mould
8 Second elevator
9 Distributor, rack, distributor spindle
10 Galley

Die Funktion einer Zeilengiess-Setzmaschine

Während der Maschinensetzer das Manuskript liest (1), bedienen seine Finger die Tasten der Klaviatur (1). Jeder Fingerdruck auf eine Taste löst eine Matrize aus dem Magazin (2) oder einen Spatienkeil aus dem Spatienkeilkasten (5) aus. Die Matrizen gleiten durch die Einfallbleche (3) und werden zum Sammelelevator (4) transportiert. Für die Wortzwischenräume werden die Spatienkeile verwendet. Ist die Zeile gefüllt, wird sie zum ersten Elevator (6) geschickt, der sie vor den Giessmechanismus bringt. Dort wir die Zeile mittels der Keile ausgeschlossen und von hinten mit Blei ausgegossen. Anschliessend wird durch Drehung des Giessrades (7) die Zeile beschnitten und auf das Satzschiff (10) ausgestossen, wo sich Zeile an Zeile reiht. Die Matrizen werden nach dem Abguss zur oberen Überführung emporgehoben, dann auf den zweiten Elevator (8) geschoben und zum Ableger (9) transportiert. Die Spatienkeile werden dabei in den Spatienkeilkasten (5) zurückgebracht. Im Ableger werden die Matrizen auf die Ablegespindel (9) gebracht und mittels einer Zahnkombination in die Magazinkanäle fallen gelassen. Damit ist der Matrizenkreislauf wieder geschlossen.

Fonctionnement d'une fondeuse-composeuse en ligne-bloc

Tandis que l'opérateur lit le manuscrit (1) fixé sur le porte-copie, ses doigts appuient sur les touches du clavier (1). La frappe d'une touche déterminée provoque la chute d'une matrice, actionnée par une tringle située sous le magasin (2), ou encore d'une espace-bande contenue dans une casse séparée (5). Les matrices libérées tombent sur une courroie (3) à mouvement continu et arrivent à l'entrée de l'assembleur (4). Une fois la ligne composée, l'opérateur l'expédie au premier élévateur (6), d'où elle arrive devant le dispositif de fonte. La forme est maintenue dans les mâchoires d'un étau tandis qu'une barre pousse les espaces-bandes vers le haut pour la justification. Après la fonte, le pied de la ligne est raboté par effet de rotation de la roue-moule (7) ; puis la ligne est éjectée et arrive dans la galée (10) où elle est rangée auprès de la ligne précédemment fondue. Un premier élévateur remonte les matrices et espaces-bandes jusqu'à une coulisse, d'où un deuxième élévateur (8) les conduit jusqu'au distributeur (9). Les espaces-bandes reprennent alors leur place dans la casse à blancs (5). La distribution des matrices s'effectue grâce à une barre de distribution (9) munie de rainures : les matrices y sont suspendues par leurs dents jusqu'au moment où la combinaison formée par ces dents provoque leur chute dans le canal du magasin. Cette opération clôt le circuit des matrices.

The function of a line-casting-machine

Reading the manuscript (1), the operator works the keys of the keybord (1). Each pressure on a key releases a matrix from the magazine (2) or a spaceband from the spaceband box (5). The matrices glide through the assembler front guides (3) and are transported to the assembling elevator (4). For interword spaces spacebands are used. When a line is completed, it is delivered to the first elevator (6), which brings it in front of the casting mechanism. Here, a line is justified by means of the spacebands and is cast in lead from the rear. Subsequently, the line is trimmed by a turn of the mould wheel (7) and ejected to the galley (10), where line is added to line. The casting operation being completed, the matrices are lifted to the upper delivery channel, then pushed on to the second elevator (8), and finally transported to the distributor (9). The spacebands are returned into the spaceband box (5). In the distributor the matrices are brought between the distributor screws (9) and dropped with the help of a tooth combination into the magazine channels. Thus, the circulation of the matrices is completed.

1
Zweibuchstaben-Matrize
Matrice petit corps avec deux lettres
Double-Letter-Matrix

2
Grosskegelmatrize
Matrice gros corps
Single-Letter-Display-Matrix

3
Zweibuchstaben-Grosskegelmatrize
Matrice gros corps avec deux gravures de lettres
Double-Letter-Display-Matrix

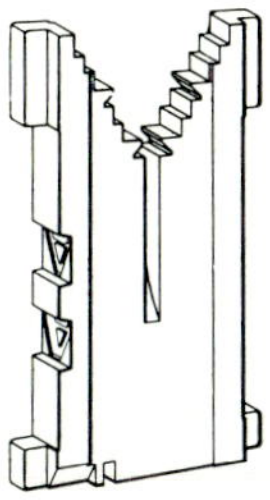

1

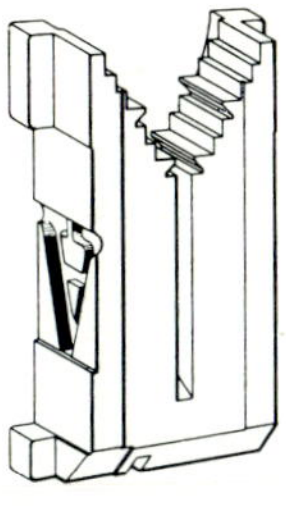

2

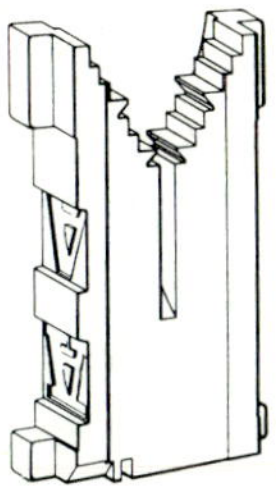

3

4
Linotype-Schnellsetzmaschine Europa-Quick. Sie kann wahlweise mit einem Lochband gesteuert oder von Hand bedient werden.
1 Manuskripthalter, Klaviatur
2 Schriftmagazine
3 Einfallbleche
4 Sammelelevator
5 Keile für Wortzwischenräume
6 Erster Elevator; Giessmechanismus
7 Giessrad, Giessform
8 Zweiter Elevator
9 Ableger, Zahnstange, Ablegespindel
10 Satzschiff

4
Machine à composer rapide Linotype Europa-Quick. Elle peut être commandée par une bande perforée ou manuellement.
1 Porte-copie, clavier
2 Magasins
3 Distributeurs
4 Assembleur
5 Espaces-bandes
6 Premier élévateur
7 Roue-moule, moule
8 Deuxième élévateur
9 Distributeur, vis sans fin, broche de suspension
10 Galée

4
Linotype high-speed composing machine Europa-Quick.
It can be controlled by means of a perforated tape or it can be worked by hand.
1 Copyholder, keyboard
2 Magazines
3 Incidence sheets
4 First elevator
5 Space band for word spaces
6 First elevator
7 Casting wheel, casting mould
8 Second elevator
9 Distributor, rack, distributor spindle
10 Galley

4

Der Ablegemechanismus

Nachdem die Matrizen auf den zweiten Elevator geschoben und zum Ableger transportiert wurden, werden sie in den Ablegekasten geschoben. Im Ablegekasten werden die Matrizen einzeln angehoben, dabei werden sie von Transportspindeln erfasst und auf die Ablegezahnstange geschoben. Jede Matrize weist in einem dreieckigen Ausschnitt ein System von Zähnen auf. Es sind zweimal 7 Zähne, die einander paarweise gegenüberstehen. Dabei hat jeder Buchstabe seine eigene Zahnkombination, die es ermöglicht, dass die Matrize in den für sie bestimmten Kanal fallen gelassen wird, da sie auf der Ablegezahnstange durch eben diese Zahnkombination keinen Halt mehr findet.

Die Matrize

Die Matrize besteht aus Hartmessing und trägt in der Regel zwei Schriftbilder. Normal und Kursiv oder Normal und Halbfett oder Fett. Die typischen vier Ohren an der Matrize dienen zur Führung durch die Maschine und zur Justierung der Schriftlinie. Der Kontrollschlitz am Fusse der Matrize soll das falsche Ablegen vermeiden. Die sieben Zahnpaare im oberen Teil der Matrize lassen theoretisch 128 Kombinationen zu.

Der Ausschliesskeil

Ein Spatienkeil besteht aus dem langen Schenkel, dem eigentlichen Keil und dem Schieber. Beim mechanischen Ausschliessen wird nun der Keil, der nach unten hin dicker wird, so weit nach oben gestossen, bis die Matrizen und Keile zusammen die

Le système de distribution des matrices

Après avoir été transportées jusqu'au deuxième élévateur, puis conduites jusqu'au distributeur, les matrices passent dans une boîte de distribution. Là elles sont sélectionnées et dirigées au-dessus du magasin correspondant. Les matrices, entraînées par des vis sans fin, ont chacune une échancrure portant une combinaison de dents (2 fois 7 dents rangées par paires). Dès qu'une matrice n'est plus retenue sur la barre de distribution en raison de sa combinaison de dents, elle tombe dans un canal déterminé.

La matrice

La matrice est fabriquée en laiton trempé et porte, poinçonnées sur l'une des tranches, deux lettres: l'une en romain, l'autre en italique ou en gras. Le sommet de la matrice, évidé en forme de V, porte des dents qui permettent le guidage de la matrice dans le circuit de la machine et qui servent aussi l'alignement. La fente de contrôle au pied de la matrice doit prévenir les erreurs de distribution. Les sept paires de dents situées au sommet de la matrice permettent 128 combinaisons différentes.

L'espace-bande

Une espace-bande est formée de deux parties coniques coulissant l'une dans l'autre. Lors de la justification mécanique, l'espace-bande est poussée vers le haut, écartant légèrement les matrices et serrant la ligne dans l'étau. Les intervalles entre

The distributing mechanism

After the matrices have been pushed onto the second elevator and then transported to the distributor, they are pushed into the distributor box. In the distributor box the matrices are lifted singly and caught by the distributor screws and pulled onto the distributor bar. In a triangular cutout, each matrix has a system of teeth; there are twice seven teeth, opposite each other in pairs. Each character has its own tooth combination which enables the matrix to be dropped into its associated channel, since in this position it is no more held on the distributor bar by its tooth combination.

The matrix

The matrix is made from hard-brass and normally bears two characters. These are either Roman and Italic or Roman and medium, respectively bold. The four ears, typical for a matrix, serve its guidance through the machine and the adjustment of the type line. The reference slot at the foot of the matrix prevents incorrect distribution. The seven pairs of teeth in the upper part of the matrix theoretically allow 128 combinations.

The spaceband

A spaceband consist of a long body and a slide. In mechanical justification the spaceband, which increases in thickness towards the lower end, is pushed upwards to a point, until matrices and spacebands tightly fill the set line length. In this way, the interword spaces eingestellte Satzbreite kompakt ausfüllen. Die Wortzwischenräume werden dadurch auf die ganze Zeilenbreite gleichmässig aufgeteilt. Nun kann der Giessvorgang beginnen.

les mots sont ainsi régulièrement réparties sur toute la ligne. Tout est dès lors prêt pour la fonte.

are evenly distributed over the whole length of the line. Subsequently, the casting operation can start.

Anwendungsbereich

Mengensatz für Bücher, Zeitungen und Zeitschriften.

Champ d'application

Grandes quantités de composition pour livres, journaux et revues.

Field of application

Quantity set-production for books, newspapers and periodicals.

Donnerstag, 20. Januar 1972 II — Der Zürcher Zeitung 193. Jahrgang — Mittagausgabe Nr. 33

Neue Zürcher Zeitung

und schweizerisches Handelsblatt

Täglich zwei Ausgaben

Nixons Gesetzgebungsprogramm im Wahljahr

Zweite Runde der Verhandlungen über Malta

Die Bonner Beratungen über die Ostverträge

Brandt vor dem Bundesratsausschuß für Auswärtiges

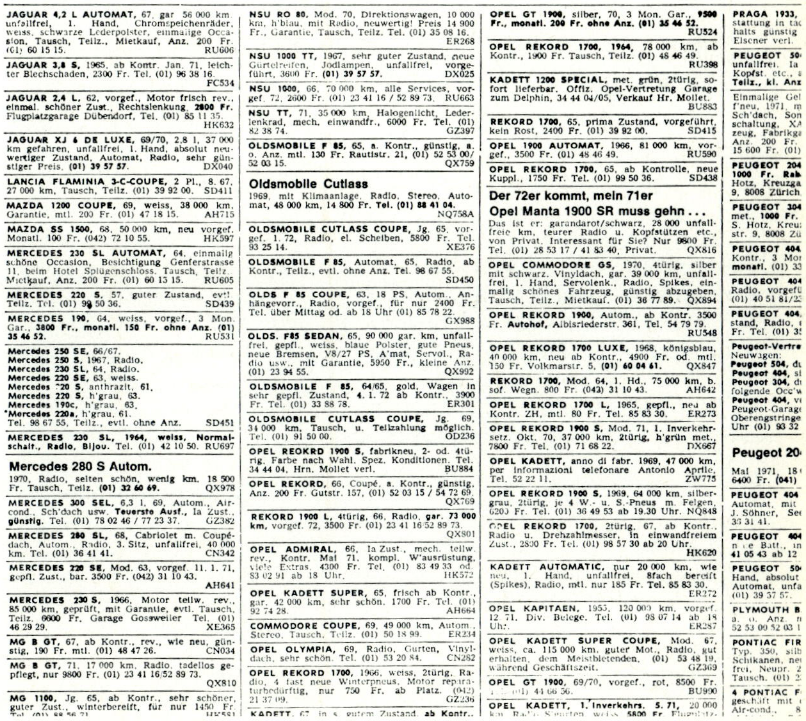

Oldsmobile Cutlass

Der 72er kommt, mein 71er

Opel Manta 1900 SR muss gehn . . .

Mercedes 280 S Autom.

Tageszeitungen als Beispiel für die Anwendung von Zeilenguss
Quotidiens, comme exemple de composition en lignes-blocs
Daily newspapers as examples of the use of line fount

Monotype-Einzelbuchstaben-Giess- und Setzmaschine

Installation de composition en caractères mobiles Monotype

Monotype-single-type-casting- and composing-machine

	Monotaster Clavier «Monotype» Mono keyboard			Ausgeschlossener Lochstreifen Bande perforée justifiée Justified punched tape	
Manuskript Manuscrit Manuscript	Monotaster Clavier «Monotype» Mono keyboard			Ausgeschlossener Lochstreifen Bande perforée justifiée Justified punched tape	Giessmaschine Fondeuse-composeuse Casting machine Satzspalten, kompress oder durchschossen Composition, non interlignée ou interlignée Columns set solid or leaded
	Endlosperforator Perforateur en continu Endless perforator	Unausgeschlossener Lochstreifen Bande perforée non justifiée Unjustified punched tape	Satzrechner Ordinateur pour composition programmée Typesetting computer	Ausgeschlossener Lochstreifen Bande perforée justifiée Justified punched tape	

Die Einzelbuchstaben-Giess- und Setzmaschine, Monotype genannt, arbeitet mit zwei getrennten Elementen, dem Taster und der Giessmaschine. Durch diese Trennung ist die Anlage sehr flexibel und leistungsfähig. Schriften von zeitloser Schönheit, wie Garamond, Baskerville, Bembo, Times, Univers usw., stehen für Akzidenzen und anspruchsvollen Werksatz zur Verfügung. Ob ein satztechnisch komplizierter oder einfacher Satz herzustellen ist, die einzelnen Lettern werden mit derselben Geschwindigkeit gestochen scharf gegossen. Besonders hervorzuheben ist die einfache Art der Korrekturmöglichkeit, die entweder maschinell oder auch, dank des Einzelbuchstabengusses von Hand ausgeführt werden kann. Die Normalbestückung einer Monotype-Anlage besteht aus zwei Tastern und einer Giessmaschine.

Le système de composition Monotype comprend deux éléments distincts et indépendants: le clavier et la fondeuse-composeuse. Cette séparation des fonctions permet d'obtenir un système très flexible et aux performances élevées. Des caractères de beauté universellement reconnue (Garamond, Baskerville, Bembo, Times New Roman, Univers, etc.) font partie du catalogue Monotype et permettent la composition de tous genres de travaux de ville et de labeurs de haute qualité.
Que la composition soit simple ou compliquée, les caractères mobiles sortent de la fondeuse au même rythme et avec la même qualité. Un autre avantage du système est la simplicité de la correction qui peut se faire soit mécaniquement, soit à la main, en échangeant chaque caractère séparément. Une installation «Monotype» idéale comprend deux claviers et une fondeuse-composeuse.

Monotype single type casting and composing machines comprise two separate elements, the keyboard and the caster. Because of this separation the plant is very flexible and efficient. There are typefaces of timeless beauty such as Garamond, Baskerville, Bembo, Times, Univers, etc., available for jobbing and more ambitious composition. Whether it is a complicated or simple job to be produced, the single letters can be cast at the same speed with amazing clarity. Of special note is the simple method for corrections, which can be made either mechanically or by hand thanks to the principle of single type casting. The normal equipment of a Monotype plant consists of two keyboards and a caster.

Der Taster

Die funktionellen Einzelteile des Tasters sind die Zwischenbretter, die Tastatur, der Einheiteneinsatz, die Settrommel und natürlich das zu stanzende Papierband. Die Klaviatur des Monotype-Tasters beruht auf dem Prinzip: ein Anschlag ein Buchstabe. Die Anordnung der Tasten entspricht der Schreibmaschinentastatur. Ein Monotype-Tastbrett hat über 300 Tasten, wovon 30 Ausschliess-Kommandotasten. Dies

Le clavier

Le clavier se présente comme une machine à écrire de grandes dimensions. Ses parties principales sont: les dessus de clavier, les intermédiaires, la boîte de calibrage, le tambour et la tour à papier.
Dans le clavier Monotype, chaque pression d'une touche correspond à une matrice dans le châssis. Les dessus de clavier comportent plus de 300 touches, dont 30 pour la justification. Ceci permet non

The keyboard

The functional components of a keyboard are: the keybar frames, the keybutton banks, the stopbar case, the justifying scale and naturally the paper tape. The key layout of the Monotype keyboard is based on the principle of «one key, one character». The arrangement of the keys corresponds to a typewriter keyboard. A Monotype keybank has over 300 keys including 30 justifying command keys. This makes

1

2

1
Set-Trommel mit 10-Set-Schrift und Ausschliesszahl
Tambour de justification avec 10 unités de «set»
Justification scale with 10 set typeface and justification figures

2
Normaltaster mit sechs Alphabeten
Clavier standard avec six alphabets
Standard keyboard with six alphabets

ermöglicht nicht bloss das Setzen eines einzigen Schriftcharakters, Versalien und Gemeine, sondern auch jenem von Kursiv, Halbfett sowie Kapitälchen, Akzenten, Ziffern und Zeichen, die im gleichen Grad miteinander gemischt werden können. Auch können Spezialzeichen unter Berücksichtigung der möglichen Einheitenbreiten verlegt werden. Die Tasten stehen in Verbindung mit einem System von Luftkanälen, und jeder Anschlag bewirkt die Perforationskombination von bis zu 4 Löchern durch die entsprechende Zahl von Stanznadeln. Diese Lochungen steuern schlussendlich die automatische Giessmaschine.

seulement la fonte d'une série complète de caractères, avec capitales et bas de casse, mais aussi avec l'italique, le demi-gras, les petites capitales, accents divers, chiffres et signes de ponctuation qui peuvent tous être mélangés dans un corps donné. Les signes spéciaux peuvent aussi être inclus, pour autant que leur valeur en unités soit compatible. Par le truchement des intermédiaires, les touches agissent sur des poinçons perforateurs autorisant des combinaisons de perforations jusqu'à 4 canaux. Ces combinaisons de trous commandent pneumatiquement la mise en place des canaux et du châssis à matrices sur la fondeuse-composeuse.

possible not only the composition of a single fount in upper and lower case but also italic, semibold, as well as small capitals, accents, figures and signs, which can all be mixed together within the same typesize. Special signs can also be included according to their unit values. The keys are connected to a system of air channels and each keystroke induces a combination of up to 4 perforations from the corresponding punches.
These perforations ultimately direct the automatic caster.

Der Duplex-Taster

Auf dem Duplex-Taster können gleichzeitig von einem Tastbrett aus zwei verschiedene Lochstreifen hergestellt werden, da diese Maschine zwei Papiertürme und zwei Settrommeln aufweisen. Das bedeutet, dass man auf einem Taster zwei verschiedene Grössen miteinander setzen kann. Zum Beispiel wissenschaftlicher Text mit Einschaltungen in kleinerer Schrift usw. Die beiden Settrommeln zeigen getrennt die Ausschliesskommandos für jedes der Formate an, und das Ausschliessen kann für beide Formate wechselweise vorgenommen werden. Die normale Satzbreite aller Taster beträgt bis zu 56 Cicero/Picas.

Le clavier Duplex

Le clavier Duplex permet l'établissement simultané de deux bandes perforées, car il possède deux tours à papier et deux tambours d'unités. Cela signifie que ce système rend possible la composition simultanée de deux corps différents (p. ex. pour des travaux scientifiques où les notes explicatives sont souvent composées dans un corps inférieur). Dans un tel cas, les deux tambours montrent séparément la valeur de la justification, différente pour chacun des deux formats. La justification normale est de 56 cicéros/douzes.

The duplex keyboard

On the Duplex keyboard, two different tapes can be produced at the same time on one keybank, for this machine has two paper towers and two justifying scales. This means that two different sizes can be composed together on one keyboard, for example, scientific texts with insertions in small type, etc. Both justifying scales display separately the justifying requirement for each format and the justification can be set alternately. The normal set width of all keyboards goes up to 56 cicero/Picas.

Was ist der Set?

Sämtliche Monotypelettern sind in ihrer Breite nach einer systematischen Set-Basis berechnet. Das System weist eine Ähnlichkeit mit dem englischen Punktsystem auf, das heisst ein englisches 12-Punkt-Geviert ist in seiner Dickte gleich einem 12-Set-Geviert. Da der englische Punkt kleiner als der Didot-Punkt ist, stimmt das Didot-Geviert nicht mit dem Set-Geviert überein.
Mit Set-Geviert bezeichnet man die Dickte der 18-Einheiten-Buchstaben der Schrift, die theoretisch in 18 Teile zerlegt wird. Diese 18 Teile nennt man Einheiten. Also, ein kleines n kann je nach Schrift 9 Einheiten haben, ein kleines i dagegen nur 5, ein grosses W dagegen 18. Set ist die Breite der Schrift, ausgedrückt in Zahlen, und darf nicht verwechselt werden mit Punkt, welcher die Kegelgrösse angibt.

Die Monotype-Einzelbuchstaben-Giessmaschine

Wie der Name sagt, giesst die «Monotype», gesteuert durch den auf dem Taster gelochten Streifen vollautomatisch Einzelbuchstaben, die zu ganzen Zeilen zusammengesetzt werden. Geradezu prädestiniert ist die Monotype für komplizierten Tabellensatz. Bis zu 56 Cicero Breite können alle Grade von 4 bis 14 Punkt gegossen werden. Je nach Kegelgrösse beträgt die Stundenleistung 8 bis 12000 Buchstaben. Für grössere Grade bis 72 Punkt wird eine separate Giessmaschine benötigt, die Monotype-Supra. Zudem können auf der Supra Linien, Blindmaterial und Hohlstege gegossen werden.
Die Hauptteile der Giessmaschine sind der Papierturm, der Matrizenrahmen, die Giess-

Qu'est-ce qu'un set?

Le set est une mesure désignant l'épaisseur (la chasse) des lettres de toutes les séries Monotype. Cette mesure est basée sur le système de points anglais. Un cadratin à la même valeur que 12 sets. Comme le point anglais est plus petit que le point Didot, il n'y a pas d'équivalence entre le point Didot et le set. Le set désigne l'épaisseur des 18 unités-lettres de l'alphabet, théoriquement décomposables en 18 parties égales. La 18e partie du set se nomme «unité». Dans la pratique, le «n» bas de casse a, suivant la série à laquelle il appartient, 9 unités. Un «i» n'a plus que 5 unités, alors que la capitale «W» a 18 unités. Le «set», mesure exprimant l'épaisseur d'une lettre, ne doit pas être confondu avec le point qui indique le corps de la lettre.

La fondeuse-composeuse Monotype pour la fonte de caractères mobiles

La fondeuse-composeuse Monotype, commandée automatiquement par une bande de papier perforée au clavier, fond les caractères et les espaces, et en compose des lignes. Véritablement prédestinée pour la fonte des travaux compliqués, elle compose des justifications allant jusqu'à 56 cicéros/douzes et fond des caractères de 4 à 24 points. Selon la force de corps choisie, la machine travaille à une vitesse horaire de 8 à 12000 signes. Pour les corps supérieurs, jusqu'à 72 points, une seconde fondeuse, appelée Supra Monotype, est nécessaire. La Supra permet par ailleurs de fondre des filets, des blancs et des lingots. Les principaux éléments de la fondeuse sont la tour à papier, le châssis à matrices,

What is set?

The width of all Monotype letters is calculated according to a systematical set basis. The system displays a similarity to the English point system, i.e. an English 12-point em is equal in thickness to a 12-set em. Since the English point is smaller than the Didot point, the Didot em does not agree with the set em. The set quad denotes the thickness of the 18 unit characters of the face, which theoretically is divided into 18 parts. These 18 parts are called units. So a lower case n may according to the typeface have 9 units, a lower case i on the other hand only 5, but a capital W 18. Set is the width of the type expressed in figures, and must not be confused with point which indicates type body size.

Monotype-single-type-caster

As the name implies, a Monotype caster automatically produces single characters and assembles them into complete lines as directed by perforated tapes punched on the keyboard. Monotype machines are clearly predestined for complicated tabular work. Lines of up to 56 ciceros can be set in all widths from 4 to 14 point. Depending on the type size, the output can range from 8 to 12000 characters per hour. For larger sizes up to 72 point, a separate casting machine is needed, the Monotype Super Caster. In addition rules, spacing material and furniture can be cast on the Super Caster. The main parts of the composition caster are the paper tower, the matrix case, the mould, the hot metal pot, pump, the air system, as well as an ingenious jaw

form, der Bleitopf, die Pumpe, ein System von Luftkanälen und ein ausgeklügeltes Scherensystem.
Der getastete Papierstreifen, auf dem sämtliche Lochkombinationen sowohl für den Text wie für die Ausschliesskommandos enthalten sind, wird im Papierturm eingelegt. Nach verschiedenen Justier- und Einstellarbeiten ist die Maschine zum Giessen bereit. Der Matrizenrahmen wird von einem sinnreichen Scherenmechanismus hin- und herbewegt. Ein System von Luftstiften, die durch die entsprechende Lochung im 31-Kanal-Streifen gesteuert werden, blockiert den Matrizenrahmen für den Gussvorgang der einzelnen Buchstaben für den Bruchteil einer Sekunde vor der Giessform. Durch das gleichzeitige Niederdrücken des Pumpenkolbens wird durch die Giessspitze das zwischen 350 und 400 Grad heisse Metall von unten in die Giessform gespritzt. Beim Guss der Einzelbuchstaben öffnet sich in rascher Reihenfolge die Giessöffnung der Giessform um die jeweilige Breite des betreffenden Buchstabens. Gleichzeitig wird zudem von der Rückseite her die Matrize mittels eines Zentrierstiftes gesichert und arretiert, damit eine genaue Schriftlinie gewährleistet ist. Mittels eines Schriftholers werden die einzelnen Buchstaben aneinandergereiht und die volle Zeile auf das Satzschiff abgeschoben.

le moule, le creuset, la pompe, le système pneumatique et les parallélogrammes.
La bande perforée commande les différentes fonctions de la fondeuse. Elle porte des codes pour la fonte du texte, la justification et l'espacement. Une fois la bande placée sur la tour à papier et les travaux d'ajustement et de réglage terminés, la machine est prête à fondre et à composer. Le châssis à matrices effectue un mouvement de va-et-vient grâce aux parallélogrammes. Les perforations de la bande, qui passent successivement en face des 31 trous correspondant aux tuyaux d'amenée d'air, commandent un système de goujons qui, en se levant, bloquent le châssis à matrices pendant une fraction de secondes, juste au-dessus du moule. A ce moment précis, la pompe entre en action et injecte dans le moule une petite quantité de métal en fusion entre 350 à 400°.
Lors de la fonte des caractères mobiles, l'ouverture du moule s'ouvre et se referme à grande vitesse en fonction du set du caractère devant être fondu. En même temps, sur la face opposée de la matrice, un plongeur-centreur pénètre dans le cône de la matrice et la maintient fermement en place afin de garantir ainsi un alignement toujours parfait. Un transporteur se saisit des caractères fraîchement fondus et les range en ligne. Dès que la ligne est complète, elle est amenée en galée.

tong mechanism. The keyboard tape, containing punched holes for both text and justification, is placed on the paper tower. After various operations to adjust and set the machine, it is ready to cast. The matrix case is moved backwards and forwards by an ingenious jaw tong mechanism. A system of air pins, which are controlled by the above-mentioned perforations in the 31-channel tape, stops the matrix case a fraction of a second before the mould in order for the single character to be cast. By simultaneous downward pressure of the pump piston, hot metal between 660 and 700 °F is squirted from below through the nozzle and into the mould. As the single character is cast, the mould aperture continuously adjusts itself to the width of the characters concerned one after the other. At the same time, the matrices are secured from the back and held by means of a matrix centring pin, so that an exact alignment is ensured. By means of a type carrier, the individual characters are ranged together and the whole line is pushed up to the galley.

Monotype-Einzelbuchstaben
Composition Monotype en caractères mobiles
Monotype single letters

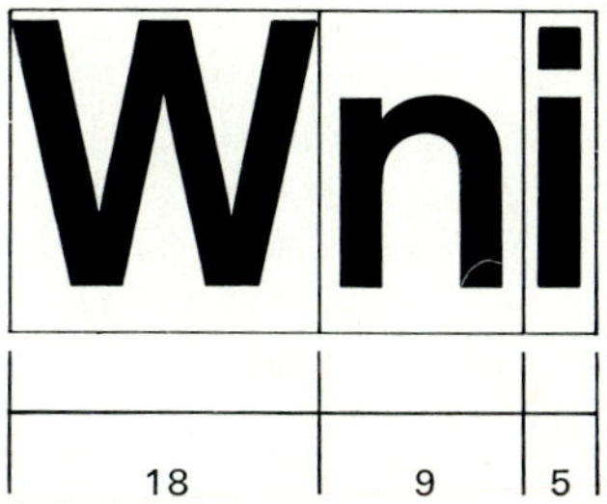

1

Detail Monotypegiessmaschine (3)
1 Lochstreifen
2 Matrizenrahmen
3 Bleistange
4 Giesstopf
5 Satzspalte

Schéma de la fondeuse-composeuse Monotype (3)
1 Bande perforée
2 Châssis à matrices
3 Saumon de plomb
4 Creuset
5 Composition

Detail Monotype casting machine (3)
1 Punched tape
2 Matrix case
3 Lead bar
4 Metal pot
5 Typesetting column

3

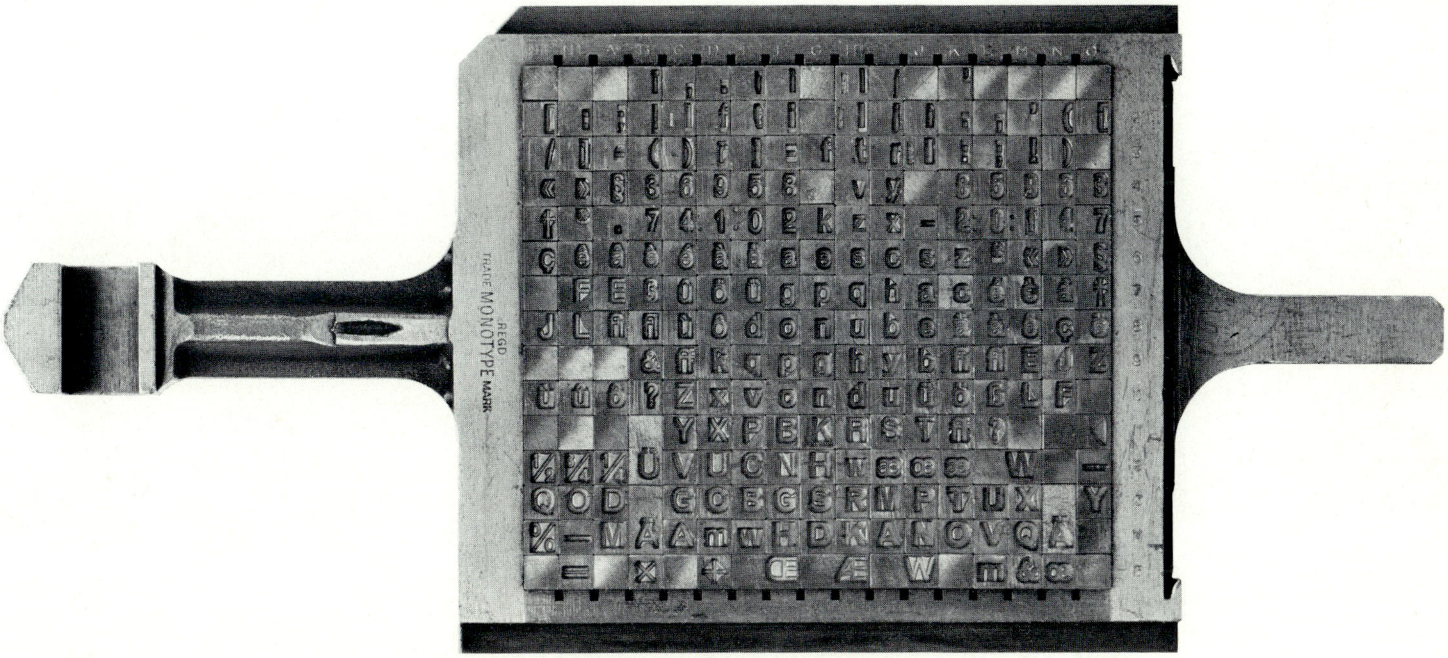

2

1
Einheitenaufteilung der Buchstaben W, n und i
Valeur en unités des caractères W, n et i
Separation into units of the letters W, n and i

2
Matrizenrahmen mit 255 Einzelmatrizen, auswechselbar, 4 Alphabete
Châssis à matrices contenant 255 matrices, interchangeables, formant 4 alphabets
Matrix case with 255 single interchangeable matrices, 4 alphabets

3
Detailansicht der Giessmaschine
Gros plan d'une partie de la fondeuse
Detailed view of the caster

Anwendungsbereich

Durch die Flexibilität und die verhältnismässig einfache Bedienung ist dieses Satzsystem für alle Arbeiten, im besonderen aber für schwierige und komplizierte prädestiniert. Besonders zu erwähnen sind: Lexikalischer Satz, Tabellen, Fremdsprachen, mathematischer und wissenschaftlicher Satz (Formeln), stark gemischter Satz, Katalog- und Formelsatz. Durch die Möglichkeit, ohne Mühe Drittelsatz oder noch enger zu setzen, erhält man ein ruhiges, gleichmässiges Satzbild, was für schöne Werke von grösster Bedeutung ist.

Champ d'application

La grande flexibilité et le maniement relativement simple du clavier Monotype permettent l'exécution des travaux les plus variés, qu'ils soient simples ou plus compliqués: dictionnaires, tableaux, textes en langue étrangère, mathématiques et formules chimiques, textes mixtes, catalogues et formules diverses. La possibilité de composer tous les travaux avec un minimum d'espacement et, partant, d'obtenir une composition nette et régulière, constitue un avantage essentiel dans la composition de beaux travaux d'édition.

Range of application

Because of its flexibility and relatively simple operation, this system of composition is predestined for all kinds of work, especially, however, for difficult and complicated work. Those which should be specially mentioned are: dictionary work, tabular work, foreign languages, mathematical and scientific composition (formulae), very mixed composition, composition of catalogues and formulae. Because it is possible to compose with close spacing without difficulty, simple well-balanced composition, which is of great importance for good quality work, is obtained.

Typik *gr.* (Lehre vom Typ 2) *w*; -, -en; **typisch** (gattungsmäßig; kenn-, bezeichnend; vorbildlich; ausgeprägt; eigentümlich, üblich); -ste (vgl. S. 62, 1, b); **typisieren** (typisch darstellen, gestalten, auffassen; typen 1); **Typisie|rung**; **Typo|graph**[1] (Schriftsetzer; Zeilensetzmaschine) *m*; -en, -en; **Typographie**[1] (Buchdruckerkunst) *w*; -, ...ien; **typo|graphisch**[1]; -er Punkt; **Typologie** (Lehre von den Typen, Einteilung nach Typen; auch svw. Typik) *w*; -, ...ien; **typologisch**; **Ty|pung** [zu: typen]; **Typus** (svw. Typ 1 u. 2) *m*; -, Typen
Tyr (altgerman. Gott); vgl. Tiu, Ziu
Tyrann *gr.-lat.* (Gewaltherrscher, Zwingherr, Unterdrücker; herrschsüchtiger Mensch) *m*; -en, -en; **Tyrannei** *gr.-lat.-fr.* (Gewaltherrschaft; Willkür[herrschaft]) *w*; -; **Tyrannentum** *s*; -[e]s; **Tyrannin** *w*; -, -nen; **Tyrannis** (Gewaltherrschaft, bes. im alten Griechenland) *w*; -; **tyrannisch** (gewaltsam, will-

[1] Vgl. die Anmerkung zu Graphik.

u., (in Firmen auch:) & = und
u. a. = und and[e]re, und and[e]res, unter ander[e]m, unter ander[e]n
u. ä. = und ähnliche[s]
u.a.m. = und and[e]re mehr, und and[e]res mehr
u. [od. **U.**] **A. w. g.** = um [od. Um] Antwort wird gebeten
U-Bahn; vgl. S. 41, c (kurz für: Untergrundbahn) *w*; -, -en; **U-Bahnhof**; **U-Bahn-Tunnel**
übel; übler, übelste. **I.** *Großschreibung* (vgl. S. 35, 4, a): er hat mir nichts, viel Übles getan. **II.** *Schreibung in Verbindung mit dem 2. Mittelwort* (vgl. S. 40, a), z. B. übelberaten (vgl. d.). **III.** *Schreibung in Verbindung mit Zeitwörtern* (vgl. S. 38, 1): übel sein, werden, riechen; vgl. aber: übelnehmen, übeltun, übelwollen; **Übel** *s*; -s, -; es ist vom -; **übelberaten**; der übelberatene Herrscher (vgl. jedoch S. 40, a), aber: der Herrscher war übel beraten; **übelgelaunt**; der übelgelaunte Herr (vgl. jedoch S. 40, a), aber: der Herr ist übel gelaunt; **übelgesinnt**; der übelgesinnte Nachbar (vgl. jedoch S. 40, a), aber: der Nachbar ist übel gesinnt;

Alde Manuce (Romanus), un natif de la province de Rome établi à Venise comme imprimeur et éditeur, fut le premier, avec son édition de Virgil en 1501, à songer à utiliser une forme de la lettre imprimée tenant de près au trait manuscrit. Il y recourut non pas parce qu'il avait une préférence pour ce tracé de lettre mais tout simplement parce que l'imitation de la calligraphie lui permettait de réduire le format de ses classiques. Alde Manuce a décrit son innovation comme *littera dicta cursiva, o vero cancellaresca;* comme qui dirait, donc, la lettre de chancellerie. La littera cursiva était en effet la lettre habituellement employée pour les documents sortant de la chancellerie d'un prince italien de même que — depuis près d'un demi-siècle — sur les brefs pontificaux, et très employée aussi, suivant en cela l'exemple de la chancellerie romaine, par les ateliers des libraires.

Le prince des imprimeurs vénitiens ne semble pas avoir conçu son italique comme complément du romain qu'il utilisait sur la même page. Pour lui, l'italique était évidemment une fonte distincte, donc pas nécessairement une lettre appelée à compléter le romain. D'une manière générale—et c'est en effet la plupart du temps le cas—*l'italique affecte une forme inclinée.*

9

From Switzerland

Destination Frequency	Zurich dp	Geneva dp	Arrival	Flight-Number	Type	Class	Stops or via
Genoa							
③⑦	15 25		16 20	SRAZ 636	DC9	FY	0
※		08 05	12 10	SR 640/BM 1186	DC9	FY/Y	LIN
※	15 15		20 45	SR 624/BM 234	DC9	FY/Y	LIN
Graz							
※	12 35		14 55	OSSR 222	DC9	FY	1
Istanbul							
②	12 30	13 45	17 25	SR 370	990	FY	0
③	19 35		23 00	SR 322	990	FY	0
④	15 10		18 35	SR 368	990	FY	0
⑥	12 45	14 00	17 40	SR 320	990	FY	0
⑦	12 45		16 10	SR 366	990	FY	0
②⑦	15 30	14 10	20 10	OS 212/SK 871	DC9	FY	VIE
Johannesburg							
④	22 40	23 55	*12 50	SR 282	DC8	FY	1
⑤	19 30		*15 00	SA 285	707	FY	3
⑥	22 30	23 45	*14 25	SR 280	DC8	FY	2
Karachi							
①	13 45		*04 55	SK 983	DC8	FY	3
①	17 15	18 30	*06 50	SR 314	DC8	FY	1
④	13 45		*03 25	SK 985	DC8	Y	2
⑤	12 50	14 15	*02 35	SR 302	DC8	Y	1
⑥	17 15	18 30	*05 20	SR 318	DC8	FY	0
Khartoum							
⑥	12 10	13 25	22 25	SR 270	990	FY	2
Kinshasa							
④	22 40	23 55	*07 15	SR 282	DC8	FY	0

Drei Beispiele für die Anwendung von Monotype-Einzelbuchstaben
Trois exemples de composition en caractères mobiles Monotype
Three examples of the use of Monotype single letters

Schreibsatz

Der IBM 72-Composer und das IBM 72-Composer-System liefert im ersten Falle ein Zeilenprodukt, das in der Qualität dem Bleisatz sehr nahe kommt und schliesst im zweiten Falle eine Lücke zwischen Schreib- und Maschinensatz. Er übertrifft in der Qualität alle bis heute bekannten Schreibsatzmaschinen. Zirka 50 verschiedene Schriftschnitte stehen zur Verfügung. Druckereien, Industriebetriebe und Werbefachleute, die besonders den Offsetdruck pflegen, können sich mit dieser Anlage vom Maschinensatz unabhängig machen, sofern der Charakter der Arbeiten die Composer-Qualität zulässt. In der Kombination mit einem Titelsatzgerät ist der Composer in der Lage, alle herkömmlichen Satzarbeiten zu bewältigen.

La composition par machine à écrire

La composeuse IBM 72 et le système de composition IBM 72 délivrent une composition dont la qualité est proche de celle produite par une composeuse de plomb, permettant ainsi de combler la lacune entre la composition par machine à écrire et la composition mécanique. La qualité du produit fourni est supérieure à tout ce qui a été fait jusqu'à ce jour sur les systèmes utilisant des machines à écrire. Plus de 50 séries de caractères sont à la disposition des clients. Les imprimeries, entreprises industrielles et agences de publicité utilisant principalement l'offset peuvent, avec ce système IBM, se rendre indépendantes pour autant que la qualité fournie réponde à leurs besoins. Utilisé conjointement avec une phototitreuse, le Composer fournit pratiquement tous les genres de composition.

Cold type composition

The IBM 72-Composer and IBM 72-Composer System produce, in the first case, a line product that closely approaches the quality of lead composition and, in the second case, closes a gap between written and mechanical composition. In quality it surpasses all previously known composer machines. There are approx. 50 different type fonts. Printers, industrial concerns and publicity agencies which mainly use offset printing can, with this machine, be independent of mechanical composition as long as the Composer quality is adequate for the work.
In combination with a titling apparatus, the composer is able to carry out all usual composition.

1

2

1
Kugelschreibkopf
Tête d'écriture sphérique
Type font

2
IBM 72-Composer
Composer IBM 72
IBM 72 Composer

IBM 72-Composer

Technische Angaben
Der IBM-Kugelschreibkopf bildet das Kernstück. Er trägt 88 Zeichen. Die Schriftgrössen sind von 6–12 Punkt vorhanden. Das Auswechseln eines Schriftkopfes beträgt höchstens 5 Sekunden. Das Schriftprogramm ist im Vergleich zu den Blei- und Fotosatzschriften noch sehr bescheiden, doch ist durch eine differenzierte Einheiteneinteilung der verschiedenen Schriftgrade doch das «Satznahe» dieses Systems gegeben. Als Schriftträger dient Barytpapier oder eine Polyesterfolie.
Der Zeilendurchschusswähler kann von 5 bis 20 Punkt eingestellt werden. Der Aufschlagstärkeregler regelt je nach Grad die Wucht des Aufschlages. Mit Hilfe der Taste (Tab-Orten) werden Tabulatorstops auf jede Pica-Einheit gesetzt. Die Blindtaste gilt zum Setzen, ohne dass die Buchstaben abdrucken, um die Zeilen nachher leicht messen, aufteilen und zentrieren zu können. Ein ausgesprochen composergünstiges Arbeitsfeld ist der Tabellensatz, wobei die Tabulatoreinrichtung ein flüssiges Schreiben von Spalte zu Spalte gestattet. Für die Herstellung von Blocksatz sind zwei Arbeitsgänge notwendig. Beim ersten Absetzen (blind) gibt eine Farb- und Zahlenskala den Ausschliesswert an, der nun einzustellen ist, und beim zweiten schliesst der Composer automatisch aus.

Bedienung
Die Bedienung erfordert nur einige wenige zusätzliche Kenntnisse zum Schreibmaschinenschreiben. Das Anschlagmagazin nimmt jeden persönlichen Rhythmus auf (unregelmässiges Tasten). Die Leistung beträgt zwischen 12000 und 14000 Buchstaben pro Stunde.

Composer IBM 72

Données techniques
La tête d'écriture sphérique IBM constitue le noyau du système. Elle porte 88 signes, disponibles de 6 à 12 points. L'échange d'une tête d'écriture prend au maximum 5 secondes. Le programme des signes est relativement modeste, comparé aux caractères de composition en plomb ou de photocomposition. Les supports de caractères sont en papier baryte ou en feuilles de polyester. L'interlignage peut être varié de 5 à 20 points de même que l'intensité de la frappe, selon le corps désiré. Une touche spéciale permet de poser facilement des taquets sur tous les Picas mentionnés sur l'échelle. La touche de «non-impression» permet de composer une ligne «à l'aveugle» pour en connaître le nombre d'unités et pour pouvoir ainsi mieux la répartir et la centrer. La composition de tableaux constitue le champ d'application de prédilection du système «Composer». Le passage aisé et continu d'une colonne à l'autre est assuré grâce à la disposition du tabulateur. Pour la composition justifiée, deux processus de travail sont indispensables. Dans la première étape (à l'aveugle), une échelle des couleurs et chiffres fournit la valeur de justification à régler. Dans la seconde étape, le Composer justifie automatiquement.

Fonctionnement
L'utilisation de ce système ne pose pas de problèmes, car il suffit de savoir taper à la machine et de connaître la signification de quelques touches de fonction supplémentaires. La machine corrige par ailleurs automatiquement toute irrégularité dans la cadence de frappe. La vitesse de production oscille entre 12000 et 14000 signes à l'heure.

The IBM 72-Composer

Technical data
The IBM rotary type font forms the main unit. It bears 88 characters and type sizes of from 6 to 12 points are available. Changing a font takes 5 seconds at the most. The type programme is still very modest in comparison with lead and photo-composition type but a differentiated division of units of the various type sizes nevertheless brings this system very close to composition. Baryta paper or polyester foil serves as the character carrier.
The vertical line spacer can be adjusted any number of points from 5 to 20. The impression controller regulates the force with which the letter strikes the paper. Tabulator stops can be set on any whole pica unit with the help of the Tab Key. The No-print Key is used to compose without printing the character in order to be able to measure, space and centre the lines easily afterwards.
A field of work that is especially favourable for the composer is tabular matter whereby the tabulation device allows free writing from column to column. Two operation processes are necessary for the production of justified setting. In the first one (blind), a colour and numerical scale indicates the spacing value that must be set. The composer then spaces automatically the second time.

Operation
Operating requires only a little additional knowledge to typing. Impression Control corrects any personal rhythm (irregular touch). Between 12000 and 14000 characters per hour can be set.

IBM 72-Magnetband-Composer-System

Technische Angaben
Das Magnetbandsystem besteht aus einer oder mehreren Eingabestationen und einer Ausgabestation, wovon die Ausgabestation aus Magnetbandleser, Abfragetastatur und IBM-Composer und die Konsole des Composers aus dem elektronischen Satzrechner besteht.

Bedienung
In die Eingabestation, IBM 72-Kugelkopfmaschine, wird ohne Rücksicht auf Zeilenende und Worttrennungen, der Text auf zeilenweise vornumeriertes Papier geschrieben und gleichzeitig auf ein Magnetband übertragen. Zeilenbreite, Textanordnung, Einzüge usw. werden als Codes eingetastet und mit dem Text auf einem Magnetband gespeichert. Der Klarschriftbeleg wird zur Korrektur verwendet. Fehler können mit einem zweitem Magnetband korrigiert werden. Beide Bänder, Originaltext und Korrekturband, werden zur Ausgabestation gegeben. Gemäss Satzanweisungen wird hier der entsprechende Schreibkopf aufgesetzt und Durchschuss, respektive Papiertransport, eingestellt. Papier oder Polyesterfolie wird als Schriftträger eingespannt. Abwechslungsweise liest der Magnetbandleser die beiden Bänder mit einer Geschwindigkeit von ungefähr 20 Zeichen pro Sekunde. Mit einer Geschwindigkeit von 14 Zeichen je Sekunde, etwa 55000 Buchstaben pro Stunde, entsteht ein automatisch abgesetzter, korrigierter Text. Ein Silbentrennprogramm fehlt; die zu trennenden Wörter werden ausserhalb des Satzspiegels ausgeschrieben. Durch manuelle Betätigung am Steuerpult kann die Trennung vorge-

Système IBM 72-Composer à bandes magnétiques

Données techniques
Le système à bande magnétique se compose d'une ou de plusieurs stations d'entrée et d'une station de sortie comprenant un lecteur de bande magnétique, un clavier d'interrogation et le Composer IBM dont la console est formée par le calculateur électronique.

Fonctionnement
La machine à écrire IBM 72 à tête sphérique fait entrer les données sans tenir compte des fins de ligne et des coupures syllabiques. Le texte sera écrit sur du papier à lignes numérotées. Simultanément, il sera enregistré sur bande magnétique. Toutes les indications relatives à la largeur des lignes, la disposition du texte, les rentrées, etc. seront enregistrées sous forme codée et mises en mémoire, ensemble avec le texte, sur bande magnétique. Le texte en clair sera utilisé aux fins de corrections. Les erreurs se corrigent au moyen d'une seconde bande magnétique. Les deux bandes, celle au texte original et celle avec les corrections, sont transmises à la station de sortie. Suivant les indications concernant la composition, on choisira la tête IBM requise et réglera l'interlignage et la justification typographique. On montera le support de l'écriture prévu (papier ou feuille de polyester). Le lecteur de bande lit alors les deux bandes à une vitesse d'env. 20 signes par seconde. A une vitesse de 14 signes par seconde, le texte est composé et corrigé. La coupure syllabique n'étant pas programmée, les mots à couper sont inscrits en marge du bloc de la composition. La séparation de ces mots sera faite à la main

IBM 72-Magnetic tape composer system

Technical data
The magnetic tape system consists of one or more input units and one output unit. The output unit comprises the magnetic tape reader, the interrogation key and the IBM composer. The composer's console contains the electronic composition computer.

Operation
The IBM-72 spherical-head typewriter is used as input unit. Without taking into account the ends of the lines or the splitting of words, the text is typed on sheets of paper with pre-numbered lines. It is simultaneously transferred onto a magnetic tape. The length of the lines, the arrangement of the text and the indents, etc. are fed in as codes and stored on a magnetic tape. The text in optical characters can be used for corrections. Mistakes can be corrected by means of a second magnetic tape. Both tapes, the one with the original text and the one with the corrections, are fed into the output unit. The corresponding type-head is mounted in accordance with composition instructions, and the lead or else the paper transport is adjusted. Paper or polyester foil is then placed in position as type carrier. The magnetic type reader reads the two tapes alternately at a speed of about 20 characters per second. An automatically set and corrected text is then produced at a speed of 14 characters per second – about 55 000 characters per hour. There is no programme for hyphenation; the words to be split are written outside the type area. Separations can then be carried out by manual operation at the control base. The com-

nommen werden. Der Composer schreibt hierauf wieder bis zur nächsten Trennung. Das Endprodukt ist eine seitenrichtige, positive Druckvorlage.

au pupitre de commande, tandis que le Composer continuera à écrire jusqu'à la coupure syllabique suivante.
Le produit final est un modèle d'impression positif à l'endroit.

poser then continues writing up to the next hyphenation.
The final product is a direct reading positive printing model.

Anwendungsbereich

Der Anwendungsbereich der beschriebenen beiden Systeme bezieht sich auf die ganze Skala von Druckerzeugnissen.

Champ d'application

Les deux systèmes décrits permettent la composition de toute la gamme des imprimés.

Range of application

The range of application of the two systems described covers the whole scale of printing production.

Type de machine	Matériel	Couleur	Largeur mm	Long. m	N° d'article	Prix dégressifs (en francs par pièce), par quantité de 1–5	6–11	12–23	24–35	36–71	72–143
Perforatrice 026, 029, 047, 526, 536, 836	Coton	noir	5	17,5	1 008	4.25	3.55	3.10	2.70	2.65	2.60
	Coton	bleu	5	17,5	1 011	4.25	3.55	3.10	2.70	2.65	2.60
Tabulatrice 405, 420, 421 424, 444 avec petite bobine Ø 50 mm	Nylon (Long Life)	noir	19	16,5	425 018	9.10	8.10	7.30	7.10	6.90	6.70
	Nylon (Long Life)	violet	19	16,5	413 196	9.60	8.70	7.90	7.80	7.60	7.40
	Nylon	bleu	19	16,5	2 046	9.30	8.30	7.50	7.30	7.10	6.90
	Nylon	noir	19	16,5	1 046	9.30	8.30	7.50	7.30	7.10	6.90
Tabulatrice 407, 421, 447 Imprimante 1132 avec grande bobine Ø 67 mm	Nylon (Long Life)	noir	19	16,5	425 115	9.30	8.30	7.50	7.40	7.30	7.20
	Nylon (Long Life)	violet	19	24,5	413 193	10.–	9.–	8.20	8.10	8.–	7.90
	Nylon	bleu	19	16,5	2 047	9.80	8.80	8.–	7.90	7.80	7.70
	Nylon	noir	19	16,5	1 047	9.80	8.80	8.–	7.90	7.80	7.70
	Soie (litho)	noir	19	20,0	1 050	13.10	11.50	11.20	10.90	10.70	10.60
Reproductrice 519	Coton	noir	41	3,5	1 007	4.45	3.80	3.40	3.05	3.–	2.95
	Coton	bleu	41	3,5	1 043	4.45	3.80	3.40	3.05	3.–	2.95
Interpréteuse 548	Coton	noir	190	3,2	1 048	11.–	9.50	9.30	9.10	8.90	8.80
Interpréteuse 552	Coton	noir	190	2,45	1 026	8.50	7.40	6.90	6.70	6.50	6.30
	Coton	bleu	190	2,45	1 034	8.50	7.40	6.90	6.70	6.50	6.30
Interpréteuse 557	Nylon (Long Life)	noir	19	16,5	425 018	9.–	8.10	7.30	7.10	6.90	6.70
	Nylon (Long Life)	violet	19	16,5	413 196	9.60	8.70	7.90	7.80	7.60	7.40
	Nylon	noir	19	16,5	1 046	9.30	8.30	7.50	7.30	7.10	6.90
	Nylon	bleu	19	16,5	2 046	9.30	8.30	7.50	7.30	7.10	6.90
Carbon Ribbon Feed pour tab. 405, 420, 421, 424, 444	Rubans papier carbone Spirit pour réimpression une face	noir	6,4	100	128 273	5.70	4.85	4.35	3.90	3.75	3.60
	Rubans papier carbone pour copie une face	noir	6,4	100	128 275	3.25	2.60	2.20	2.–	1.80	1.75
	Rubans papier carbone pour copie deux faces	noir	6,4	100	2 058 696	5.30	4.45	3.95	3.50	3.45	3.40

Justieren der Ausschließskala
Nach jedem Wechsel zu einer anderen Ausschließskala empfiehlt es sich, die Ausschließskala zu justieren, damit die Ausschließwerte leicht und exakt abgelesen werden können.
Tabulieren Sie dazu mit Hilfe der Pica-Tab-Taste zur letzten ganzen Pica-Einteilung vor dem Schlußrand. Sobald der Schriftkopf in die Ausschließzone gelangt – sie beginnt mit dem Glockenzeichen und endet am Schlußrand – erscheint eine weiße Markierung in der Ausschließskala. Dieser weiße Strich wandert bei jedem Auslösen der Tabuliertaste weiter nach links. Er gibt die fehlenden Einheiten zum Schlußrand an. Ist die letzte Pica-Einteilung vor dem Schlußrand erreicht, prüfen Sie, ob die richtige Einheitenzahl angezeigt wird. Die Werte für die drei Ausschließskalen sind:

Farbdreieck auf der Ausschließwalze	Schlußrand befindet sich auf ganzer Pica-Einteilung	Schlußrand befindet sich auf halber Pica-Einteilung
rot	12	6
gelb	14	7
blau	16	8

Bei ungenauer oder falscher Anzeige justieren Sie den weißen Markierungsstrich durch Drehen des Ringes rechts auf der Ausschließwalze. Zuvor sollten Sie sich jedoch vergewissern, daß die Farbdreiecke der Schrittschaltung und Ausschließskala übereinstimmen.

Ausschließhebel
Bevor Sie mit dem Entwurfschreiben beginnen, lösen Sie einen Schriftkopfrücklauf aus und legen den Ausschließhebel auf der rechten Seite des Zeilenausschließers nach unten. Damit ist die Ausschließmechanik zum Ermitteln der Ausschließwerte eingeschaltet. Jetzt können Sie mit dem Schreiben der Entwurfszeile beginnen.

Ausschließzone
Während sich der Schriftkopf der Ausschließzone nähert, wandern Farbfelder in das Skalenfenster. Das Glockenzeichen ertönt, wenn der Schriftkopf in die Ausschließzone gelangt. Schreiben Sie weiter, bis eine der Farben Null der Ausschließzone erreicht hat. Schwarz gilt nicht als Farbe. Trennen oder beenden Sie dann das

Zwei Beispiele für die Anwendung von Composersatz
Deux exemples pour l'application de la composition par machine à écrire
Two examples of application for cold type composition

Fotosetzgeräte und Fotosetzmaschinen

Foto- und Titelsetzgeräte weisen heute ein weites Spektrum vom einfachsten bis zum leistungsfähigsten Gerät auf. Der Vorteil dieser Geräte ist neben einer grossen Schriftauswahl ihre leichte Handhabung. Hervorstechendes Merkmal ist bei den meisten Geräten die ausserordentlich gute kopier- oder reprofertige Qualität des Endproduktes. Dazu kommen die fast unbegrenzten Möglichkeiten typografischer und gestalterischer Spielereien, wie eng, aneinander, aufeinander, horizontal, vertikal, diagonal, versetzt, aufgerastert, verzerrt, verjüngt, Bogensatz usw. Aus diesen Gründen bedienen sich immer mehr Werbefachleute selbst dieser Geräte, wobei sie ihren künstlerischen Vorstellungen freien Lauf lassen können. Die wichtigsten Geräte lassen sich in folgende Gruppen ordnen:

Kontaktgeräte, das heisst Geräte, bei denen im Kontakt zwischen Matrize und Film eine Wiedergabe nur 1:1 möglich ist.

In Geräte, die einem klassischen Vergrösserungsapparat gleichkommen, bei denen ein stufenloses Vergrössern und Verkleinern möglich ist.

In Tageslichtgeräte, welche via Filmkassette den normalen Entwicklungsprozess in der Dunkelkammer durchlaufen und in Dunkelkammergeräte, die zuerst entwickeln (aktivieren) und erst nachher exponieren.

Für Mengensatz befinden sich verschiedene Fotosetzmaschinen mit unterschiedlichen Leistungen auf dem Markt. Teils werden diese Maschinen von Hand durch Direkteingabe bedient, teils über Lochstreifen. Hervorstechendes Merkmal dieser Maschinen Ist die gute Qualität des Schriftbildes und ihre verhältnismässig einfache Bedienung.

Phototitreuses et photocomposeuses

La gamme des phototitreuses actuellement sur le marché va de l'appareil le plus simple à la machine la plus complexe. Outre le grand nombre de séries qu'ils produisent, ces appareils ont l'avantage d'être simples à manier. La plupart de ces titreuses offrent un produit de la plus haute qualité, permettant des copies et une reproduction impeccables. En plus, elles permettent toutes les fantaisies typographiques, telles que composition serrée, en palier, à l'horizontale, à la verticale, en diagonale, décentrée, avec trames, déformée, rajeunie et en demi-cercle. Aussi ces appareils sont-ils très appréciés par les agences de publicité qui peuvent ainsi donner libre cours à leur imagination créatrice. Les phototitreuses sont classées en diverses catégories:

Les appareils par contact, sur lesquels le contact entre la matrice et le film produit une reproduction de 1 : 1.

Les appareils construits selon le principe des agrandisseurs et qui permettent d'agrandir et de réduire à volonté les caractères.

Les appareils utilisables à la lumière du jour, fonctionnant avec une cassette porte-film; enfin, les appareils utilisables seulement en chambre noire et dont le produit sensible doit être tout d'abord activé avant l'exposition.

Pour la composition en grandes quantités, des photocomposeuses aux performances très variées sont offertes sur le marché. Elles peuvent être commandées manuellement ou au moyen de bandes perforées. Ces machines se distinguent par la qualité de leurs produits et leur maniement relativement simple.

Photocomposing machines for headline setting and job work

Phototypesetting machines and display phototype setters exist today in a great variety from simple models up to most efficient units. The advantage of these machines, besides a rich choice of type, faces, is their simple operation. Another remarkable characteristic of most units is the extremely good copying and reproducing quality of the final product. Moreover, phototypesetting offers an almost unlimited range of creative and typographic possibilities, such as compressed, closed, interlaced, horizontal, vertical, diagonal, staggered, screened, distorted, circular setting, etc. Owing to these advantages, more and more advertising experts avail themselves of these machines allowing them to give free play to their artistic ideas.
The most important machines in this field can be divided into the following groups:

Contact units which reproduce in the proportion 1:1 only.

Apparatus similar to classic enlargers allowing continuous enlarging and reducing.

Daylight operated machines equipped with a film cassette subject to the normal process of development in the darkroom.
Darkroom units which first develop (activate) and then expose.

There are different photo-composition machines with varieties of output on the market for bulk composition. They are either operated by hand by direct input or by punched tapes. The outstanding characteristic of these machines is the good quality of the type face and their relatively simple operation.

Fototechnische Satzmöglichkeiten mit verschiedenen Geräten.
Compositions photographiques avec différents appareils
Phototechnical possibilities of typesetting using various machines

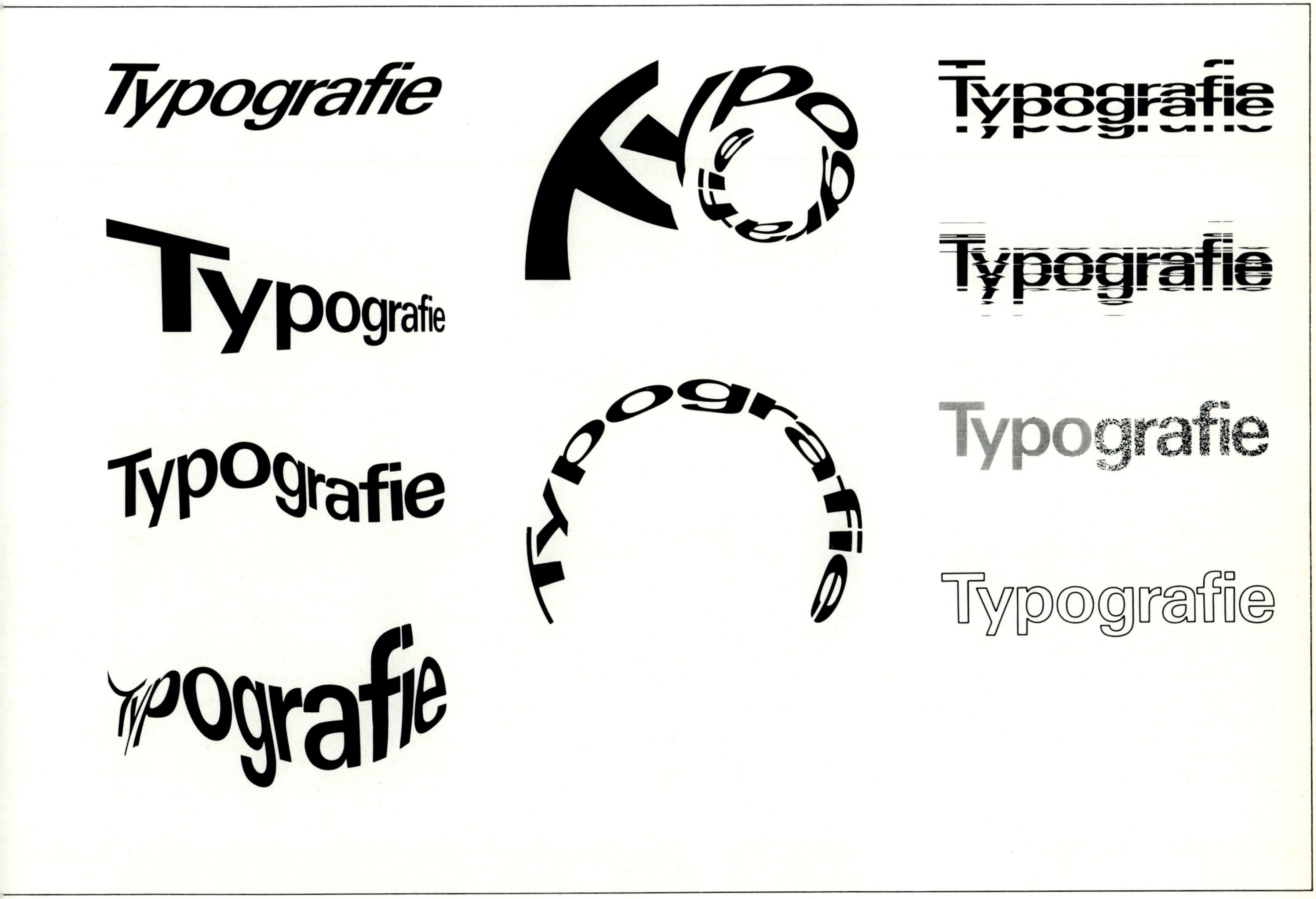
Typografie
Typografie
Typografie
Typografie
Typografie
Typografie
Typografie
Typografie
Typografie
Typografie

1. Halbautomatischer Staromat (Titelsetzgerät)

Die Hauptbestandteile dieses Gerätes sind: Der Kreuztisch, das Steuergerät, die vertikal verstellbare Optik, die Typenplatten (Schriftnegative) sowie verschiedene Zusatzeinrichtungen, zum Beispiel für Rundsatz.

Mit diesem Gerät wird direkt auf Film oder voraktiviertes Fotopapier gesetzt. Der gewünschte Buchstabe wird unter orangerotem Licht eingestellt und durch Hand- oder Fussschaltung die Belichtung ausgelöst. Während des Setzvorganges hat man die Schrift ständig unter optischer Kontrolle. Jedes belichtete Zeichen wird sofort tiefschwarz entwickelt, so dass Schriftlinie, Abstand usw. genauestens bestimmt und kontrolliert werden kann. Der Schriftgrössenbereich ist durch Auf- oder Abwärtsbewegung des Gerätekopfes (Optik) von 7–140 mm stufenlos einstellbar. Mit einem Verlängerungstubus hat man die Möglichkeit, bis auf etwa 2 Meter zu vergrössern (Projektionsspiegel).
Scharfeinstellung und Belichtung erfolgen automatisch. Schriftträger ist eine Typenplatte mit insgesamt 106 Schriftzeichen.

Das Endprodukt ist ein seitenrichtiges oder seitenverkehrtes Positiv auf Film, seitenrichtiges Positiv auf Fotopapier im Format bis zu 14,8×42 cm.

1. Titreuse semi-automatique Staromat

Les parties principales de cet appareil sont: la table de travail, l'appareil de commande, le système optique réglable verticalement, la plaque-matrice, ainsi que différents accessoires, par exemple pour la composition en cercle.

Cet appareil permet la projection des caractères directement sur film ou papier photographique pré-activé. La lettre désirée apparaît en lumière rouge orange et, sur simple pression de la main ou du pied, la projection de la lettre s'effectue directement sur le support sensible.
Durant la préparation de la composition, le caractère est en permanence sous contrôle optique. Au fur et à mesure de leur projection, les lettres apparaissent en noir, permettant ainsi le contrôle constant de l'alignement, de l'espace etc. La gamme des corps disponibles sur cet appareil va de 7 à 140 mm et peut être réglée par déplacement vertical continu de la tête optique. Un tube de prolongement permet même d'agrandir jusqu'à une grandeur de deux mètres (miroir de projection). La mise au point et l'éclairage se font automatiquement. Les négatifs sont supportés par une plaque porte-matrice avec au total 106 lettres et signes différents.

Le produit final est un film positif à l'endroit ou à l'envers, ou encore un papier positif à l'endroit de 14,8×42 cm.

1. Semi-automatic Staromat (display phototype setter)

The chief constituents of this unit are: The setting table, the control gear, the lens system vertically adjustable, the type plates as well as various attachments, for example, for circular setting.

Staromat allows a direct setting on film or preactivated paper. The character required is positioned under orange-red light and exposed by means of a pushbutton or a foot-switch. During the setting process the character is under direct visual control.
Each sign exposed is at once developed coal-black so that the alignment, distance, etc. can be determined and controlled most precisely. The continuous adjustment of the type size (from 7 to 140 mm) is effected by moving the projection head (lens system) up and down. An additional extension tube allows large type size projections up to 2 m (projection mirror). Exposure and focusing are controlled automatically. The type carrier is a type font comprising 106 characters.

The final product is either a direct or reverse reading positive on film, or a direct reading positive on paper, maximum size 14,8×42 cm.

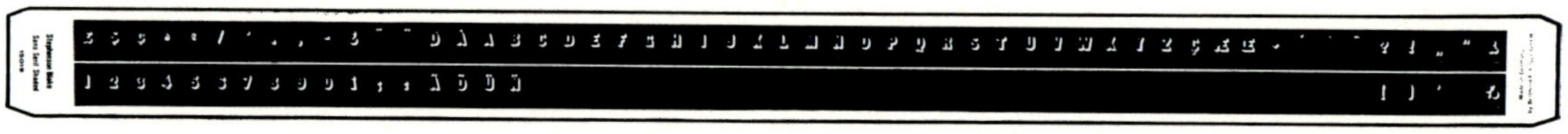

Typenplatte des Staromat-Titelsetzgerätes
Plaque-matrice de la titreuse Staromat
Type-plate of the display phototype setter Staromat

1

2

3

2. Halbautomatisches Fotosatzgerät Diatype für Akzidenzsatz

«Diatype» ist ein halbautomatisches, im Tageslicht arbeitendes Tisch-Fotosetzgerät mit Analogsteuerung und damit stufenloser Veränderlichkeit von Schriftgrösse und Laufweite. Die Hauptbestandteile sind die Optik, für stufenlose Einstellung der Grösse und Schärfe, ein Spiegelsystem, die Lichtquelle, die Elektronik, die 8 Tabulatoren, die Schriftscheibe, der Wählhebel, der Auslöseknopf zur Belichtung und verschiedene andere Einstell- und Funktionsknöpfe. Der Schriftträger ist eine Schriftscheibe von

2. Appareil semi-automatique de photocomposition Diatype pour travaux de ville

La Diatype est un appareil semi-automatique de table, travaillant en lumière du jour et spécialement conçu pour la composition des titres. Elle est dotée d'une commande analogique qui permet de varier progressivement la force de corps et la chasse des caractères. Ses parties principales sont: l'objectif variable en continu, un système de miroirs optiques, la source lumineuse, la partie électronique, 8 tabulateurs, le disque de caractères, le

2. Semi-automatic phototypesetting machine Diatype for job work

Diatype is a semi-automatic, daylight operated table-top phototypesetting machine equipped with analogous control and consequently continuous variability of the type size and setting length. Its chief components are: A lens system for continuous adjustment of the size and focus, a mirror system, the light source, the electron, eight tabulators, the type disc, the selection lever, the release button for exposure and various other adjusting and functional buttons.

1
Halbautomatischer Staromat mit Steuergerät
Appareil semi-automatique Staromat avec unité de commande
Semi-automatic Staromat with control unit

2
Typenscheibe des Diatype-Fotosetzgerätes
Disque porte-négatif de la photocomposeuse Diatype
Type disc of the Diatype photoypesetting unit

3
Gesamtansicht des Diatype
Vue générale de la Diatype
General view of the Diatype

18 cm Durchmesser und enthält in der Regel 195 Zeichen. Über 500 verschiedene Schriften sowie Sonderscheiben für Ornamente stehen zur Verfügung.
Die Schriftgrössen sind von 4 bis 36 Punkt stufenlos wählbar, und zwar ab derselben Schriftscheibe. Das Einstellen der Grösse geschieht durch einfache Knopfdrehung. Dabei stellen sich richtige Weite, Schärfe, Linienhaltung und Lichtwert automatisch ein. Die Schriftweite ist, um in den verschiedenen Graden keiner Verzerrung zu unterliegen, elektronisch gesteuert. Liniensatz waagrecht erfolgt automatisch. Senkrechte Linien werden mit der Zeilenschaltung gesetzt. Das Auswechseln von Schriftscheiben ist äusserst einfach. Die ungefähre Leistung für Flattersatz beträgt rund 4000 Buchstaben pro Stunde. Blocksatz muss allerdings vorher blind gesetzt werden, so dass die Leistung zwischen 1200 bis 1500 Buchstaben pro Stunde liegt.

Das gewünschte Schriftzeichen wird durch Bewegen des Wählhebels in Belichtungsposition gebracht. Durch einen Knopfdruck wird die Belichtung ausgelöst und die Filmkassette rückt um die Breite des gesetzten Schriftzeichens vor. Zur Entwicklung des Filmes oder Fotopapieres ist eine einfache Fotolaboreinrichtung notwendig.
Zudem empfiehlt es sich, eine technische Arbeitsvorbereitung zu treffen, um ein schnelles und formlich ansprechendes Produkt zu erhalten.

Das Endprodukt ist ein seitenrichtiges Positiv auf Film oder Papier, auf Film auch seitenverkehrtes Positiv. Maximale Satzbreite 48 Cicero. Vergrösserung und Verkleinerung stufenlos von 4–36 Punkt.

curseur de commande, le bouton commandant la projection, ainsi que différentes touches de fonction et de réglage. Le support des caractères est un disque de 18 cm de diamètre qui comprend en principe 195 signes négatifs. Plus de 500 séries de caractères sont disponibles, ainsi que des signes ornamentaux.
Les corps entre 4 et 36 points peuvent être composés à partir du même disque. La mise au point du corps s'effectue en tournant un bouton de commande. La distance focale du système optique, la mise au point et le dosage de l'intensité lumineuse s'adaptent automatiquement à la force de corps choisie. L'espacement entre les caractères est commandé par voie électronique pour éviter tout effet de distorsion. Les filets horizontaux sont composés automatiquement. La composition des filets verticaux est solidaire de la commande d'interligne. L'échange des disques porte-matrices ne prend que quelques secondes. Pour la production de textes en lignes brisées, le rendement approximatif est de 4000 signes à l'heure. Mais pour la composition justifiée, il est indispensable de composer une première fois à «l'aveugle», ce qui donne une production de 1200 à 1500 signes seulement.

La lettre à composer est mise en position d'insolation par actionnement de la poignée de commande. Cette opération terminée, la cassette porte-film avance automatiquement en fonction de la valeur de chasse du caractère projeté. Le développement des films ou des papiers photographiques exige un équipement adéquat.
Il est par ailleurs indispensable que la préparation technique du manuscrit soit très poussée afin d'obtenir rapidement un produit bien élaboré et de forme plaisante.

The matrix is a type disc of a diameter of 18 cm, generally containing 195 characters More than 500 different faces are available as well as special discs for ornaments.
By simply turning the knob, type sizes can be set in infinitely variable steps from 4 to 36 p. The correct width, focus, common base line and light value are adjusted automatically. The setting length is electronically controlled to avoid any distortion in the different degrees. Horizontal rule setting is effected automatically. Vertical rules are set by means of the line advance mechanism.
The changing of discs is extremely simple. The approximate output when setting flush is about 4000 characters per hour. Justified setting is subject to prior blind setting so that the average production lies by 1500 characters per hour.

The character desired is positioned for exposure by means of the selection lever. The exposure is released by pushing the button. Thus, the film cassette moves forward by the width of the character just set. The development of the film or paper requires only simple laboratory equipment.
It is recommendable to make technical working preparations for the sake of a quick and attractive product.

The final product is either a direct or reverse reading film positive, a direct or reverse reading film negative, or a direct reading paper positive. The maximum setting width is 51 picas. Continuous enlarging and reducing from 4 to 36 p.

Anwendungsbereich

Der Anwendungsbereich umfasst Layoutsatz, Anzeigen, Prospekte, Kataloge, Plakate, Formulare, auch Endlosformulare und Formulare für die Datenverarbeitung, Akzidenzen aller Art, Formelsatz, kartografischer Satz usw.

Le produit final est un film positif ou négatif, à l'endroit ou à l'envers, ainsi qu'un papier photographique positif à l'endroit. La justification maximum est de 48 cicéros/douzes. Agrandissement et réduction continus pour tous les corps entre 4 et 36 points.

Champ d'application

Les possibilités d'application de cet appareil sont multiples: maquette de mise en page, annonces, prospectus, catalogues, affiches, formulaires, y compris les formulaires en continu et ceux utilisés par l'informatique, travaux de ville, compositions carthographiques, etc.

Range of application

The operating field of the Diatype comprises layout setting, advertisements, brochures, catalogues, posters, forms including continuous forms and forms for the data processing industry, all kinds of job work, formula setting, map work etc.

3. Fotosetzmaschine Diatronic

Die Diatronic verkörpert sowohl eine Werksatz- als auch eine Akzidenzmaschine. Sie setzt automatisch Blocksatz, Flattersatz links und rechts sowie Mittelachsensatz. Sie ist eine Fotosetzmaschine im Tageslichtbetrieb, Tast- und Belichtungssystem in einer Einheit zusammengefasst. Die Hauptbestandteile der Diatronic sind: Zentrale Eingabestation, Speicher, Sichtfenster für optische Kontrolle, diverse Einstell- und Kontrollschalter oder Tasten, Filmkassette, Dicktenboxen, 8 Schriftscheiben, Elektronik und Belichtungseinheit.
Die Leistungsfähigkeit ist von der Bedienungsperson abhängig, beträgt aber im Durchschnitt zirka 10000 Buchstaben pro Stunde.

3. La photocomposeuse Diatronic

La Diatronic est une photocomposeuse combinée, permettant la production de labeurs aussi bien que de travaux de ville. Elle compose automatiquement des textes justifiés, en lignes brisées alignées à gauche ou à droite, et des textes centrés. Cette photocomposeuse travaille en lumière du jour. Le clavier et l'élément photographique sont groupés en un seul bloc. Les parties principales de la machine sont: la station d'entrée centrale, la mémoire, le contrôle visuel sur verre dépoli, les boutons ou touches de réglage et de contrôle, la cassette à film, la boîte à chasse, 8 disques porte-négatifs, l'unité électronique et l'unité photographique.

3. Photocomposing machine Diatronic

The Diatronic represents both a machine for quantity composition and for job work. It automatically produces justified setting, flush left and right as well as centered setting. It is a daylight operated machine. The keyboard and exposure system are combined in one unit.
The chief constituents of the Diatronic are: Central input station, memory, view window for visual control, various adjusting and control switches or keys, film cassette, eight type grids and style cards, electronic and exposure unit.
The output depends on the efficiency of the operator. The average production is 10000 characters per hour.

Die Tastatur der Diatronic entspricht in ihrem mittleren Teil genau derjenigen einer Schreibmaschine. Dazu kommen verschiedene Tasten für Satzkommandos, Schriftwahl usw. (Siehe Abbildung). Die gesamte Anzeige ist in einem Fenster über der Tastatur vereinigt. Die Sichtkontrolle, daneben die Kassetteneinstellung – eine Grobeinteilung in Zentimetern, eine Feineinteilung in Zehntelmillimetern. Die Zeilenlängenskalen sind ähnlich wie bei einem Rechenschieber angeordnet. Die fest fixierten Grundskalen zeigen die gesamte Formatbreite an, unten in metrischer Teilung, oben in jedem gewünschten Masssystem wie zum Beispiel Didot, Pica-point, Zoll. Die getastete Zeile wird so lange gespeichert, bis das Ausschliesskommando gegeben wird. Dann schliesst die Maschine selbständig aus. Von einer einzigen Schriftscheibe können alle Schriftgrössen zwischen 6 und 20 Punkt – von Punkt zu Punkt einstellbar – gesetzt werden. Eine Scheibe bietet Platz für 126 Zeichen. Durch eine Anzahl von fliegenden Akzenten wird auch das Setzen in weniger gebräuchlichen Sprachen ermöglicht. Senkrechte und waagrechte Linien können ohne Schwierigkeiten mitgesetzt werden. Das Mischen von verschiedenen Schriften geschieht durch einfachen Tastendruck, wobei die Auswahl acht verschiedene Schriften umfasst.

Das Endprodukt ist ein seitenrichtiges oder seitenverkehrtes Positiv auf Film, seitenrichtiges Positiv auf Papier, das in der Dunkelkammer entwickelt werden muss. Maximale Satzgrösse 67×67 Cicero.

Le rendement, qui dépend en grande partie de la vitesse de frappe et de l'expérience du claviste, est d'environ 10000 signes à l'heure.
Le clavier correspond, dans sa partie centrale, au clavier d'une machine à écrire avec, en plus, des touches pour les signes spéciaux et des touches de fonction (voir fig.). Toutes les données apparaissent sur un cadran placé au-dessus du châssis. Le contrôle optique et, à côté, les commandes pour la cassette à film, permettent une répartition en centimètres et une autre, plus précise, en millimètres.
Les échelles de justification sont basées sur une dispostion des règles à calculer. Les échelles graduées fixes, en bas en centimètres et en haut en didots, ou encore en picas et pouces, indiquent la largeur du format.
La ligne frappée au clavier est mise en mémoire jusqu'à ce que le signal de justification soit donné. Ensuite, la ligne est automatiquement justifiée et projetée sur le support sensible. Un disque porte-négatifs normal permet d'obtenir tous les corps entre 6 et 20 points, par paliers de 1 point d'intervalle. La plaque-matrice peut contenir 126 signes différents. En utilisant des accents flottants, il est même possible de composer des textes dans des langues peu communes, sans devoir changer le porte-négatifs. Les filets verticaux et horizontaux peuvent être facilement composés avec le texte. Le mélange des caractères, facilité par le fait que le magasin contient 8 plaques-matrices, s'effectue par simple pression sur une touche de commande.

Le produit final est un film positif à l'endroit ou à l'envers, ou en papier positif à l'endroit, pouvant être développé dans la chambre noire. Le format de composition maximum est de 67×67 cicéros/douzes.

The layout of the central keyboard of the Diatronic corresponds to the keyboard of a standard typewriter. Additionally, there are various keys for commands and type selection, etc. (see illustration). The complete indication is integrated in a window over the keyboard: The visual control, next to it the adjustment of the cassette, a scale in centimetres, a fine scale in tenth millimetres. The line length scales are coordinated similar to a slide rule. The fixed horizontal scales indicate the width of the type area – below in metric system, above in any system of measurement required such as for example in Didot, Pica, inches. The line composed is stored in the memory. After the release command is given, the line is automatically spaced out and exposed. The next line can already be set during the exposure process.
Each type grid contains 126 characters which can be set in 15 sizes from 6 to 20 p adjustable from point to point. A number of *floating* accents available on each grid also allows the setting of rather unusual languages. Vertical and horizontal rules (in 12 weights) are set without any difficulty. The magazine stores eight type grids which can be mixed at will by simply pushing a button.

The final product is a direct or reverse reading film positive or a direct reading paper positive to be developed in the darkroom. Maximum size 67×67 cicero.

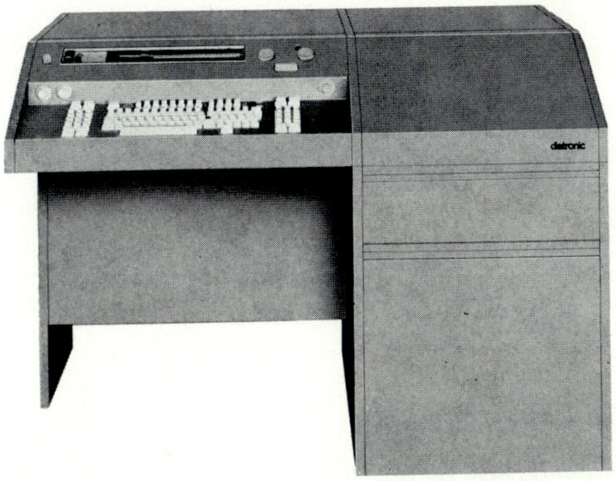

1

2

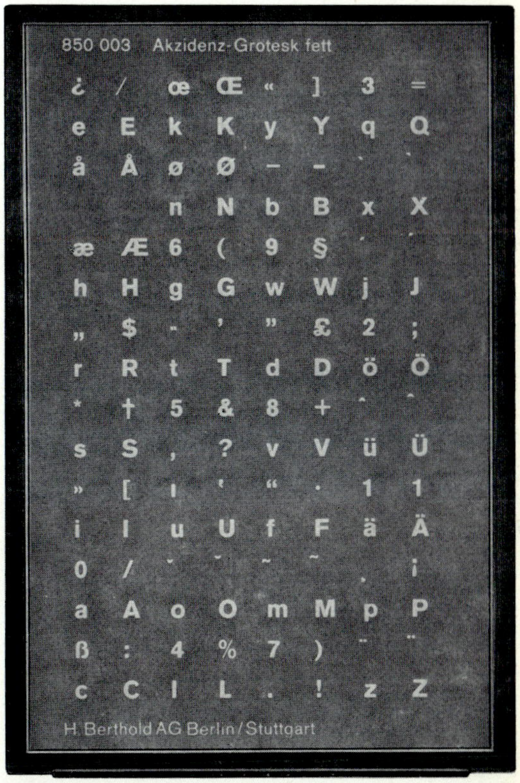

3

Anwendungsbereich

Der Einsatzbereich umfasst:
Mengensatz, neben reinem Werksatz auch wissenschaftliche Arbeiten, Lexika, Adressbücher, Tabellen, Prospekte, Kataloge, Zeitschriften usw.

Champ d'application

La Diatronic peut livrer des textes courants et composer des labeurs et des travaux scientifiques, des annuaires, revues, tableaux, prospectus, catalogues, etc.

Range of application

Any type of quantity composition, job work, scientific work, address books, schoolbooks, newspapers, magazines, brochures, catalogues, tables, indexes, forms, etc.

1
Gesamtansicht der Eingabe- und Belichtungseinheit Diatronic
Vue d'ensemble de la Diatronic, avec clavier et unité de projection
View of the input and exposure unit Diatronic

2
Bedienungspult mit optischem Sichtfenster, Tastatur und Skala
Pupitre de commande avec contrôle visuel, clavier et échelles
Control panel with optic view window, keyboard and scale

3
Schriftscheibe mit 126 Zeichen
Porte-négatif avec 126 signes
Type grid with 126 characters

4. Fotosetzmaschine Monophoto Mark III-V

Das Funktionsprinzip dieser Foto-Maschinen ist dasselbe wie der Monotype Giess-Setzmaschinen für Blei. Das heisst also, zwei getrennte Einheiten, Taster und Belichtungsmaschine. Am Taster, der in seinem Aufbau derselbe ist wie für den Bleisatz mussten lediglich einige für den Fotosatz notwendige Zusätze eingebaut werden. Dies sind: Ansteuerung von Doppelbelichtung, Buchstabenlöscher, 1-Einheiten-Anschlag, Tiefstellung und der variable Zeilenvorschub.

4. La photocomposeuse Monophoto Mark III-V

Le principe de base de cette installation de photocomposition est le même que celui de la fondeuse-composeuse plomb Monotype, soit deux unités séparées, le clavier et la photocomposeuse. Sur le clavier, qui ne diffère que très peu de celui utilisé pour la photocomposeuse plomb Monotype, quelques éléments et touches de fonction ont été ajoutés pour passer à la photocomposition: la commande de la double-exposition, l'effacement du signe, l'espace fixe d'une unité, le décentrage et l'interlignage automatique.

4. Photocomposing maschine Monophoto Mark III-V

These filmsetters function on the same principle as Monotype hot metal casters. This means, two separate units, keyboard and filmsetter. The keyboard is the same in structure as hot metal and needs some additions for filmsetting. These are: controls for double exposure, character delete, 1-unit-space, low alignment, variable line feed. The filmsetting unit is also basically mechanical as in hot metal machines and controlled by means of 31-channel perforated tape with a system of air pistons, of

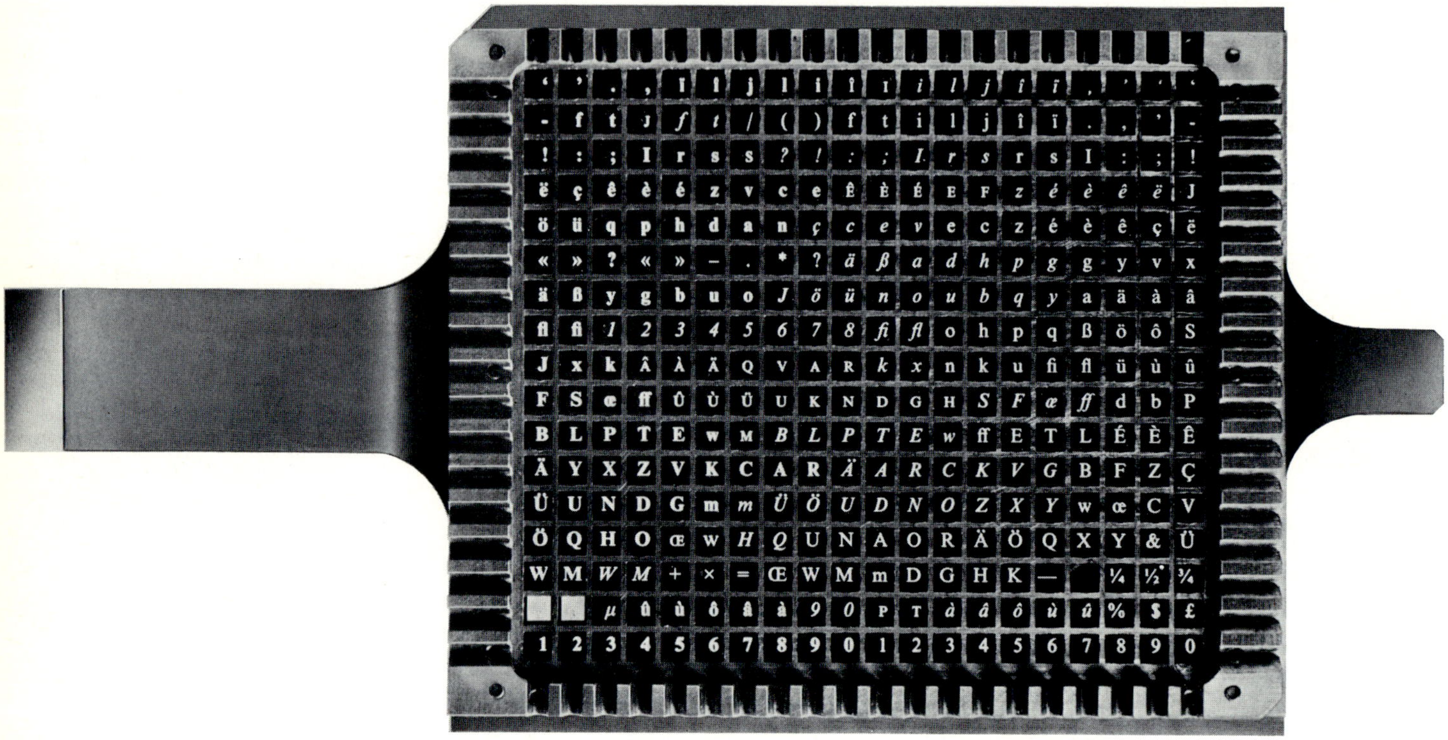

Negativschriftrahmen
Châssis porte-négatifs
Matrix Case

Mechanisch ist auch die Belichtungseinheit in ihren Grundzügen dieselbe wie für Blei. Steuerung der Maschine mittels des 31-Kanal-Lochstreifens, dem System der Luftstifte, der Scheren usw. Zusätzlich oder anstelle sind diese Maschinen mit einer Optik, Lichtquelle, Spiegelsystem, Prismen, Filmkassette usw. ausgerüstet.

Matrizenrahmen

Der Matrizenrahmen enthält 340 seitenverkehrte Einzelnegative in Plastikgehäusen, die auch einzeln gegeneinander auswechselbar sind. Eine grosse Anzahl von Akzentmatrizen erlaubt den Satz praktisch aller Fremdsprachen vom gleichen Grundalphabet, da nur die Akzentnegative ausgewechselt werden müssen. Die Grösse des Schriftbildes auf der Matrize beträgt ca. 8 Punkt. Mit einem Matrizensatz sind alle Schriftgrössen von 6–24 Punkt herstellbar. Für mathematischen Satz und für den Satz von Formeln stehen Spezialrahmen zur Verfügung.

Lichtquelle und Strahlengang

Die Lichtquelle besteht aus einem einfachen Punktlicht. Der Strahl wird von einer Kondensorlinse gebündelt und über ein System von Prismen durch ein Objektiv auf die Spiegel geworfen. Diese werden in Schritten, die der jeweiligen Buchstabendickte entspricht, vorwärtsbewegt. Das Schriftbild wird dabei auf das lichtempfindliche Material in der Filmtrommel projiziert.

La mécanique de cette installation est basée sur le même principe de construction que l'installation plomb. La commande s'effectue au moyen d'une bande perforée à 31 canaux, du système de goujons, des parallélogrammes etc. Cette machine est équipée d'un système optique avec source lumineuse, un jeu de miroirs, des prismes et un tambour porte-film.

Le châssis à film-matrices

Le châssis à film-matrices contient 340 matrices individuelles et interchangeables dont chacune est fixée dans une alvéole séparée. En partant de l'alphabet de base, il est possible de réaliser des travaux en langues étrangères en échangeant simplement les matrices dans le châssis par d'autres matrices portant des accents spéciaux. L'image sur la matrice est d'environ 8 points. A partir du même jeu de film-matrices, il est possible de couvrir tous les corps de 6 à 24 points. Pour la composition des formules mathématiques, chimiques et des langues non-latines, d'autres châssis porte-matrices sont disponibles.

Source lumineuse et marche des rayons

La source lumineuse est une lumière ponctuelle simple. Le rayon lumineux passe par un condensateur à lentille, puis, à travers un système de prismes, est projeté par un objectif sur un jeu de miroirs coulissants. Les lettres sont photographiées à tour de rôle sur le matériel sensible dans le tambour.

jaw tongs, etc. In addition, the machine is equipped with an optical system including light source, mirrors, prisms, film drum, etc.

Matrix cases

The matrix case contains 340 reverse reading individual negatives in plastic holders which are interchangeable. A large number of accented matrices permits the composition of almost all foreign languages from the same basic alphabet, only the accented matrices have to be changed. The size of the type image on the matrix amounts to about 8 pt. It is possible to produce all type sizes from 6–24 pt. with one set of matrices. Special sets of matrices can be ordered for mathematical composition and for the composition of chemical formulae.

Light source and light path

The light comes from a simple point source. The beam is reduced by a condensing lens and projected by a system of prisms to an objective on the so-called mirror transport assembly. This moves forward in steps corresponding to the respective character and throws the type image on to the light sensitive material in the film drum.

Film drum

The film drum takes film up to a size of 26×60 cm. The widest composition size is 60 picas. All litho film and papers on the market can be used. Performance of the machine: 12000 characters per hour.

Filmtrommel

Die Filmtrommel nimmt Filme bis zu einer Grösse von 26×60 cm auf. Breitestes Satzformat ist 56 Cicero. Verwendbar sind alle Lithfilme und Papiere, die auf dem Markte sind. Leistung der Maschine 12000 Buchstaben in der Stunde.
Das Endprodukt ist ein seitenrichtiges oder seitenverkehrtes Film- oder Papierpositiv oder Negativ.

Anwendungsbereich

Diese Maschinen zeichnen sich durch eine ausserordentliche Qualität aus. Jede Art von Satz, selbst schwierigster mathematischer und chemischer Formelsatz können hergestellt werden.

Schematische Darstellung des Strahlenganges der Monophoto

1 Lichtquelle
2 Sammellinse
3 Negativrahmen
4 Maske
5 Verschluss
6 Prisma fest für 6–12 Pt. einstellbar für 14–24 Pt.
7 Präzisionslinse
8 Filmtrommel
9 Spiegel
10 Spiegelführung

Schéma de la marche des rayons dans la Monophoto

1 Source lumineuse
2 Condensateur à lentille
3 Porte-négatifs
4 Cache
5 Obturateur

Tambour porte-film

Le tambour peut recevoir des films jusqu'à 26×60 cm. Le format de composition est de maximum 56 cicéros/douzes. Tous les types de film Lith ou de papier bromure en vente sur le marché sont utilisables sur cette machine, dont la production atteint 12000 caractères à l'heure.
Le produit final est un film ou papier positif ou négatif, à l'endroit ou à l'envers.

Champ d'application

Cette machine offre des produits de qualité exceptionnelle. Elle permet de composer sans difficultés tous genres de travaux, y compris les formules mathématiques et chimiques les plus complexes.

6 Prismes fixes 6–12 points ajustables pour 14–24 points
7 Lentille de précision
8 Tambour porte-film
9 Miroirs
10 Coulisseau des miroirs

Schematic representation of the light path of the Monophoto filmsetter.

1 Lamp
2 Condenser lens
3 Master negative
4 Mask
5 Shutter
6 Prism fixed for 6–12 pt. adjustable for 14–24 pt.
7 Precision lens
8 Film-drum
9 Mirror
10 Mirror bar

The end product is a direct or reverse reading film or paper positive or negative.

Range of application

This machine distinguishes itself by its extraordinary quality. Every kind of composition, even the most difficult mathematical and chemical formulae can be produced.

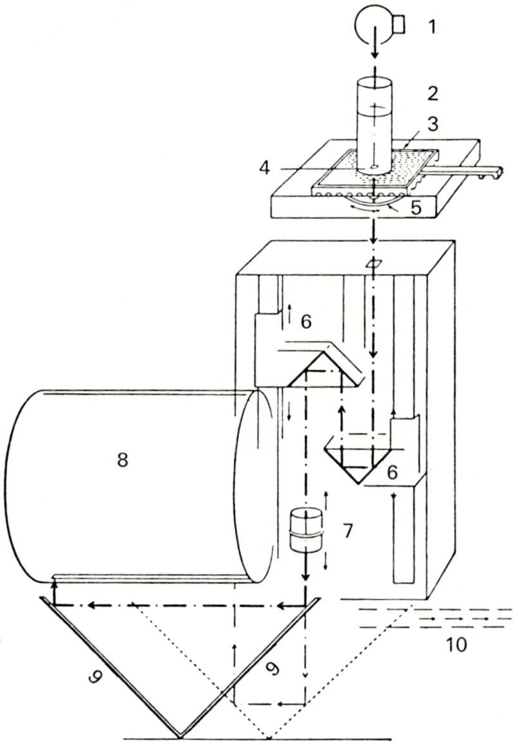

Die folgende Tabelle zeigt eine Zusammenstellung einiger Fotosetzgeräte/-maschinen, ihre Anwendungsweise und Leistung. Die Auswahl wurde im Querschnitt aus den heute weltweit verwendeten Fabrikaten getroffen.

Le tableau suivant donne une vue d'ensemble de diverses photocomposeuses, leur champ d'application et leur rendement horaire. Il s'agit d'une sélection effectuée parmi les appareils actuellement sur le marché mondial.

The following index shows a list of phototype setting machines, their applications and efficiency, representing a cross-section of the current units used all over the world.

Fotosetzgeräte und -Maschinen

Marken-Bezeichnung	Anwendungsgebiet	Schriftgrössen	Buchstabenträger	Bedienungs- und Arbeitsweise	Endprodukt	Leistung
Staromat Berthold Fototype GmbH, München	Titelsatz, Rundsatz, Wellensatz, Gerasterter Satz	3–420 p	Typenplatte aus Kunststoff	Vergrössern und Verkleinern durch Heben und Senken des Gerätekopfes mit automatischer Einstellung der Belichtung und Schärfe. Motorische Schnellverstellung der Typenplatten als Zusatzgerät	Film, Papier oder Transparent-Folie positiv. Durch direkte Umkehrung mit dem Gerät auch negativ	Etwa 1200 Buchstaben pro Stunde bei 24 p
Diatype H. Berthold AG, Berlin	Blocksatz (1 × Blindsatz), Tabellensatz einschliesslich Linien, Formelsatz, Kartographischer Satz	4–36 p	Schriftscheiben mit 190 Schriftzeichen	Halbautomatisches Tageslichtgerät. Nach Bestimmung der gewünschten Satzbreite und des Schriftgrades stellt man den Wählhebel auf das fixierte Zeichen ein und löst durch Knopfdruck die Belichtung aus.	Seitenrichtiges oder seitenverkehrtes Positiv auf Film; seitenrichtiges Positiv auf Fotopapier Entwicklung des Films im Labor	Max. 3000 Zeichen pro Stunde, je nach Arbeit
Diatronic H. Berthold AG, Berlin	Blocksatz, Flattersatz, Formelsatz, Grosskegelsatz, Tabellensatz einschliesslich Linien	6–20 p (mit Sonderscheibe 3–10 p) 6–300 mm	Schriftscheiben mit 126 Zeichen Für Schriftgrössen von 6–20 p ist nur 1 Schriftscheibe erforderlich	Zeicheneingabe erfolgt über Tastatur mit 63 Symboltasten. Die getasteten Zeichen werden mit ihrem Dicktenwert codiert, zeilenweise magnetisch gespeichert und über den Rechner ausgeschlossen. Somit erfolgt das Ausschliessen Block, links, rechts, Mitte gestellt automatisch. Während des Absetzens aus dem Speicher kann bereits die nächste Zeile getastet werden. Maschine arbeitet bei Tageslicht.	Seitenrichtiges bzw. seitenverkehrtes Filmpositiv; seitenrichtiges Papierpositiv. Negative müssen im Kontakt hergestellt werden. Entwicklung des Films im Labor	Max. 10000 Buchstaben pro Stunde
Fotorex ABM Business Automation Inc., New York USA	Titelsatz, Blocksatz	6–84 p	Typenscheiben	Buchstabennegativ wird in der gewünschten Grösse in die Maschine eingeschoben und durch Knopfdruck belichtet. Papierstreifentransport über geeichten Handbetrieb, der Veränderungen der Weite zulässt. Entwicklungstank eingebaut oder getrennt	Film- oder Papierpositiv wird automatisch in einen Tank geleitet und automatisch mit Monobath entwickelt	20–30 Buchstaben pro Minute
Optype Ateliers Bariquant & Marré France	Titelsatz Fotographischer Randausgleich von Flattersatz	Reproduktion jeglichen Satzes bis zur Höhe von 18 mm	Papier- oder transparente Vorlagen Für den Titelsatz Plastikmatrizen	Manuell. Optische Anamorphose	Filmnegativ oder -positiv	6 randausgeglichene Seiten zu zirka 50 Zeilen pro Stunde
Photonymograph Barr & Stroud Ltd., Glasgow Scotland	Titelsatz Blocksatz Flattersatz Tabellensatz	1–10 mm Höhe der Grossbuchstaben	Schriftscheiben je 104 Zeichen	An einem runden drehbaren Träger der Schriftscheibe wird der zu belichtende Buchstabe eingestellt. Der Träger ist mit 52 Einrasterungen versehen. Durch einen Projektor kann die Scharfeinstellung kontrolliert werden. Belichtung wird durch Hebeldruck ausgelöst. Film- oder Papier kann verwendet werden.	Seitenrichtiges Positiv oder Negativ auf Film	1200 Buchstaben pro Std.
Monotype Photo-Lettering London	Titelsatz Blocksatz (1 × blind) Flattersatz Tabellensatz	5–48 p stufenlos	Gleichzeitig 3 Schriftscheiben mit je 100 auswechselbaren Einzelmatrizen	Halbautomatisches, elektromechanisch gesteuertes Tageslichtgerät. Der gewünschte Buchstabe wird mittels einer Wählscheibe eingestellt und durch Betätigung eines Auslösehebels belichtet. Weitertransport erfolgt automatisch.	Seitenrichtiges Positiv auf Film oder Papier. Seitenverkehrtes Filmpositiv durch Belichten von der Rückseite	Max. 3600 Zeichen pro Stunde
Vartyper Headliner Varityper Corporation USA	Titelsatz	10–84 p	Schriftplatte mit 90, 80, 72, 45, 36 Zeichen je nach Grad	Wählen des Buchstabens und Auslösen der Belichtung. Ausrichtung des Buchstabens und Spationierung erfolgt automatisch	Film- oder Papierpositiv Negativplatten begrenzt lieferbar	Zirka 2000 Buchstaben pro Stunde

Appareils et machines de photocomposition

Marque de fabrique	Champ d'application	Corps	Porte-négatifs	Mode d'utilisation et fonctionnement	Produit final	Rendement
Staromat Berthold Fototype GmbH, Munich	Titres, composition en cercles, en vagues et tramée	3–420 p	Plaque en matière plastique	Agrandissement et réduction par mouvement ascendant et descendant de la tête de projection avec réglage automatique de l'optique et la mise au point. Déplacement motorisé rapide de la plaque porte-négatifs comme accessoire supplémentaire	Film, papier ou feuille plastique transparente en positif. Inversement de l'image aussi en négatif	Environ 1200 signes à l'heure en 24 points
Diatype H. Berthold AG, Berlin	Composition justifiée (à composer 1ère fois à l'aveugle) tableaux avec filets incorporés, composition de formules, cartographie	4–36 p	Disques porte-matrices avec 190 négatifs	Appareil semi-automatique travaillant en lumière du jour. Après avoir choisi la justification et le corps désirés, il suffit de placer la poignée de commande face au signe requis et, par pression d'un bouton, d'effectuer la projection de la lettre	Positif à l'endroit ou à l'envers sur film; positif à l'endroit sur papier photographique. Développement du film en laboratoire	Maximum 3000 signes à l'heure, selon le travail effectué
Diatronic H. Berthold AG, Berlin	Composition justifiée, en lignes brisées, composition de formules, en gros corps, tableaux avec filets incorporés	6–20 p (avec disque spécial 3–10 p) 6–300 mm	Disques porte-matrices avec 126 négatifs permettant la composition des corps 6–20 à partir d'un seul disque	L'enregistrement des signes s'effectue par la frappe du clavier comprenant 63 touches. Les signes frappées sont enregistrées magnétiquement avec leur valeur de chasse et la justification par l'intermédiaire de la calculatrice. Ainsi le texte est composé à gauche, à droite ou centré au milieu de la page. Pendant que la première ligne est projetée sur le support sensible, la seconde peut déjà être composée. La machine travaille en lumière du jour	Film positif à l'endroit ou à l'envers. Papier positif à l'endroit. Les négatifs sont obtenus par contact. Développement du film en laboratoire	Max. 10000 signes à l'heure
Fotorex ABM Business Automation Inc. New York Etats-Unis	Titres, composition justifiée	6–84 p	Disques	Le négatif du corps désiré est introduit dans la machine et projeté par pression d'un bouton. Le transport du papier photographique s'effectue à la main, en permettant un espacement visuel. Dispositif de développement incorporé ou séparé	Film ou papier positif passant directement dans le bain où il sera automatiquement développé par un «Mono-bath»	20–30 signes à la minute
Optype Ateliers Bariquant & Marré France	Titres, arrangement photographique de la composition en lignes brisées	Reproduction de toutes les compositions jusqu'à 18 mm de hauteur	Modèles de papier ou transparents. Pour les titres, matrices en plastique	Le placement et la composition des lettres s'effectuent manuellement. Contrôle optique automatique	Film négatif ou positif	6 feuilles de 50 lignes chacune à heure, avec espacement de fin de ligne compensé
Photonymograph Barr & Stroud Ltd. Glasgow Ecosse	Composition justifiée, titres, composition en lignes brisées tableaux	1–10 mm, hauteur des capitales	Disques, à 104 signes chacun	Le disque porte-négatifs pivote sur une base et permet la mise en position de la lettre désirée. La base comporte 52 cliquets. La mise au point est contrôlée automatiquement. La projection se fait par pression d'un levier. Utilisation de film ou de papier	Film positif à l'endroit ou négatif sur film	1200 signes à l'heure
Monotype Photo-Lettering Londres	Titres, composition justifiée (1× à l'aveugle), en lignes brisées tableaux	5–48 p en continu	Simultanément 3 disques avec 100 signes chacun. Matrices interchangeables	Machine semi-automatique à commande électro-mécanique, travaillant en lumière du jour. Les lettres requises sont amenées en position par un système de disque-pilote, puis photographiées après sollicitation d'une gachette oscillante. Transport automatique du film ou du papier	Film ou papier positif à l'endroit. Film négatif à l'envers en projetant à travers la base du film	3600 signes à l'heure
Varytyper Headliner Varityper Corporation Etats-Unis	Titres	10–84 p	Plaques porte-négatifs avec 36, 45, 72, 80 et 90 signes, selon le corps	Choix de la lettre et projection. L'ajustement et l'espacement s'effectuent automatiquement	Film ou papier positif. Les plaques porte-négatifs ne sont livrables qu'en quantité limitée	Environ 2000 signes à l'heure

Phototype setting machines

Product	Application	Type sizes	Type carrier	Mode of working and operation	Final Product	Output
Staromat Berthold Fototype GmbH, Munich	Headline-, circular-, wave- and screened setting	3–420 p	Type fonts (plastics)	Enlarging and reducing by vertical movement of the projection head. Automatic focusing and exposure control. Motor quick-adjustment of type fonts as attachment	Film, paper or transparent foil positive, also negative by direct conversion	Approx. 1200 characters at 24 p per hour
Diatype H. Berthold AG, Berlin	Justified setting (subject to prior blind setting), table setting including rule, formula and map work setting	4–36 p	Type disc with 190 characters	Semi-automatic daylight operated machine. After determination of the setting width and point size the character to be set is positioned by means of the selection lever and exposed by pushing the release button	Direct or reverse reading film positive, direct reading paper positive. Development of the film in the darkroom	Max. 3000 characters per hour according to work
Diatronic H. Berthold AG, Berlin	Justified setting, flush setting, formula setting, large cone setting, table setting including rules	6–20 p (with special grid 3–10 p) 6–300 mm	Type grid with 126 characters. For type sizes 6 to 20 p only one grid required	Character input by keyboard system with 63 symbol keys. The keyed signs are coded with its value of length, stored magneticly and spaced out via computer. Automatic spacing out in justified setting, flush right or left or centered. During the exposure process the next line can already be set. "diatronic" is a daylight operated machine	Direct reading resp. reverse reading film positive, direct reading paper positive. Negatives must be produced in contact. Development of film in the darkroom	Max. 10000 characters per hour
Fotorex ABM Business Automation Inc., New York, USA	Headline setting, justified setting	6–84 p	Type discs	Letter negatives of the desired size are fed into the machine and exposed by push-button. Paper strip transported by calibrated manual operation which allows variations in width. Developing tank built in or separate	Film or paper positive is automatically led into a tank and automatically developed in monobath	20–30 characters per minute
Optype Ateliers Bariquant & Marré France	Headline setting, photographic marginal equalization of flush setting	Reproduction of any composition up to a height of 18 mm	Paper or transparent copy. For headline setting plastic matrices	Manually. Visual anamorphose	Film negative or film positive	6 margin equalized pages of about 50 lines per hour
Photonymograph Barr & Stroud Ltd., Glasgow, Scotland	Headline, justified, flush and table setting	1–10 mm height of the upper case letters	Type discs, each of 104 characters	The characters to be exposed are positioned on a circular rotatory carrier of the type disc. The carrier is equipped with 52 locking positions. Focusing can be controlled by a projector. Lever pressure releases the exposure	Direct reading positive or negative film	1200 characters per hour
Monotype Photo-Lettering London	Headline, justified (subject to prior blind setting), flush and table setting	5–48 p infinitely variable	Simultaneously 3 type discs, each with 100 interchangeable characters	Semi-automatic electro-mechanically daylight operated machine. The character required is positioned by means of a selection disc and exposed by operating a release lever. Further transport is automatic	Direct reading positive on film or paper. Reverse reading film positive by exposure from behind	Max. 3600 characters per hour
Varytyper Headliner Varityper Corporation, USA	Headline setting	10–84 p	Type fonts with 90, 80, 72, 45, 36 characters according to size	Selection of characters and release of exposure. Alignment of characters and spacing takes place automatically	Film or paper positive. The supply of negative plates is limited	Approx. 2000 characters per hour

Film- und Lichtsatzanlagen

Der Film- und Lichtsatz hat in den letzten Jahren beträchtlich an Bedeutung zugenommen, was auch die Vielfalt des Angebotes auf dem Markt unterstreicht. Anlagen von mittlerer bis höchster Leistungsfähigkeit werden angeboten. In Europa vollzieht sich die Entwicklung zum Film- und Lichtsatz eher langsam. Hingegen haben in den USA sogar schon viele Zeitungsbetriebe unter Verwendung von Filmsatz ihre Produktion im Druck auf Offset umgestellt. Auch Bücher, Kataloge, grössere Prospekte und komplizierte Druckarbeiten werden heute über Filmsatz abgewickelt. Alle diese Systeme verlangen aber eine grundlegende Änderung der Arbeitstechniken gegenüber dem konventionellen Bleisatz, um wirtschaftlich zu bleiben. Alle Überlegungen sollten grundsätzlich vor Inangriffnahme der Arbeit getroffen werden, um die relativ teuren Autorkorrekturen zu vermeiden. Zudem werden hier vielfach nebst dem Einsatz von Eingabeperforatoren (endlos oder ausschliessend) auch Computer verwendet. Daneben bietet aber der Film- und Lichtsatz auch sehr grosse Vorteile, wie zum Beispiel: Direktausgabe von gestochen scharfen Filmen (kein Umweg über Abzug und Kamera), und von Arbeitsgeschwindigkeiten, die kein Bleisatzsystem je erreichen kann (75000 bis 3600000 Zeichen pro Stunde). Dazu kommen als Eingabemedien noch Magnetbänder, Lochkarten, Disks, usw. In den kommenden Kapiteln wollen wir Ihnen einen Querschnitt durch die gebräuchlichsten Film- und Lichtsetzanlagen geben.

La photocomposition

Au cours de ces dernières années, la photocomposition a pris une place prépondérante dans l'industrie des arts graphiques. Une grande multiplicité de machines de moyenne et de grande capacité sont offertes sur le marché. Encore lent en Europe, le développement de la photocomposition a d'ores et déjà amené de nombreux imprimeurs de journaux des Etats-Unis à passer à l'impression offset. L'impression de livres, catalogues, prospectus à gros tirage et travaux compliqués se fait aujourd'hui de plus en plus par voie de photocomposition. L'introduction du film dans une imprimerie exige toutefois une refonte complète des techniques de travail afin d'assurer la bonne rentabilité de l'entreprise. Une planification soigneuse des travaux est également indispensable pour éviter autant que possible les corrections ultérieures, toujours très onéreuses. La mise en service d'une fondeuse rapide implique presque automatiquement l'usage de perforateurs (en continu ou justifié) dont les bandes sont traitées sur un ordinateur. La photocomposition offre aussi d'autres avantages très sensibles: l'obtention directe d'un film de qualité impeccable (sans devoir passer par une épreuve et une reproduction photographique) et, surtout, une vitesse de composition irréalisable sur une fondeuse plomb (75000 à 3600000 caractères à l'heure). Il est aussi possible d'utiliser comme moyens d'entrée des bandes magnétiques, des cartes perforées, des disques etc. Dans les chapitres suivants sera présentée une sélection des photocomposeuses les plus répandues.

Photo typesetting

The importance of film and light composition has considerably increased in recent years. This is also seen in the variety of machines on the market, varying from average to a high efficiency. The development towards film and light composition is progressing rather slowly in Europe. In America, on the contrary, even many newspaper printers have changed over their printing to offset using film composition. Today, books, catalogues, larger prospectuses and complicated printing works are done by film composition. All these systems, however, demand basic changes in the working technique ascompared with traditional lead composition in order to be economic. All considerations should be carefully taken into account before setting the work in order to avoid the relatively high costs of author's corrections. The computer is also often used here together with input perforators (continuous or justified). Film and light composition also offer other great advantages, or example, direct production of very clear films (without any deviation via proof and camera) and of working speeds which no lead composition system can ever achieve (75,000 to 3,600,000 signs per hour). Then, media, there are as input also magnetic tapes, punched cards, discs, etc. In the following chapters we should like to give you a cross-section of the film and light composition machines most frequently used.

1. Linofilm-Super-Quick

Die Lino-Film-Superquick-Steuerung geschieht durch einen ausgeschlossenen 6-Kanal-Lochstreifen, der von einem Lino-Quick-Perforator hergestellt, oder von einem Linotype-Computer aufbereitet wurde.
Der Lino-Quick-Perforator ist einer der am meisten verbreitetsten zur Herstellung von Lochstreifen für den Schnellsetzbetrieb von Blei- oder Filmsatz. Acht untereinander mischbare Schriften können in diesem Perforator verwendet werden.
Die Lino-Film-Super-Quick ist eine Viermagazin-Mixer-Anlage. 4 Schriftrahmen zu je 184 Zeichen stehen zur Verfügung. Beim Modell A können Schriften von 5 bis 18 Punkt im Verhältnis 1:1 verarbeitet werden. Beim Modell B kann durch Vergrösserung im Verhältnis 1:2 und 1:4 von 5 bis 72 Punkt produziert werden. Die Belichtungsgeschwindigkeit dieser Maschine liegt mit einer 8-Punkt-Schrift bei etwa 72000 Buchstaben in der Stunde.
Das Produkt ist ein reprofertiger Film oder Fotopapier.

Anwendungsbereich

Diese Maschine mit einer mittleren Leistungsfähigkeit ist für sämtliche Satzarbeiten geeignet.

1. La photocomposeuse Linofilm Super-Quick

La photocomposeuse Linofilm Super-Quick est commandée par un clavier indépendant Lino-Quick ou une bande perforée à 6 canaux, produite par un ordinateur Linotype. Le perforateur Lino-Quick est largement répandu pour la production de bandes perforées destinées à commander des composeuses rapides plomb ou film. Il permet le mélange de 8 séries de caractères différents.
La photocomposeuse Linofilm Super-Quick comporte 4 grilles correspondant à 4 corps au choix. Ces grilles portent chacune 184 négatifs. Le modèle A permet la composition de 5 à 18 points dans le rapport 1 : 1. Le modèle B permet, grâce à un agrandissement de 1 : 2 et même de 1 : 4, la composition de tous les corps entre 5 et 72 points. La vitesse de cette machine est de 72000 signes à l'heure pour une composition en corps 8.
Le produit est un film ou un papier photographique prêt pour la reproduction.

Champ d'application

D'une vitesse de production moyenne, cette machine convient à tous les genres de travaux de composition.

1. Linofilm-Super-Quick

The Lino-Film-Super-Quick is controlled by means of a justified 6-channel perforated tape either produced by a Lino-Quick-Perforator or processed by a Linotype typesetting computer.
The Lino-Quick-Perforator is one of the bestselling perforators for the production of perforated tape to be used as input for linecasting or photocomposing machines in high-speed operation. The Lino-Quick-Perforator allows for in-line mixing of up to eight different typefaces.
The Lino-Film-Super-Quick is a four-magazine mixer machine which is capable of holding four grids with 184 characters each. Model A processes typefaces from 5 to 18 points at a one-to-one ratio. Model B is capable of magnifying typefaces at a ratio of one-to-two and one-to-four which gives it a point size range of 5 to 72 points. Using an eight point typeface the machine has a composing speed of approximately 72,000 characters per hour.
The output of the Lino-Film-Super-Quick is a film or photographic paper ready for reproduction.

Range of Application

The Lino-Film-Super-Quick is a medium-speed photocomposing machine which can be used in any typesetting environment

2. Filmsatz-Anlage Monophoto 600

2. Installation de photocomposition Monophoto 600

2. Monophoto 600 filmsetter plant

	Elektronischer Perforator Perforateur électronique Electronic perforator			Ausgeschlossener Lochstreifen Bande perforée justifiée Justified punched tape	
Manuskript Manuscrit Manuscript	Endlos-Perforator Perforateur en continu Endless perforator	Unausgeschlossener Lochstreifen Bande perforée non justifiée Unjustified punched tape	Satzrechner Ordinateur pour le traitement des bandes Typesetting computer	Ausgeschlossener Lochstreifen Bande perforée justifiée Justified punched tape	Belichtungs-Einheit Photocomposeuse Exposure unit Satz auf Papier oder Film Composition sur papier ou film Composition on paper or film
	Endlos-Perforator Perforateur en continu Endless perforator	Unausgeschlossener Lochstreifen Bande perforée non justifiée Unjustified punched tape	Satzrechner Ordinateur pour le traitement des bandes Typesetting computer	Ausgeschlossener Lochstreifen Bande perforée justifiée Justified punched tape	

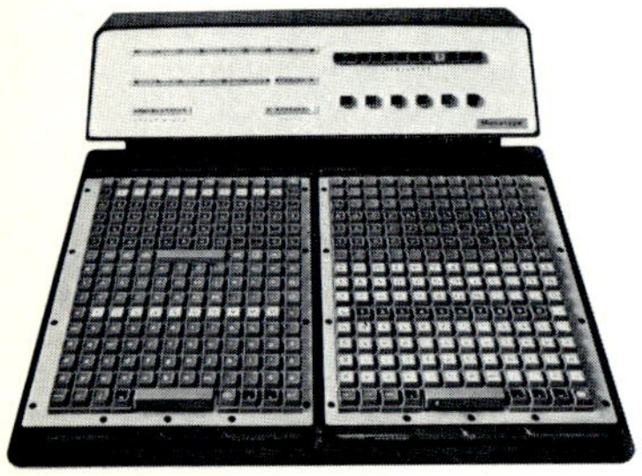

1

2

3

1
Elektronischer Perforator
Perforateur électronique
Electronic perforator

2
Endlos-Perforator ohne Klarschriftbeleg
Perforateur en continu sans copie en clair
Endless perforator without clear writing record

3
Belichtungs-Einheit «Monophoto» 600
Photocomposeuse «Monophoto» 600
Exposure unit «Monophoto« 600

Die Monophoto 600 arbeitet mit getrennten Elementen, einem elektronischen Perforator und der Belichtungseinheit. Zudem kann natürlich jederzeit über Endlosperforatoren, via Satzrechner, die Belichtungseinheit angesteuert werden. Diese Filmsetzmaschine ist zwischen die meist mechanischen Filmsetzmaschinen der sogenannten ersten Generation (zum Beispiel Monophoto Mark III–V) und den Kathodenstrahlmaschinen der dritten Generation einzureihen. Zusammenfassend kann man sagen, dass die «600» eine elektronische, lochbandgesteuerte Filmsetzmaschine mit einer Belichtungsgeschwindigkeit von ungefähr 125000 Buchstaben pro Stunde ist. Das Produkt ist ein seitenrichtiges, positives Schriftbild auf Film oder Papier von 6 bis 28 Punkt. Seitenverkehrte Filme werden durch die Rückschicht belichtet.

Monophoto 600 Perforator

Der Perforator setzt sich zusammen aus Tasteinheit mit Anzeigentafel für die optische Kontrolle der verschiedenen Schaltzustände, Konsole mit Rechner und 8-Kanal-Lochstanzer. Er erzeugt ein ausgeschlossenes Band, das sämtliche Informationen über Schrift, Schriftgrösse, Durchschuss, Einzüge, Filmvor- und Rücktransport und Tabulatorstellung enthält. Die beiden Tastbretter umfassen je 13×17 Tasten, deren Zahl durch Umschaltung verdoppelt werden können. Alle auf der Filmmaschine verfügbaren Schriftgrade sind durch einfachen Tastendruck in der gleichen Zeile mischbar. Der jeweilige Wortzwischenraum in Einheiten des Set-Geviertes erscheint beim Eintreten in den Ausschliessbereich an der Anzeigentafel. Zudem ist noch eine

La Monophoto 600 se compose de deux éléments distincts, le perforateur électronique et la photocomposeuse 600. A part la bande produite par le perforateur justifiant, il est naturellement possible d'utiliser, pour la commande de la photocomposeuse, n'importe quelle bande issue d'un perforateur en continu. Cette machine se situe entre les photocomposeuses mécaniques de la première génération (p.ex. la Monophoto Mark III – V) et les machines à rayons cathodiques de la troisième génération. La Monophoto 600 est une photocomposeuse électronique commandée par bande perforée, avec une production horaire de 125000 caractères. Le produit final est un film ou un papier photographique positif à l'endroit. La gamme des corps s'étend de 6 à 28 points. Il est également possible d'obtenir un film à l'envers par projection à travers la base du film.

Perforateur Monophoto 600

Ce perforateur est constitué de trois éléments: un clavier avec tableau pour le contrôle optique, un pupitre avec calculatrice et un perforateur à 8 canaux. Il produit une bande contenant toutes les instructions requises sur le type de caractères, le corps, l'interlignage, la distribution des blancs pour le centrage et le cadratinage, l'avance et le recul du film et les instructions pour le tabulateur. Les deux dessus de clavier comportent chacun 13 rangées de 17 touches qui, par un système ingénieux de sélection, peuvent être doublées. Toutes les forces de corps peuvent être mélangées, au besoin dans une même ligne, par simple pression sur un bouton. L'automaticité de la justification, résumée à la frappe d'une touche unique, peut être

The Monophoto 600 system consist of two separate elements, an electronic perforator and the filmsetting unit. In addition, at any time the filmsetting unit can be controlled by non-justifying perforators by means of a computer. This filmsetter comes between most mechanical filmsetters of the so-called first generation (e.g. Monophoto Mark III–V) and the cathode ray machines of the third generation. In summary, one can say that the 600 is an electronic filmsetter controlled by perforated tape with an exposure speed of approximately 125,000 characters per hour. The product is a direct reading positive image on film or paper of 6–28 pt. Reverse reading film is produced by exposure through the anti-halation backing.

Monophoto 600 perforator

The perforator consists of a keyboarding section with display panel for visual control of the conditions in use, a consoled with its computer and an 8-channel punch. It produces a justified tape with all information on typeface, type size, leading, indentation, film transport and tabulation. Both keybutton banks comprise 13×17 keys, whose number can be doubled by shifting. All available type sizes are interchangeable by simply pressing a key during composition of the line. The word space in units of set appears on the display panel when the justification area has been reached. In addition, there is an audible warning device. Every word typed is retained in the memory of the electronic computer until the space key is struck, and in case of a typing error, it can be cancelled or replaced by the correct one. Also there are various keys for high and low akustische Kontrolle vorhanden. Jedes getastete Wort wird bis zum Anschlagen des Wortzwischenraumes im Speicher des Elektronenrechners gespeichert und kann im Falle eines Tastfehlers durch Tastendruck gelöscht und durch das richtige ersetzt werden. Zudem sind noch verschiedene Funktionstasten für Hoch- und Tiefstellungen für mathematischen und Formelsatz vorhanden.

Belichtungseinheit

Die Bezeichnung «600» geht darauf zurück, dass diese elektronische Filmsetzmaschine zugleich 600 Zeichen im Einsatz hat. Davon sind 400 auf 4 Schriftscheiben verteilt und 200 sind auf 100 35-mm-Dia-Negativen in einer rotierenden Kassette untergebracht. Diese Dia-Zeichen sind für Spezialzeichen vorgesehen, die selbst hergestellt werden können. Die Schriftscheiben stehen während der Belichtung still. Um die Geschwindigkeit nicht zu reduzieren sind die Zeichen so auf alle Scheiben verteilt, dass nach Möglichkeit nie zwei Zeichen hintereinander von der gleichen Scheibe benötigt werden. Jede Scheibe hat ihre eigene Elektronenblitzlampe. Über ein System von Spiegeln, Linsen, Prismen werden die Lichtstrahlen der 4 Lampen auf einen gemeinsamen Pfad und den Film gebracht. Filmlänge 15 Meter, Breite 15, 20 oder 25 cm. Die Schriftgrösse der Bilder auf den Scheiben beträgt zirka 8 Punkt. Von einem Satz Schriftscheiben können Schriftgrössen von 6–14 Punkt erzeugt werden.

contrôlée soit par un indicateur optique indiquant la valeur dégressive des espaces, soit par un signal sonore. Tout mot frappé au clavier est mis en mémoire jusqu'à la frappe d'une espace et peut, en cas de «coquille», être annulé ou remplacé.
Il existe en outre différentes touches de fonction pour le décentrage, pour les supérieurs et inférieurs, ainsi que pour la composition des formules mathématiques et chimiques.

L'unité photographique

La désignation «600» signifie que cette photocomposeuse électronique offre la possibilité de disposer simultanément de 600 lettres et signes. 400 signes sont distribués sur 4 disques porte-négatifs et 200 signes sont répartis sur 100 dia-négatifs de 35 mm, logés dans une cassette rotative. Ces dia-négatifs peuvent recevoir tous les signes spéciaux, même ceux réalisés par les utilisateurs eux-mêmes. La projection s'effectue au travers de négatifs rigoureusement immobiles. Toutefois, afin de ne pas entraver la vitesse de rotation des disques, les signes sur les disques sont répartis en fonction de leur fréquence d'utilisation, en évitant la réunion sur un même disque de deux caractères succeptibles d'être appelés successivement. Chaque disque a sa propre lampe-éclair électronique. Un jeu de miroirs, lentilles et prismes décale latéralement l'axe optique le long de la ligne en cours de composition sur film. La capacité des chargeurs de bobine est d'environ 15, 20 et 25 cm de largeur. L'œil du négatif situé sur les disques est de 8 points environ. Le même négatif permet la composition de tous les corps entre 6 et 14 points.

alignment, for mathematics and the setting of formulae.

Filmsetting unit

The name '600' refers to the fact that this electronic filmsetter has 600 signs in operation at the same time. Of these 400 are shared between 4 discs and 200 are contained on 100 35 mm slides in a rotating cassette. These slides are intended for special signs, which can be produced by the customer himself. The discs are stationary during exposure. In order not to reduce the speed, the signs are distributed on all discs so as to avoid as far as possible two signs being needed one after the other from the same disc. Each disc has its own electronic flash tube. By means of a system of mirrors, lenses and prisms, the beams of light from the 4 lamps are brought by the same path onto the film. Length of film: 15 metres, width 15, 20 or 25 cm. The type size of the image on the discs amounts to about 8 pt. Type sizes of from 6–14 pt can be produced from one disc.

Das Endprodukt ist ein reprofertiger Film oder Fotopapier.

Anwendungsbereich

Mit dieser verhältnismässig schnellen Maschine können sämtliche Arten von Satz hergestellt werden. Mengensatz, Kataloge, ja selbst komplizierter Formelsatz ist ohne weiteres möglich. Ein sehr wichtiger Punkt ist auch hier eine äusserst genaue Vorbereitung der entsprechenden Arbeit.

Le produit final est un film ou un papier photographique prêt pour la reproduction.

Champ d'application

Cette photocomposeuse très rapide permet de réaliser tous les genres de composition, normale ou compliquée. Même la composition de catalogues, d'ouvrages scientifiques ou de formules est sans autre possible. Une sérieuse préparation du travail est toutefois indispensable.

The output is a film or photographic paper ready for reproduction.

Range of application

All kinds of work can be produced with this relatively fast machine. Straight matter, catalogues, even complicated setting of formulae is possible without difficulty. A very important point here, however, is the need for careful preparation of the job.

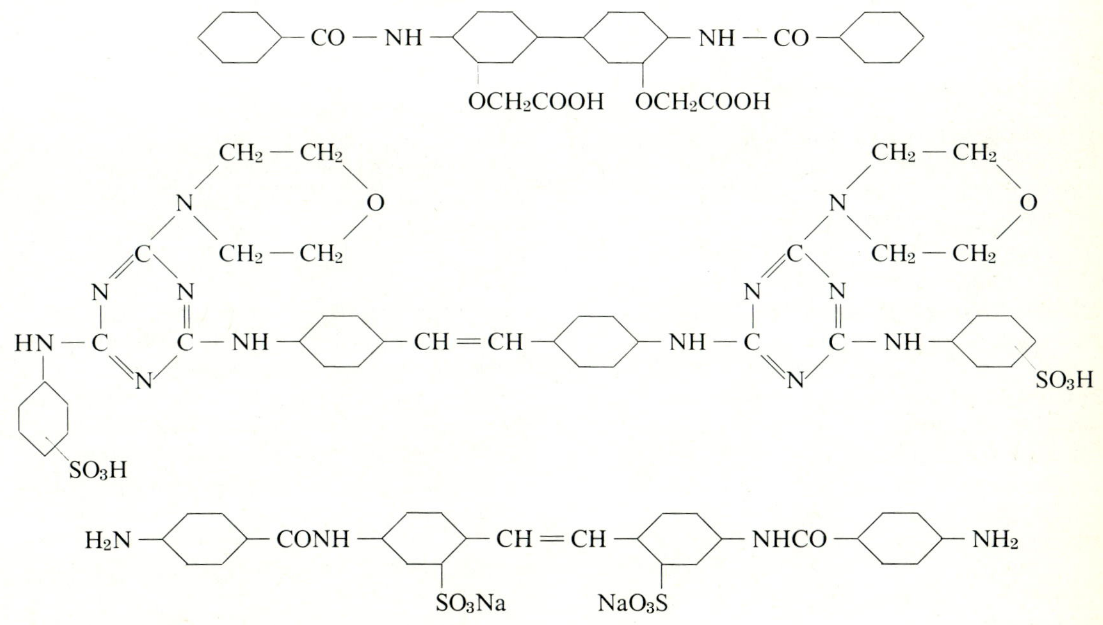

Chemischer Formelsatz «Monophoto» 600
Formules chimiques composées par une «Monophoto» 600
Chemical formulae typesetting «Monophoto» 600

3. Lichtsatzanlage Linotron 505

3. La photocomposeuse Linotron 505

3. Light composition plant Linotron 505

Disk
Disque
Disc ▼ — Disk
Disque
Disc ▼ — Disk
Disque
Disc ▼

	Perforator Perforateur Perforator	Kanalband Bande perforée Channel tape	Leser Lecteur Reader		Stanzer Perforateur Puncher	Kanalband Bande perforée Channel tape	
Manuskript Manuscrit Manuscript	Stanzer Unité de perforation Puncher	Lochkarte Carte perforée Punched card	Lesestanzer Lecteur-perforateur Reader puncher	Zentraleinheit Kernspeicher Unité centrale avec mémoire Control unit, Core store	Lesestanzer Lecteur-perforateur Reader puncher	Lochkarte Carte perforée Punched card	Belichtungseinheit Unité photographique Exposure unit Satz auf Film oder Papier Composition sur film ou papier Composition on film or paper
	Magnetband Bande magnétique Magnetic tape	Magnetband Bande magnétique Magnetic tape	Leseeinheit Unité de lecture Reader unit		Schreibeinheit Unité imprimante Writing unit	Magnetband Bande magnétique Magnetic tape	

▲ Schreibmaschine
Machine à écrire
Typewriter

Die Hochleistungs-Lichtsatzanlage Linotron 505, aus der Gruppe der Kathodenstrahl-Setzmaschinen, besteht aus logischer Einheit, Bandleser, Monitor und Belichtungseinheit. Sie ist unter die Maschinen der sogenannten dritten Generation einzureihen. Für eine industrielle und wirtschaftliche Satzherstellung gehören Linotron und Computer untrennbar zusammen. Aus dem obigen Schema geht

La photocomposeuse Linotron 505, une machine ultra-rapide de la troisième génération des photocomposeuses à rayons cathodiques, comprend: l'unité logique, le lecteur de bandes, l'appareil «Monitor» et l'unité photographique. Sa productivité n'est concevable qu'avec le concours d'un ordinateur traitant les bandes de plusieurs perforateurs d'entrée. Il en ressort que

The high-speed photocomposing machine Linotron 505 is a cathode ray tube (CRT) machine consisting of a logic unit, paper tape reader, monitor and print-out unit. It belongs to the so-called third-generation machines. To speed up typesetting work and to make it more economical, the Linotron 505 should always be used in conjunction with a typesetting computer. So it follows that, with this kind of type-eindeutig hervor, dass bei dieser Art von Satzherstellung (grosse Mengen in kürzester Zeit), sämtliche heute zur Verfügung stehenden Datenträger verwendet werden können. Bestehende, umfangreiche Daten, wie zum Beispiel Telephonbücher, Adressbücher, Spezialkataloge, Bücherverzeichnisse usw., können ebensogut von Lochkarten, Magnetbändern, wie auch von 6-, 7-, 8-Kanal-Lochbändern verarbeitet werden.

Zentraleinheit

Sie bildet mit Steuerwerk, Rechenwerk und Speicher den Kern der Anlage.
Sie führt den grössten Teil der Befehle selbst aus, besonders alle logischen (vergleichenden) und arithmetischen (rechnerischen) Operationen. Der Kernspeicher ist der zentrale Speicher des Systems. Im Kernspeicher befindet sich das Programm und die Daten, die verarbeitet werden sollen. Die Datenträgermöglichkeiten wurden bereits oben erwähnt. Die Informationen müssen in binärer Form verschlüsselt sein. Zur Zentraleinheit gehört eine Konsol-Schreibmaschine. Sie dient zur manuellen Eingabe von Informationen in den Kernspeicher. Als Ein- und Ausgabe-Einheiten können folgende Geräte an das System angeschlossen werden:

Lochstreifenleser (500/1000 Zeichen pro Sekunde),
Karten-Lese- und Stanzeinheit (300 Karten zu 80 Spalten pro Minute),
Magnetbandeinheiten (mit zirka 20 Millionen Zeichen Speicherkapazität),
Magnetplattenspeicher, usw.

pour la composition industrielle et économique (gros volumes de composition à traiter en très peu de temps), il est nécessaire de pouvoir utiliser tous les supports d'information déjà connus. Les informations, fort nombreuses, des annuaires téléphoniques, livres d'adresses, catalogues spéciaux, etc., peuvent être enregistrées soit sur cartes perforées ou bandes magnétiques, soit sur bandes perforées à 6, 7 ou 8 canaux.

L'unité centrale

Elle forme, avec l'unité de commande, la calculatrice et la mémoire, le cœur de l'ordinateur. Cette unité exécute elle-même la plupart des instructions, en particulier toutes les opérations logiques (comparaisons) et arithmétiques (calcul). Dans la mémoire à ferrites, l'élément essentiel de cette unité, se trouvent le programme et les données devant être traitées. Les supports d'information ont déjà été mentionnés plus haut. Toutes les informations doivent être codifiées sous forme binaire. Une machine à écrire, également connectée à cette unité, permet la mise en mémoire manuelle de données supplémentaires ou de corrections. Il est possible de connecter au système les unités périphériques suivantes:

un lecteur de bandes (500/1000 signes à la seconde),
un lecteur-perforateur de cartes (300 cartes à 80 colonnes à la minute),
une unité à bandes magnétiques (avec environ 20 millions de signes en mémoire),
une unité à disques magnétiques, etc.

setting (large quantities in short periods of time), any modern data-carrying medium can be used. Existing large collections of data, such as telephone directories, address directories, special catalogues, bibliographies, etc. can be processed from punched cards, magnetic tapes or perforated tapes (6-channel, 7-channel or 8-channel).

Separate Typesetting Computer

The typesetting computer consisting of control unit, arithmetic unit and core storage, forms the central part of the Linotron system. Most of the instructions, particularly those concerning logical and arithmetic operations, are carried out by the computer without the necessity of human intervention.
The storage core is the central memory unit of the system. It holds the programme and the data to be processed. The data-carrying media to be used with this system were already mentioned above. Input information must be in binary coded form.
The system also features an operator's typewriter which is used for manual input of information into the core storage. The peripheral devices (I/O devices) can be connected to the system:

paper tape reader (500/1000 characters per second),
card punch and card reader unit (300 80-column cards per minute),
magnetic tape unit (storage capacity of approximately 20 million characters),
magnetic disc unit, etc.

Programme

Als Programmiersprache wird hauptsächlich die Assembler-Sprache verwendet. Dazu verwendet man mnemomische Ausdrücke, das heisst anstelle einer Zahl werden dem Computer die Befehle in Buchstabenform eingegeben.

Arbeitsablauf

Die Logische oder Steuereinheit empfängt als Input zum Beispiel einen ausgeschlossenen 7-Kanal-Lochstreifen. Dieser wird von einem foto-elektrischen Leser, mit einer Geschwindigkeit von 240 Zeichen je Sekunde in einen Doppelzeilenspeicher eingelesen. Während der 1. Zeilenspeicher eine Zeile an die Belichtungseinheit weiterleitet, wird in den 2. Zeilenspeicher eine neue Zeile eingelesen. Zudem können an der Steuereinheit alle zum Produktionsablauf nötigen Einstellungen nicht nur vom Lochstreifen durchgeführt, sondern auch manuell vorgenommen werden. Zum Beispiel: Schriftgrösse, Schriftart, Durchschuss, Standard- oder Feinauflösung usw. Für Tabellensatz sind an der Steuereinheit 127 Schalter vorhanden, mit denen die einzelnen Kolonnenbreiten eingestellt werden können.

Les programmes

Pour la programmation de ce système, c'est avant tout la langue «Assembler» qui est utilisée. Basée sur la méthode mnémotechnique, elle permet l'entrée des données sous forme de lettres au lieu de chiffres.

Mode de fonctionnement

La partie logique de la machine, ou unité de commande, reçoit les informations codées, p.ex. sur une bande perforée à 7 canaux. Ces informations sont déchiffrées à la vitesse de 240 signes à la seconde par un lecteur muni d'une cellule photoélectrique, puis enregistrées sur une double mémoire pouvant traiter 187 codes différents. Pendant que les informations d'une première ligne sont transmises à l'unité photographique, la seconde mémoire enregistre les informations concernant la deuxième ligne. Tous les réglages et mises au point nécessaires peuvent être faits soit manuellement, soit par la bande perforée, par exemple le corps, le genre de caractères, l'interlignage, la reproduction standard ou la trame fine, etc. Pour la composition de tableaux, 127 tabulateurs sont à disposition sur l'unité de commande. Ces tabulateurs permettent la détermination exacte des largeurs de colonnes.

Programmes

The language employed for most of the programming work is the Assembler language which uses instructions composed of mnemonic characters rather than figures.

Operation

The logic or control unit receives as input, say, a justified 7-channel paper tape. The tape is read by a photo-electric paper tape reader at a speed of 240 characters per second into a double-line buffer memory. While the first line is directed to the printout unit for processing, the second line is read into the memory. All instructions needed for a given typesetting work can be introduced either by the paper tape or manually by means of the controls provided on the operator's panel. These instructions may concern e.g.: point size, typeface, film advance, high/low definition, etc.
For tabular matter 127 switches have been provided at the control unit panel which can be used to define column widths.

Belichtungseinheit

Zur Erzeugung der Zeichen in der Belichtungseinheit sind zwei Hauptteile notwendig: Das Abtast- und das Wiedergabesystem.

Das Abtastsystem besteht aus folgenden Elementen:
Kathodenstrahlröhre mit 16 Rasterfeldern, 16 Objektiven, Schriftrahmen mit 16×16 Feldern = 256 Positionen, weiteren 16 Objektiven und 16 Fotozellen.
Auf der Abtaströhre erscheint durch Strahlenablenkung ein senkrechter Linienraster an einer bestimmten von 16 definierbaren Zonen der Kathodenstrahlröhre. Das Licht der Abtastlinien fällt nun auf 16 Objektive. Entsprechend der Einfallswinkel richten diese Objektive das Licht auf je 1 Zeichen jeder 16er-Gruppe des Schriftrahmens. Hinter dem Schriftrahmen befinden sich eine Gruppe von weiteren 16 Objektiven

L'unité photographique

Pour effectuer la reproduction d'un signe, l'unité photographique utilise les deux parties essentielles suivantes: le système analyseur et le système récepteur.

Le système analyseur comprend:
un tube à rayons cathodiques avec 16 objectifs, châssis porte-négatifs avec 16×16 plages = 256 positions, ainsi que 16 objectifs supplémentaires avec les cellules photo-électriques correspondantes. Dans l'une des 16 zones de la surface du premier tube à rayons cathodiques (tube analyseur), la déflexion du rayon lumineux produit une fine trame de lignes verticales. Le rayon du tube analyseur traverse ensuite une grille de 16 objectifs qui, selon l'angle d'incidence, dirige le rayon sur l'un des signes contenus dans l'une des 16 plages du châssis porte-négatifs. Derrière ce châssis porte-négatifs se trouvent 16 multiplicateurs électroni-

Print-Out Unit

To reproduce characters in the print-out unit, two major components are required: the scanning system and the reproduction system.

The scanning system consists of the following elements: a cathode ray tube with 16 raster fields, 16 lenses, grids with 16×16 fields = 256 character positions, another 16 lenses and 16 photocells.
By means of ray deflection a vertical line screen is produced on the scanning tube at a defined point of the CRT. 16 such points can be defined. The light of the scan lines is now projected onto 16 lenses. These lenses direct the light onto one character out of each 16-character group depending on the angle of deflection. Behind the character grid there is another group of 16 lenses and 16 photocells.

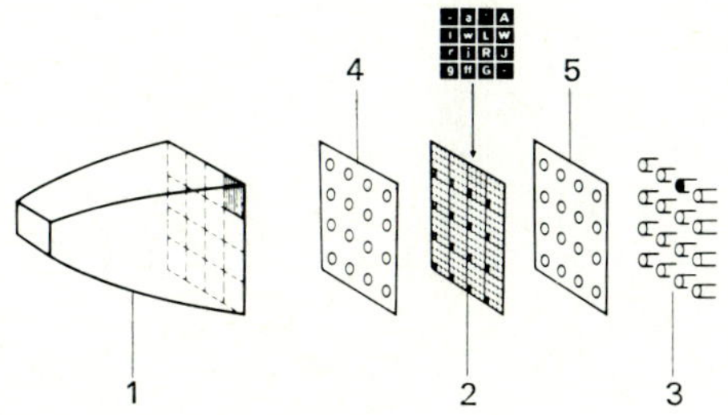

Abtast-System (Kathodenstrahl-Abtaster)
1 Abtaströhre (Braunsche Röhre)
2 Schriftrahmen mit 238 Buchstaben
3 16 Sekundär-Elektronen-Vervielfacher
4 16 Objektive
5 16 Objektive

Système analyseur (à rayons cathodiques)
1 Rayon analyseur (tubes Braun)
2 Châssis porte-négatifs avec 238 signes
3 16 multiplicateurs électroniques secondaires
4 16 objectifs
5 16 objectifs

Scanning system (cathode-ray scanner)
1 Scanning tube (cathode-ray tube)
2 Type frame with 238 characters
3 16 secondary electronic multipliers
4 16 lenses
5 16 lenses

und 16 Fotozellen. Jeweils eines dieser Elemente ist einer 16er-Gruppe des Schriftrahmens zugeordnet. Entsprechend der Code-Information der Steuereinheit ist nur eine Fotozelle durchgeschaltet, die anderen 15 sind gesperrt. Es wird also nur das gewünschte Zeichen als Video-Signal weitergeleitet.

Wiedergabesystem

Gesteuert durch das Video-Signal der Abtaströhre wird das gewünschte Zeichen durch die Schreibröhre wiedergegeben. Über eine Kollimatorlinse, die den Strahl bündelt, einen Spiegel und ein Objektiv gelangt der Lichtstrahl nun auf die Bildebene. Ein Feinzeilengitter unterbricht während der Bewegung des Wanderobjektives einen Lichtstrahl zwischen einer Lichtquelle und einer Fotozelle und erzeugt wahlweise 256 oder 512 Signale pro cm.

ques et 16 cellules photo-électriques; ces éléments correspondent chacun à une des plages du châssis. Selon l'information codée de l'unité de commande, une seule des cellules multiplicatrices est opérationnelle, les 15 autres étant bloquées. Seul le signe à reproduire est dès lors transmis sous forme de signal vidéo.

Le système de reproduction

Commandé par le signal vidéo, synchronisé par le tube analyseur à rayons cathodiques, le signe sélectionné est transmis par le tube récepteur. De là, le rayon est envoyé par un miroir à un objectif mobile qui trame l'image du signe sur le film. Pendant le mouvement de va-et-vient du chariot portant l'objectif, une grille de lignes fines, fixée à l'objectif mobile, interrompt un rayon lumineux entre une source de lumière statique et une cellule photo-électrique, produisant ainsi 256 ou 512 im-

Each one of these elements is associated with one of the 16-character groups. Depending on the coded information received from the control unit one of the sixteen photocells is active, while the remaining fifteen are locked. In other words, only the desired character is transmitted as a video signal.

Reproduction System

The desired character is reproduced by the print-out tube under control of the video signal received from the scanning tube. By means of a collimator lens, a mirror and another lens, the ray is projected onto the image plane. A line grid interrupting a light ray between a light source and a photocell produces a density of either 256 or 512 signals/cm.

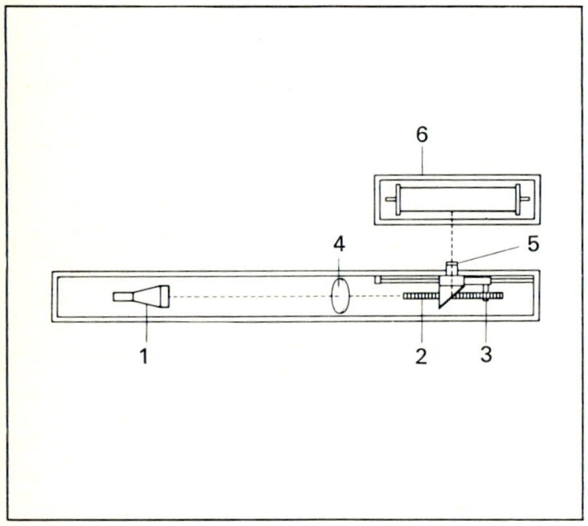

Wiedergabe-System (Kathodenstrahl-Schreiber)
Système de reproduction (tube réception/projection)
Reproduction system (cathode-ray writer)
1 Schreibröhre, Tube de projection, Writing tube
2 Feinzeilengitter, Trame fine, Fine-line grid
3 Fotozelle, Cellule photo-électrique, Photocell
4 Kollimator, Collimateur, Collimator
5 Wanderobjektiv, Objectif mobile, Travelling lens
6 Filmmagazin, Magasin porte-film, Film magazine

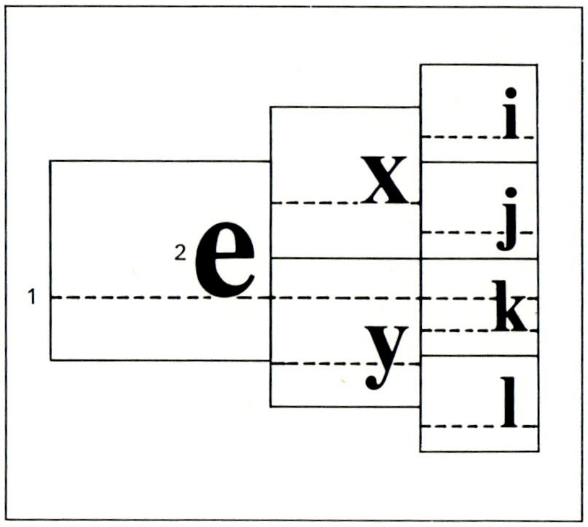

Schema der Grundlinienverschiebung
Schéma du déplacement de l'alignement de base
Diagram of basic line displacement
1 Grundlinie, Alignement, Basic line
2 Grundschrift, Caractère de base, Basic type

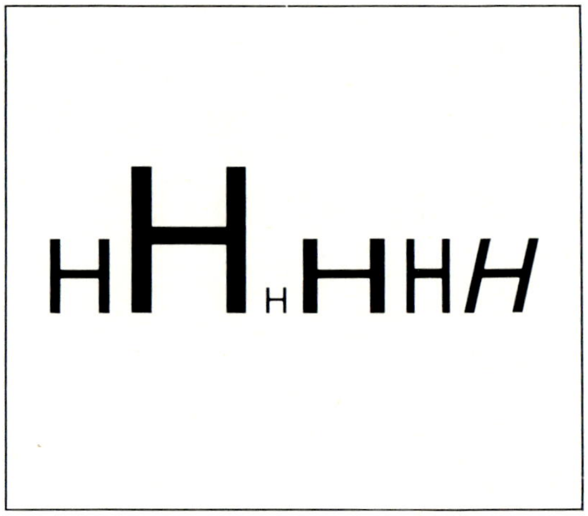

Elektronisches Verändern der Buchstaben
Transformation électronique des caractères
Electronic alteration of letters

Das Vergrössern und Verkleinern der etwa 14 Punkt grossen Schrift geschieht durch Amplituden-Änderung der Schreibröhre. Ausserdem ist es möglich, durch elektronisches Variieren von Buchstabenhöhe und -dickte, breit oder schmallaufende, sowie kursive Schriftbilder zu erzeugen. Durch Grundlinienverschiebung in 6 Positionen kann mathematischer Satz erstellt werden.

Schriftrahmen

Die Linotron arbeitet mit vier auswechselbaren Schriftrahmen. 15 verschiedene Schriftgrössen von 4–28 Punkt können erzeugt werden. Die Schriften aller 4 Rahmen können frei untereinander gemischt werden. Kapazität ohne elektronisches Variieren in Schrifthöhe und -breite und Schrägstellen über 15000 Zeichen. Der Schriftrahmen ist ein auf eine Glasscheibe aufgezogener Negativfilm.

pulsions par cm. L'agrandissement ou la réduction des caractères d'environ 14 points est obtenu par modification de l'amplitude du tube récepteur. La possibilité de varier électroniquement la chasse permet de créer à volonté des caractères larges, étroits ou italiques.
Il est également possible de modifier l'alignement de base en 6 positions pour la composition de formules mathématiques.

Les châssis porte-négatifs

La photocomposeuse Linotron comprend 4 châssis porte-négatifs, échangeables à volonté. Ces châssis permettent la composition de 15 corps différents entre 4 et 28 points. Les caractères contenus dans les châssis peuvent être mélangés sans difficultés. La capacité est d'environ 15000 caractères. Le support porte-négatifs est préparé photographiquement, puis fixé sur une base de verre.

Enlarging and reducing of the charcaters is effected by means of varying the amplitude of the print-out tube. Broad or narrow typefaces can be produced electronically by varying character height and width. Italic typefaces can also be produced by slanting the characters. Setting of mathematical matter is achieved by means of the base line jumping feature.

Type frames

The Linotron 505 has four type frames from which fifteen different typesizes can be produced (4 through 28 points). The characters from all frames can be mixed. The Linotron 505 has a character capacity of 15,000 characters. The Linotron grid is a film-coated glass plate carrying the negative characters.

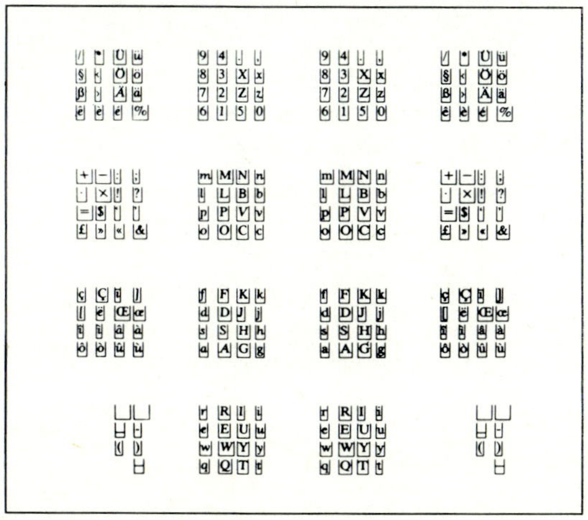

Grundschema eines Schriftrahmens
Châssis porte-négatifs standard
Basic diagram of a type frame

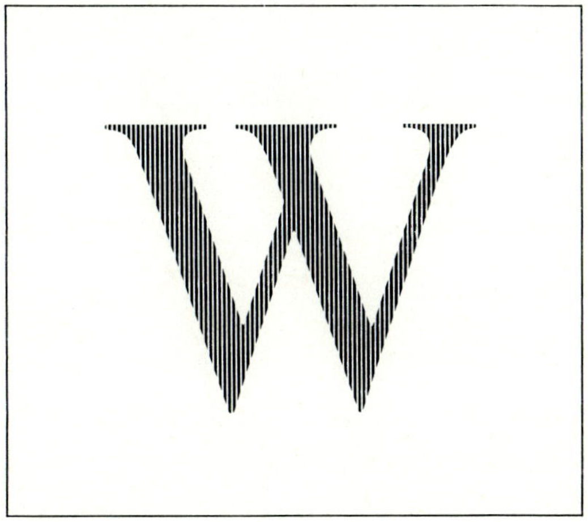

Standardauflösung der Buchstaben. In der Originalgrösse 256 Linien pro cm
Caractères avec trame standard. En grosseur originale 256 lignes par cm
Basic definition of characters. In original size 256 lines per cm

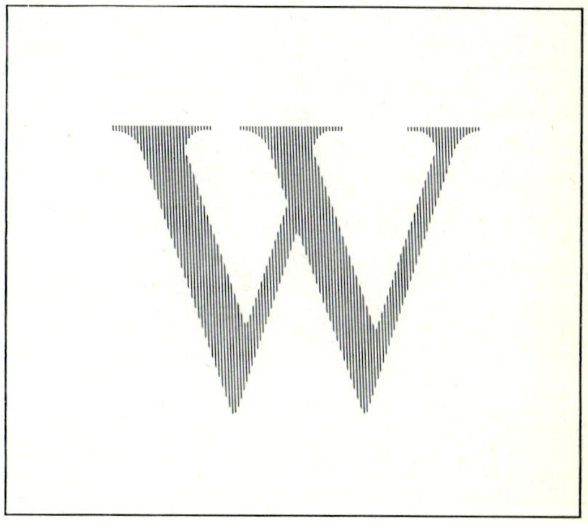

Feinauflösung der Buchstaben. In der Originalgrösse 512 Linien pro cm
Caractères avec trame fine. En grosseur originale 512 lignes par cm
Fine definition of characters. In original size 512 lines per cm

Aufrasterung des Buchstabens

Die Standardauflösung mit 256 Linien pro cm ist für Schriftgrade unter 14 Punkt für die Mehrzahl aller Arbeiten genügend. Die Feinauflösung mit 512 Linien wird für grössere Schriftgrade und höchste Ansprüche angewendet.

Das Endprodukt der Linotron 505 ist positiv belichtetes, reproduktionsfertiges Fotopapier oder Film. Film kann seitenrichtig oder seitenverkehrt belichtet werden. Das Belichtungsmaterial kann sowohl vorwärts als auch rückwärts transportiert werden. Diese Methode ermöglicht spaltenweisen Umbruch.

Abhängig vom Schriftgrad, der Auflösung und der Zeilenlänge liegt die maximale Belichtungszeit bei etwas über 600000 Buchstaben pro Stunde.

Anwendungsbereich

Alle vorkommenden Arbeiten, ob einfach oder kompliziert, können dank der Einsatzmöglichkeit der verschiedenen Datenträger und Programmierung auf der Linotron 505 erledigt werden. Es scheint aber doch naheliegend, dass ein gewisser Umfang vorhanden sein muss, um auch preislich günstig zu liegen.

La trame des caractères

Les caractères sont normalement tramés sur une base de 256 lignes par cm, ce qui suffit amplement pour une composition en dessous de 14 points. La trame de 512 lignes par cm est utilisée pour les corps supérieurs à 14 points et les travaux de haute qualité.

L'unité photographique fournit aussi bien du papier photographique que du film, positif à l'endroit (film aussi à l'envers). Le produit final est prêt pour la reproduction. Le transport de la surface sensible peut se faire dans les deux sens, en avant ou en arrière, ce qui permet de composer plusieurs colonnes dans une même page.

Selon le corps, la longueur des lignes et la trame choisis, la production maximale est de 600000 signes à l'heure.

Champ d'application

La photocomposeuse Linotron 505 permet de réaliser tous les travaux, simples ou compliqués, grâce à la possibilité d'utiliser différents supports de données et modes de programmation. Il est toutefois incontestable que la rentabilité du système dépend primairement du volume du travail de composition.

Character scanning

The standard definition of 256 lines/cm is intended for typefaces under 14 points and will suffice for the majority of jobs. The high definition of 512 lines/cm is used for the larger point sizes and for high-quality matter.

The output is a direct reading positive image on paper or film, ready for reproduction. Film can be produced direct-reading or revers-reading. The photographic material can be transported forwards and backwards so that the page make-up can be done column by column.

Depending on point size, definition and line length, the Linotron 505 has a composing speed of more than 600,000 characters/hour.

Range of Application

The Linotron 505 is capable of processing any job, simple or complicated, owing to the fact that it can use any data-carrying medium. However, economical typesetting will require that the jobs to be processed are not too small.

4. Lichtsatzanlage Digiset

Digiset-Anlagen sind mit peripheren Datenausgabegeräten vergleichbar; sie sind diesen gegenüber jedoch mit einer Kathodenstrahlröhre ausgestattet, auf deren Schirm mit einem extrem feinen Lichtstrahl jedes einzelne vorher gespeicherte Schrift- oder Sonderzeichen erzeugt wird. Durch eine feststehende Optik wird dabei fotografisches Material, Papier oder Film, belichtet. Gesteuert wird der Digiset von Daten und Befehlen, die von einer elektronischen Datenverarbeitungsanlage vorher entsprechend aufbereitet wurden.
Die Hauptbestandteile einer normal ausgerüsteten Digiset-Anlage sind Dateneingabeelement, Zentralsteuereinheit, Schreibeinheit und Fotoeinheit.

Schrifteingabe

Über ein Daten-Eingabeelement werden die Schriften (Schriftformen) mittels Lochstreifen, Magnetbändern oder direkter Signale aus dem Satzrechner in den Kernspeicher des Digiset eingelesen.

Texteingabe

Auf die gleiche Weise können die Textdaten (Inhalt) einschliesslich der Satzbefehle, die von einem Satzrechner aufbereitet wurden, eingegeben werden. Textdaten gelangen im Gegensatz zu Schriftdaten direkt in die Zentralsteuerung, nachdem ein «Decoder» erkannt hat, dass keine Schriftspeicherung, sondern Produktion, das heisst Satz, erfolgt.

4. La photocomposeuse Digiset

Les photocomposeuses Digiset sont comparables à des unités périphériques de sortie des données. Elles sont toutefois équipées d'un tube cathodique sur l'écran duquel un rayon lumineux extrêmement fin engendre tout caractère ou signe spécial enregistré au préalable. Un système optique fixe permet l'exposition de la pellicule sensible (papier ou film). Le Digiset est commandé par voie de données et instructions préparées à cet effet par un ordinateur.
Les éléments essentiels d'une photocomposeuse Digiset à équipement standard sont l'unité d'entrée des données, la commande centrale, le générateur de caractères et l'unité photographique.

Entrée des données des caractères

Les styles des caractères sont enregistrés dans la mémoire du Digiset par le truchement de bandes perforées, bandes magnétiques, ou par transfert direct à partir de l'ordinateur de composition.

Entrée des données du texte

Les données du texte sont enregistrées de la même manière, y compris les instructions de composition préparées par l'ordinateur de composition. A l'encontre des données des caractères, les données du texte sont chargées directement dans la commande centrale après avoir été séparées dans un «décodeur» en vue de la production, c'est-à-dire de la composition, à l'exclusion de la mise en mémoire.

4. Digiset Phototypesetting installation

Digiset installations are comparable to peripheral data output systems but, unlike the latter, they are equipped with a cathode-ray tube on the screen of which every single previously stored character or special sign is produced with an extremely fine light beam. At the same instant, the photo material – paper or film – is exposed by a fixed optical system. The Digiset is controlled by data and commands which are appropriately prepared by a computer in advance.
The main parts of the standard Digiset installation are the data input element, the recording unit and the photo unit.

Typeface input

The typefaces (characters) are read into the core memory of the Digiset by means of paper tape, magnetic tape or by direct signals from the typesetting computer.

Text input

The text input (content), including setting commands which are prepared by a typesetting computer, can also be fed in in the same manner. Contrary to written data, text data is put directly into the central controls after a decoder has recognized that production, i.e. typesetting, follows and not typeface storage.

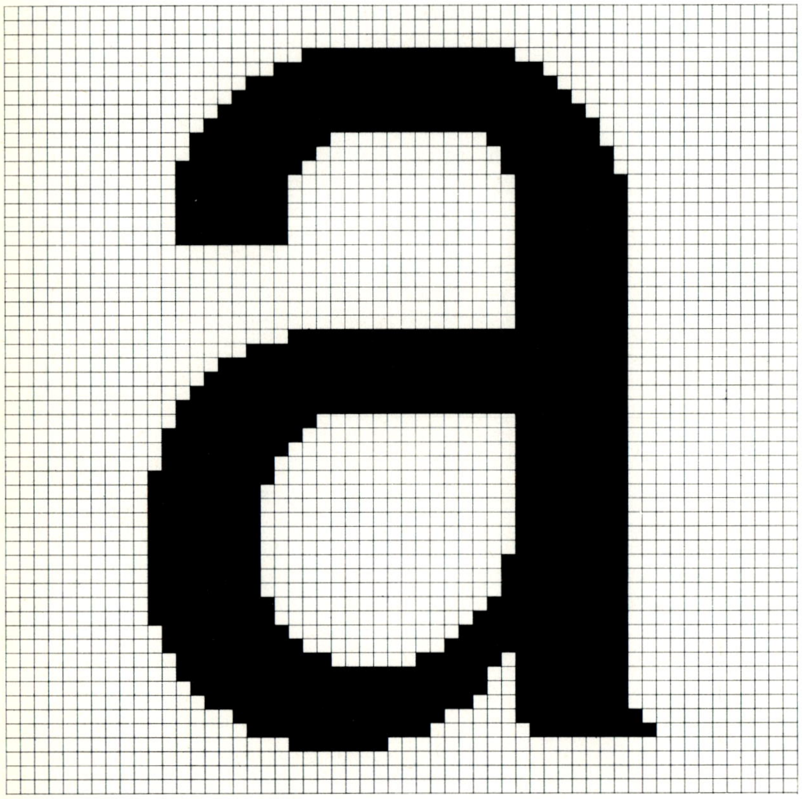

Die Schriftaufzeichnung

Die Zentralsteuerung fordert für jedes einzelne Zeichen die Information aus dem Kernspeicher ab, und gibt sie mit den Satzbefehlen in rascher Folge nacheinander an die Kathodenstrahlröhre weiter. In der Kathodenstrahlröhre wird der Lichtstrahl zur Herstellung des Zeichens jetzt genau so gesteuert, wie es die Schriftkarte bei der Schriftherstellung vorgeschrieben hat. Am untern linken Kegelrand beginnend, wird,

Génération des caractères

Pour chaque caractère individuel, la commande centrale appelle l'information à partir de la mémoire centrale et la transmet en succession rapide au tube cathodique, conjointement avec les instructions de composition. Le faisceau lumineux est commandé pour produire le signe exactement suivant les indications de la maquette établie pour la production des données des caractères. Partant du bord inférieur gauche

Typeface image production

For every single character of the text, the central controls call up information from the storage core and transmits it to the cathode-ray tube with the typesetting commands in rapid sequence (one after the other). In the cathode-ray tube, the electron beam for production of the character image is controlled precisely as specified by the type-card used for origination. Beginning at the left-hand corner of the type body,

Digiset Buchstabe in der Vergrösserung (Matrize)
Caractère Digiset agrandi (matrice)
Digiset letter enlarged (matrix)

senkrecht nach oben gehend, eine Bildlinie erzeugt, die aus den gleichen Schwarz-Weiss-Intervallen besteht wie die Vorlage. Der Lichtpunkt geht abgedunkelt wieder an die Kegelunterkante zurück und zeichnet rechts daneben die entsprechenden weiteren Bildlinien, bis das Zeichen vollendet ist.

Die Herstellung der Schriften

Jedes einzelne Zeichen der von Schriftgiessereien stammenden Schriften wird fotografisch auf 18 cm Kegelgrösse vergrössert und auf die Schriftkarte gebracht. Diese werden in Schrift-Abtastgeräten weiter verarbeitet. Ein Lichtpunkt tastet die Karte ab. Ein Rechenwerk addiert die hintereinander abgetasteten Linienelemente gleicher Farbe, die sich aus dem Buchstabenbild auf der Schriftkarte ergeben. Das Resultat der Addition wird in Form einer Binärzahl in einen 8-Kanal-Lochstreifen gestanzt. Diese in Lochstreifen gespeicherten Binärwerte für einen Buchstaben bilden in weit übertragenem Sinne die «Digiset-Matrize». Sonderzeichen, Symbole, einfache Strichzeichnungen können auf diese Weise eingegeben werden.

Das Endprodukt ist ein reprofertiger Film oder Fotopapier.

Anwendungsbereich

Die Flexibilität dieser Anlage erlaubt die Herstellung sämtlicher Satzarten. Zudem ist es mittels entsprechender Programme möglich, vollen Seitenumbruch auszuführen. Durch die hohen Belichtungsgeschwindigkeiten ist diese Maschine besonders für grosse Satzmengen geeignet.

Die folgende Tabelle zeigt eine Zusammenstellung einiger Film- und Lichtsetzanlagen, ihre Anwendungsweise und Leistung. Die Auswahl wurde im Querschnitt aus den heute weltweit verwendeten Fabrikaten getroffen.

du corps, une ligne de balayage est produite en progression verticale vers le haut. Cette ligne contient les mêmes intervalles noir-blanc que l'original. Le faisceau est éteint, revient à la partie inférieure du corps et trace du côté droit les lignes suivantes, jusqu'à achèvement du dessin du signe.

Production des caractères

Chaque caractère des styles provenant d'une fonderie est agrandi par voie photographique jusqu'à une force de corps de 18 cm, puis monté sur une maquette. Les maquettes ainsi obtenues sont traitées dans un dispositif d'exploration des caractères. Un calculateur additionne les éléments de lignes de même couleur qui apparaissent sur la maquette. Le résultat de cette addition est perforé sous forme binaire sur une bande à 8 canaux. Les valeurs binaires ainsi enregistrées pour un caractère donné sur bande perforée constituent, au sens figuré, la «matrice Digiset». Tout signe spécial, symbole ou dessin au trait simple peut être enregistré de cette manière.

Le produit final est un film ou un papier photographique prêt pour la reproduction.

Champ d'application

La grande flexibilité de cette photocomposeuse permet la production de tous genres de composition. Il est par ailleurs possible, moyennant des programmes spéciaux, d'exécuter intégralement la mise en page. Grâce à sa grande vitesse de composition, le Digiset convient spécialement pour la production de travaux de grande ampleur.

Le tableau suivant donne une vue d'ensemble de diverses photocomposeuses, leur champ d'application et leur rendement horaire. Il s'agit d'une sélection effectuée parmi les appareils actuellement sur le marché mondial.

an image line is produced moving vertically upwards and consisting of the same black and white elements as the original. The blacked-out light point starts again at the lower edge of the body and produces further image lines to the right of the first one until the character is completed.

Production of typeface

Each individual character in the founts from the type foundry is photographically enlarged to a body size of approx. 7 inches and put on the type card. These are further processed in the type-scanning equipment. An arithmetic unit adds the line elements of the same colour that are scanned one after the other, giving the character image on the type card. The sum of this addition is punched into an 8-channel paper tape as a binary number code. The binary values for a character stored on paper tape are the originals for Digiset composition, corresponding to matrices. Special signs, symbols and simple line drawings can also be fed in in the same manner.

The output is a film or photographic paper ready for reproduction.

Range of application

The flexibility of this installation allows the production of all kinds of typesetting. In addition, it is possible to carry out complete make-up of pages by means of the appropriate programme. Due to the high exposure speeds, this machine is especially suitable for typesetting on a large scale.

The following index shows a list of film- and light-composition plants, their applications and efficiency, representing a cross-section of the current units used all over the world.

Marken-Bezeichnung	Anwendungs-gebiet	Schriftgrössen	Buchstabenträger	Bedienungs- und Arbeitsweise	Endprodukt	Leistung
ATF-Photocomp 20 American Type Founders Co., Inc. Nashville Tennessee, USA	Fliessatz	5–18 p	Auswechselbare Schriftscheiben für jeweils 4 Schriftgarnituren (360 Zeichen zusammen)	Nach Einlegen der Schriftscheibe, des Lochbandes und Einstellung des Durchschusses läuft die Maschine vollautomatisch. Die Schriftscheibe rotiert, um das jeweilige Schriftzeichen in Position zu bringen. Nach beendeter Belichtung wird die Filmkassette ausgewechselt und der Film oder das Papier entwickelt	Papier positiv Film positiv seitenrichtig oder seitenverkehrt	Etwa 40000 Buchstaben pro Stunde
Fototronic 1200 Harris-Intertype GmbH, Berlin Harris-Intertype baut weitere Maschinen für die verschiedenartigsten Anwendungsgebiete, mit hohen Leistungen	Fliessatz Grosskegelsatz Tabellensatz Formelsatz	5–72 Punkt je nach eingesetzter Schriftscheibe	Auswechselbare Schriftscheiben mit je 240 Schriftzeichen	Während der Rotation der Scheiben mit den Buchstaben-Negativen erfolgt die Belichtung auf Film oder Fotopapier. Lichtquelle ist eine Plasma-Lichtbogenlampe, die eine Belichtung von 1 Mio/Sek. ermöglicht. Sie passt sich in der abgegebenen Lichtintensität automatisch der eingestellten Schriftgrösse an.	Seitenrichtige bzw. seitenverkehrte Filmpositive oder -negative. Seitenrichtige Papierpositive	Fotoeinheit Etwa 65000 Belichtungen
Linofilm-Super-Quick Mergenthaler Linotype Comp. New York, USA	Fliessatz Formelsatz Tabellensatz	5–18 p	Negativ-Schriftrahmen mit 184 Zeichen. Auf einem Schriftrahmen sind Grundschrift und Auszeichnung. Sonderzeichen in Spezialschriftrahmen	Aus einem von Dauerlicht durchstrahlten Negativ-Schriftrahmen werden mit Hilfe einer Prismenoptik die einzelnen Zeichen, entsprechend der Codierung auf dem Lochband, ausgewählt und durch einen mechanischen Verschluss über einen Spiegelwagen, der sich um die jeweiligen Dicktenwerte vor dem fotosensitiven Material bewegt, auf Film oder Fotopapier projiziert.	Film oder Fotopapier positiv seitenrichtig oder Filmpositiv seitenverkehrt	Etwa 75000 Buchstaben pro Stunde
Linofilm High Speed Photo Unit Mergenthaler Linotype Comp. New York, USA	Alle Satzarbeiten	6–54 p in 5 Bereichen	Negativ-Schriftrahmen mit 88 Zeichen einer Schrift. Sonderzeichen in Spezialrahmen. 28 Schriftrahmen direkt in der Maschine.	Belichtet wird über eine Blitzlampe, die alle 88 Zeichenpositionen gleichzeitig durchstrahlt. Durch einen Spezialverschluss, der über 88 Öffnungen verfügt und hinter dem Schriftrahmen liegt, werden die einzelnen Zeichen, die durch die Codierung im Lochstreifen bestimmt sind, ausgewählt.	Papier- oder Filmpositiv seitenrichtig	Durchschnittlich etwa 60000 Zeichen
Photo-Text-Setter Modell 8100 Fairchild Graphic Equipment Div. New York, USA	Blocksatz Fliessatz Formelsatz Mixing	5–18 p	Filmnegative auf Trommel	Eine hohe Geschwindigkeit wird erreicht durch ein entgegen der natürlichen Reihenfolge arbeitendes System der Schriftabtastung, welches vollen Gebrauch moderner Elektronik und Optik bei gleichzeitiger Verminderung der mechanischen Funktionen macht.	Film- oder Papierpositiv. Film in Dunkelkammer, Papier in Tageslicht-Entwicklungsgerät	250000 Buchstaben pro Stunde oder max. 100 Zeitungszeilen/Min.
Linotron 505 K.S. Paul & Associates Ltd. London, England	Blocksatz Fliessatz Formelsatz Tabellensatz	4–28 p	Schriftrahmen mit je 256 Schriftzeichen	Abtastung der Schriftrahmen und Aufzeichnung der Schriftzeichen erfolgt durch Kathodenstrahlröhren. Die Schrift wird durch aufeinanderfolgende Rasterabtastung vertikal aufgelöst und in gleicher Weise durch die Schreibröhre und ein optisch-mechanisches System auf das Fotomaterial wieder aufgezeichnet.	Papier oder Film positiv seitenrichtig oder seitenverkehrt	Abhängig von Zeilenlänge und Punktgrösse sowie Auflösung, bis über 400000 Buchstaben pro Stunde

Marken-Bezeichnung	Anwendungs-gebiet	Schriftgrössen	Buchstabenträger	Bedienungs- und Arbeitsweise	Endprodukt	Leistung
Photon (Lumitype) ZYP Mod. 901/902 Photon Inc. Massachusetts, USA	Blocksatz Fliessatz Adressbuchsatz Einblenden von Zeichnungen und Bildern	6–14 p	Modell 901 3 Matrizenscheiben zu je 88 Buchstaben Modell 902 9 Matrizenscheiben zu je 88 Buchstaben	Jeder Buchstabe hat seine eigene Blitzlampe. Bewegliche Optik bildet die Buchstaben ab. Blitze dann, wenn auf Grund der geometrischen Beziehungen das Bild auf dem richtigen Platz steht. Zeilenaufbau nicht Buchstabe für Buchstabe, sondern nach den geometrischen Bedingungen. Belichtet wird in beiden Bewegungsrichtungen.	Film- oder Papierpositiv seitenrichtig oder seitenverkehrt	Praktische Ausgangsleistung ca. 1,8 Millionen Buchstaben pro Stunde
Digiset 50 T 1 Dr.-Ing. Rudolf Hell 23 Kiel Deutschland	Alle Satzarbeiten	4–24 p	Arbeitsträger: Kernspeicher. Schriftwechsel mittels Lochstreifen, Magnetband oder Direktanschluss an Satzrechner	Rein elektronisch auf digitaler Basis in Zusammenarbeit mit einer Datenverarbeitungsanlage.	Papier oder Film positiv seitenrichtig oder seitenverkehrt. Papierentwicklung in der Aufzeichnungseinheit selbst, Filmentwicklung in speziellem Filmentwicklungsautomat	1 bis 2 Millionen Buchstaben pro Stunde
Linotron Mergenthaler Linotype Company New York, USA	Alle Satzarbeiten	5–72 p	Negativ-Schriftrahmen mit 256 Zeichen mehrerer Schriften bzw. verschiedener Art. Bis zu vier Schriftrahmen in der Maschine	Vollelektronische Schriftzeichenaufnahme mit Linotronröhre und Schriftzeichenwiedergabe mit Kathodenstrahlröhre. Jedes Zeichen wird elektronisch aufgelöst und kann in 8 verschiedenen Kegeln im Bereich von 5–18 p wiedergegeben werden. Ausserdem kann die Maschine auch in 24, 36, 48 und mit Spezialeinrichtung 72 p produzieren. Umbruch wird im Computer vorgenommen.	Film oder Fotopapier positiv, seitenrichtig	Je nach Qualität 3,6–10 Millionen Zeichen pro Stunde

Photocomposeuses

Marque de fabrique	Champ d'application	Corps	Porte-négatifs	Utilisation et fonctionnement	Produit final	Rendement
ATF-Photocomp 20 American Type Founders Co. Inc. Nashville Tennessee, USA	Composition courante	5–18 points	Disques porte-négatifs interchangeables 4 polices, soit 360 signes au total	Après mise en place du disque correspondant, de la bande perforée et de la définition de l'interlignage, la machine fonctionne automatiquement. Le disque porte-négatifs oscille et met la lettre désirée en position de projection. Après la reproduction sur film ou papier, il suffit de changer la cassette et de développer le produit	Papier et film positif à l'endroit ou à l'envers	environ 40000 signes à l'heure
Fototronic Harris Intertype GmbH, Berlin Harris Intertype construit différents modèles, atteignant des performances typographiques et des vitesses encore plus grandes	Composition courante gros corps, tableaux, formules	5–72 points selon le disque utilisé	Disques interchangeables avec 240 signes chacun	Pendant la rotation du disque porte-négatifs, la projection des caractères s'effectue sur film ou sur papier. La source lumineuse est une lampe plasmatique avec un temps d'exposition d'un millionième de seconde. L'intensité lumineuse se corrige automatiquement en fonction du corps désiré	Film positif, négatif, à l'endroit ou à l'envers, ou encore papier positif à l'endroit	Unité photographique environ 65000 projections à l'heure
Linofilm-Super-Quick Mergenthaler Linotype Company New York, USA	Tous genres de composition	5–18 points	Châssis porte-négatifs avec 184 signes. Dans un châssis se trouve l'alphabet de base; les signes spéciaux sont dans un châssis séparé	L'exposition du châssis porte-négatifs est continue. L'éclair du flash éclaire entièrement le châssis, et c'est grâce à l'obturateur, logé derrière le châssis et commandé par bande perforée, qu'un faisceau lumineux permet la sélection de la lettre et son exposition sur film ou papier photographique	Papier photographique positif à l'endroit ou film positif à l'envers	environ 75000 signes à l'heure
Linofilm High Speed Photo Unit Mergenthaler Linotype Company New York, USA	Composition courante, tableaux, formules	6–54 points par paliers de 5 points	Châssis porte-négatif avec 88 signes d'une série donnée. Les signes spéciaux sont séparés. 28 châssis sont disponibles dans la machine	La projection s'effectue par une lampe-flash qui éclaire l'ensemble des 88 signes. Par l'intermédiaire d'un obturateur spécial logé derrière le châssis et comprenant 88 ouvertures, il est possible de sélectionner les signes et des les projeter sur la surface sensible	Papier ou film positif à l'endroit	en moyenne environ 60000 signes à l'heure
Photo-Text-Setter Modèle 8100 Fairchild Graphic Equipment Division New York, USA	Composition justifiée et courante formules mélange des fontes	5–18 points	Film-négatifs surtambour	La vitesse de production max. est obtenue par l'utilisation d'une logique différente des autres systèmes: toutes les lettres de l'alphabet se présentent à la suite les unes des autres. Ce système utilise des composantes électroniques et un système optique moderne	Film ou papier positif. Film en chambre noire seulement, papier à la lumière du jour avec un appareil à développer	250000 signes à l'heure ou environ 100 lignes de composition journal à la minute
Linotron 505 K.S. Paul & Associates Ltd. Londres, England	Composition justifiée et courante formules tableaux	4–28 points	Grilles de caractères avec chacune 256 signes	Les lettres sont formées par des lignes d'exploration sur un tube à rayons cathodiques et sont ensuite réduites par un dispositif optique avant que l'image n'est projetée sur une surface sensible	Papier ou film positif à l'endroit ou à l'envers	Jusqu'à 400000 signes à l'heure en fonction des corps utilisés et de la longueur des lignes
Photon (Lumitype) ZYP Mod. 901/902 Photon Inc. Massachusetts USA	Composition justifiée et courante, annuaires, projection de dessin et traits	6–14 points	Modèle 901 3 plaques matrices avec chacune 88 signes Modèle 902 9 plaques matrices avec chacune 88 signes	Chaque signe a son propre flash. Seul l'objectif se déplace en photographiant une logique entière. La projection peut s'effectuer dans les deux sens. Il est également possible de couper les filets	Film ou papier positif à l'endroit ou à l'envers	Variable en fonction du corps et de la justification environ 1800000 signes à l'heure

Marque de fabrique	Champ d'application	Corps	Porte-négatifs	Utilisation et fonctionnement	Produit final	Rendement
Digiset 50 T1 Dr.-Ing. Rudolf Hell 23 Kiel Allemagne	Tous travaux de composition	4–24 points	Unité photographique alimentée par ordinateur, se caractérisant par un système à tube cathodique sur lequel apparaissent les caractères, connexion directe à un ordinateur ou commande par bande magnétique	Photocomposeuse entièrement électronique et spécialement conçue pour travailler en liaison avec un ordinateur	Papier ou film positif à l'endroit ou à l'envers. Le papier se développe dans l'unité et le film dans un automate	1 à 2 millions de lettres à l'heure
Linotron Mergenthaler Linotype Company New York USA	Tous travaux de composition	5–72 points	4 grilles de 256 signes interchangeables/changeables	Photocomposeuse entièrement électronique à tube cathodique Linotron. Les lettres sont formées par des lignes sur un tube cathodique et sont disponibles en 8 corps différents, entre 5 et 18 points. La version en gros corps ajoute les corps 24, 36, 48 et, avec un système spécial 72 points. Les mises en page simples s'effectuent dans l'ordinateur	Film ou papier positif à l'endroit	De 3600000 à 10 millions de signes à l'heure, selon la qualité désirée

Photo typesetting plants

Product	Application	Type sizes	Type carrier	Mode of working and operation	Final product	Output
ATF-Photocomp 20 American Type Founders Co., Inc Nashville Tennessee, USA	Book-setting	5–18 p	Interchangeable type discs each for 4 type fonts (360 characters altogether)	After inserting the type disc, the punched tape and setting the lead, the machine works completely automatically. The type disc rotates to bring the correct font into position. After completing exposure, the film casette is changed and the film or paper developed	Paper positive Film positive direct or reverse reading	Approx. 40,000 characters/hour
Fototronic Harris-Intertype Co., Ltd., Berlin Harris-Intertype builds other machines for very varied fields of application and with very high production	Book-setting Large body type Tabulations Formulae	5–72 p according to type disc inserted	Interchangeable type discs each with 240 characters	Exposure on film or photo paper results during rotation of discs with letter negatives. Source of light is a plasma arc lamp which allows an exposure of 1 million sec. It automatically adapts the light intensity produced to the type size set	Direct or revers reading film positive or negative. Direct reading paper positive	Photo unit Approx. 65,000 exposures
Linofilm-Super-Quick Mergenthaler Linotype Comp., New York, USA	Book-setting Formulae Tabulations	5–18 p	Negative type frames with 184 characters. Basic type and capitals on a type frame. Other characters on special type frames	The single characters are selected by means of a prism lens according to the coding on the punched tape from a negative type frame, illuminated by a continuous light and then projected on film or photo paper by a mechanical shutter over a reflecting carriage which moves in front of the photo-sensitive material round the widths of letters set	Film or photopaper positive, direct reading or film positive, revers reading	Approx. 75,000 characters/hour
Linofilm High Speed Photo Unit Mergenthaler Linotype Comp., New York, USA	All typesetting work	6–54 p in 5 ranges	Negative type frames with 88 characters of a font. Other characters in special frames. 28 type frames direct in the machine	Exposures by means of a flashlight that illuminates all 88 character positions simultaneously. The individual characters, which are determined by the coding on the punched card, are selected by means of a special shutter which has 88 openings and is situated behind the type frames	Paper or film positive, direct reading	An average of approx. 60,000 characters
Photo-Text-Setter Model 8100 Fairchild Graphic Equipment Div. New York, USA	Justified setting Book-setting Formulae Mixing	5–18 p	Film negatives on drum	A high speed is achieved by a system of type-scanning working against the natural sequence which makes full use of modern electronics and optics whilst, at the same time reducing mechanical functions	Film or paper positive. Film in dark-room developer, paper in daylight one	250,000 characters/hour or max. 100 newspaper lines/min.
Linotron 505 K.S. Paul & Associates Ltd., London, England	Justified setting Book-setting Formulae Tabulations	4–28 points	Type frames each with 256 characters	Scanning of type frames and registration of characters by means of cathode-ray tube. The type is vertically resolved by consecutive screen scanning and registered again in the same way through the recording tube and an optical-mechanical system on the photo material	Paper or film positive, direct or reverse reading	Depending on length of lines and point size as well as resolution up to over 400,000 characters/hour
Photon (Lumitype) ZYP Mod. 901/902 Photon Inc. Massachusetts, USA	Justified setting Book-setting Address book setting Imposition of sketches and illustrations	6–14 p	Model 901 3 matrice discs each of 88 characters Model 902 9 matrice discs each of 88 characters	Each character has its own flash lamp. Movable optics form the letters. Lamps flash when the picture is in the right place according to the geometric relations. Lines not built up letter for letter but according to geometric conditions. Exposures made in both directions of movement	Film or paper positive, direct or reverse reading	Practical effective output approx. 1.8 million characters/hour

Product	Application	Type sizes	Type carrier	Mode of working and operation	Final product	Output
Digiset 50 T1 Dr. Rudolf Hell, Engineer, 23 Kiel Germany	All typesetting work	4–24 p	Work carrier: Nuclear storage unit. Change of font by punched tape, magnetic tape or direct connection to compositor computer	Purely electronic on a digital basis in co-operation with a computer	Paper or film positive, direct or reverse reading. Paper development in the recording unit itself. Film development in special film development automaton	1 to 2 million characters/hour
Linotron Mergenthaler Linotype Co., New York, USA	All typesetting work	5–72 p	Negative type frame with 256 characters of several fonts or, resp., different kinds. Up to four type frames in the machine	Fully electronic type exposure with linotron tube and type reproduction with cathode-ray tube. Every character is resolved electronically and can be produced in eight different body sizes from 5–18 p. The machine can also produce 24, 36, 48 and, with a special device, 72 p. Paging is carried out in the computer	Film or photopaper positive, direct reading	According to quality, 3.6–10 million characters/hour

Die Automation in der Satzherstellung

In den vorangegangenen Kapiteln trat die Entwicklung der automatischen Satzherstellung deutlich zutage. Ein riesiges Angebot von Eingabemedien, angefangen beim einfachen Perforator über Satzrechnern bis zu sämtlichen Datenträgern für Computersatzherstellung ist heute bereits vorhanden. Belichtungseinheiten, computergesteuert, mit grossen Stundenleistungen stehen bereit. Es würde den Rahmen sprengen, wollte man hier über die Automation im Schriftsatz, sprich auch Elektronik, umfassend orientieren. Festzuhalten sind vielleicht folgende Fixpunkte:

Perforatoren, endlos und ausschliessend als Datenträger für sämtliche Belichtungseinheiten oder Bleimaschinen

Lochkarten, Magnetbänder, Lochstreifen, Disks, Magnettrommeln

Halbautomatische und automatische Ausschliess- und Silbentrennstationen

Mehrzweckrechner

Computer mit Satzprogrammen

Fernsatzanlagen

Bildschirme für Korrektur und Umbruch

Bild-Sende- und Aufnahmestationen usw.

Zusammenfassend kann festgehalten werden, dass die Elektronik aus der Satzherstellung nicht mehr wegzudenken ist. Und trotz allem bleibt immer noch das Problem der Datenerfassung. Das heisst, der zweimalige Arbeitsgang vor dem Giessen oder Belichten: Manuskript schreiben und Datenträger herstellen.

L'automation de la composition

Les précédents chapitres ont clairement révélé le constant progrès dans l'automation de la composition. Une vaste gamme de systèmes d'entrée des données est aujourd'hui disponible, depuis les perforateurs d'entrée dont les bandes sont traitées par des ordinateurs spécialisés ou non, jusqu'aux supports de données traités par des ordinateurs de composition. Des photocomposeuses à haute vitesse, commandées par voie d'ordinateur, sont offertes sur le marché. Dans cette multitude de possibilités, retenons les points suivants:

perforateurs, en continu ou justifiants, comme moyen d'entrée pour photocomposeuses et composeuses plomb

cartes perforées, bandes magnétiques, bandes perforées, disques, tambours magnétiques

stations de justification semi-automatique ou automatique et de coupure syllabique

calculatrice à usages multiples

ordinateur programmé pour la composition

télécomposition

écran cathodique pour corrections et mise en pages

émetteur de clichés, station de réception, etc.

La composition des textes est de nos jours inconcevable sans l'ordinateur. Mais il reste le délicat problème de l'enregistrement des données qui exige un double travail: la frappe du manuscrit et l'établissement du support d'entrée pour la fondeuse ou la photocomposeuse.

Automation in composition

The development in automated composition becomes very evident in the previous chapters. A vast range of input media from simple perforators and composer computers up to complete data carriers for computer composition is available today. Computer – controlled exposure units with a high output per hour are already at hand. It would go beyond the limits of this book to give complete information on automation in composition including also electronics. The following points may, however, be mentioned:

Tape perforators, continuous and spaced, as data carriers for all exposure units or lead machines.

Punched cards, magnetic tapes, punched strips, discs, magnetic drums

Semi-automatic and automatic spacing and hyphenation units

Multi-purpose computer

Computer with composition programmes

Remote-control composing units

Screens for correction and make-up

Video transmitter and recording systems, etc.

Summarizing, it can be said that typesetting without the help of electronics is already unthinkable. And yet the problem of receiving data still remains, i.e. the double-operation process before casting or exposure: writing the manuscript and preparing the data carrier.

Was bringt hier die Zukunft?

Wie schon erwähnt, bietet heute das Erfassen der Daten, also das Setzen, je länger je grössere Schwierigkeiten, teils bedingt durch Mangel an Personal, teils bedingt durch kürzere Termine und anwachsende Informationsmengen. Mit grösster Wahrscheinlichkeit wird die Industrie ihr Hauptaugenmerk auf die Entwicklung von Systemen legen, die in der Lage sind, das Lesen von Texten und das Umwandeln in maschinenlesbare Zeichen automatisch zu erledigen. Also, das Umgehen des ursprünglichen Setzens. Der Weiterverarbeitung des so gelesenen und in Maschinensprachen umgesetzten Manuskripttextes steht heute nichts mehr im Wege, wie Sie aus den vorhergehenden Kapiteln entnehmen konnten. Also Lesemaschinen. Es sind bereits Modelle auf den Markt gekommen (Herbst 1971) die mit sehr hohen Geschwindigkeiten Originaltexte verarbeiten können, zum Beispiel das «Compuscan»-OCR-Lesegerät.

Arbeitsweise
Lesung normaler schreibmaschinengeschriebener Texte; Erkennung von Korrekturen, die nach einem bestimmten Modus in den Text eingebracht werden. Streichungen werden mit Schwarzstift vorgenommen. Ergänzungen werden mit Schreibmaschine in den Text eingeschrieben, wobei Einfach-, Zweifach- und Dreifach-Codes dazu dienen, der Lesemaschine die Einschubstelle anzugeben. Diese Lesemaschine kann sowohl im Direktanschluss an Filmsetzmaschinen arbeiten, sie kann aber auch wahlweise Lochstreifen oder Magnetbänder liefern. Automatisches Lesen ist überall dort von Interesse, wo Mengensatz vorkommt, nicht nur für Zeitungen,

Que nous réserve l'avenir dans ce domaine?

Comme déjà mentionné, l'enregistrement des données devient de plus en plus problématique en raison de la pénurie du personnel, des délais de livraison toujours plus courts et de la grande masse d'informations à traiter. Il est incontestable que l'industrie des arts graphiques se concentrera sur le développement de nouveaux procédés permettant de lire optiquement des textes, puis de les traduire automatiquement dans un langage déchiffrable par la composeuse (ce qui permettra de supprimer la seconde frappe à partir du manuscrit). Le traitement des données traduites dans la langue de la composeuse est désormais possible, comme il a été montré dans les chapitres précédents. Depuis l'automne 1971, il existe sur le marché des lecteurs optiques capables de lire et transcoder des textes originaux à grande vitesse, tels que le «Compuscan OCR».

Fonctionnement
Lecture de textes dactylographiés courants; enregistrement des corrections insérées dans le texte selon un système donné. Les corrections et annulations sont effectuées au crayon noir. Les annotations supplémentaires sont écrites à la machine directement dans le texte original où le lecteur optique trouvera, grâce à un système de codes, la position intercalaire correcte. Le lecteur optique peut être connecté directement aux photocomposeuses ou bien délivre, au choix, une bande perforée ou une bande magnétique. Le lecteur s'avère rentable non seulement pour les journaux, mais encore partout où

In the future?

As already mentioned, the reception of data, i.e. setting, raises ever greater difficulties partly due to lack of staff, shorter delivery terms and increasing amounts of information. It is highly probable that industry will mainly direct its attention to systems which are capable of reading texts and automatically converting these into characters which can be read by the machine, i.e. by-passing the initial setting. Today there is nothing to hinder the further processing of a manuscript text that has been read and converted into machine language as can be seen from the previous chapters. So we come to reading machines. There are already models on the market (Autumn, 1971) which can process original texts at very high speeds, e.g. the "Compuscan" OCR reading unit.

Mode of operation
Reading normal typewritten texts; recognition of corrections that are made in a certain way. Crossing out is done with a black pencil. Additions are inserted into the text by typewriter whereby single, double and treble codes serve to indicate the inserted part to the reading machine. This reading machine can work in direct connection with the film composing unit or it can deliver punched tapes or magnetic tapes as required. Automatic reading is of special interest where quantity setting is necessary, as for example, magazines, books and brochures and not only for newspapers.

sondern auch in der Zeitschriftenherstellung, Bücher- und Broschürenproduktion.

Ein grosses Einsatzgebiet in der Satzherstellung werden in Zukunft die Bildschirme an Grosscomputerspeichern und an kleineren Anlagen vorfinden. Das heisst, Verarbeitung und Korrektur von Satz, ohne diesen in materieller Form aus der Setzmaschine vorher abzurufen. Korrektur vor Belichtung, Umbruch usw.

Dass durch diese sich abzeichnenden Entwicklungen zwangsläufig auch die Produktionsmethoden aller an einem grafischen Erzeugnis beteiligten ändern wird, scheint klar zu sein. Für Sie werden sich auf alle Fälle die Arbeitsvorbereitungen und genauen Arbeitsbeschriebe gegenüber den heutigen Methoden verfeinern müssen.

le volume de la composition est suffisant pour en justifier l'emploi (revues et illustrés, livres et brochures).

Une place importante dans la composition programmée prendront à l'avenir les écrans cathodiques, connectés à des ordinateurs ou à des installations de moyenne importance; ils permettent la modification et la correction d'un texte sans que ce texte soit déjà composé pour autant, ou qu'il existe en plomb ou film, ainsi que tous remaniements et la mise en pages des textes, etc.

Face à cette évolution irréversible, il est clair que les méthodes de conception et de production d'un imprimé doivent être repensées et modifiées. Pour pouvoir répondre aux cadences de production vertigineuses, il est indispensable d'apporter un soin encore plus attentif à la préparation du travail et à la description des tâches.

The screens on large computer memorys as well as smaller systems will have a wide range of application in type setting in future. This means that processing and setting will be possible without obtaining this in material form from the composing machine. Correction before exposure, make-up, etc.

It seems quite clear that all the production methods used in all kinds of graphic work will compulsorily change as a result of these developments which have been described. In any case, the working preparations and accurate descriptions of work, compared with present-day methods, will have to be improved for you.

Der einzelne Buchstabe

Ungefähr ein Viertel der Erdbevölkerung hat gelernt, sich mit den Zeichen des lateinischen Alphabets zu verständigen. Die einen entziffern leicht, den andern fällt es schwer. Aufnahmefähigkeit und Erfahrung sind unterschiedlich. Alle haben aber das gleiche Anrecht, Gedrucktes lesen zu können und zu verstehen.
Dies ist Grund genug, die guten alten Zeichen unseres Alphabets so anzuwenden, dass Ungenutztes nützlich wird und Bekanntes nützlich bleibt.

Die Buchstaben sind Einzelteile (Glieder) des Alphabets. Die Grundformen der Buchstaben sind unabänderlich, ihre Funktion ist festgelegt. «Das Druckwerk, das nicht gelesen werden kann, wird zu einem sinnlosen Produkt» (E. Ruder). Das Angebot an Formvarianten aber ist sehr gross. Zu allen Zeiten wurden neue Schriftbilder entworfen, als Folge fortgeschrittener Produktionstechniken, in Anpassung an Stil und Mode. Anfänglich wurde gedruckt wie geschrieben (Gutenberg), also die Handschriftformen kopiert, später entstanden Schriftbilder, die der Typentechnik eher entsprechen. Die Groteskschriften haben sich in ihrer Form extrem vom Vorbild der Handschrift entfernt.

Die einzelnen Buchstaben unterscheiden sich durch

die Formen
die Grössen
die Stärken
die Breiten
die Lagen.

La lettre d'imprimerie

Près d'un quart de la population mondiale se sert de l'alphabet latin pour s'exprimer et se faire comprendre. Certains déchiffrent facilement les textes imprimés, pour d'autres c'est un problème difficile, selon la réceptivité et les expériences de chacun. Or, tout homme a le droit de savoir lire et comprendre la parole écrite.
Il importe dès lors d'utiliser les bons vieux caractères de notre alphabet de façon à rendre utile ce qui est encore mal connu et de maintenir l'utilité de ce qui est éprouvé.

Les caractères sont les éléments constitutifs de l'alphabet. La forme de base d'un caractère reste immuable, sa fonction est exactement définie. «L'œuvre imprimée qui ne peut être lue, devient un produit dénué de toute signification» (E. Ruder). Il existe toutefois une grande variété de formes de caractères. De tous temps, de nouvelles images de la lettre ont été créées et, les progrès de la technique aidant, des concessions ont été faites au goût et à la mode du jour. Les premiers livres imprimés (Gutenberg) imitaient les manuscrits, c'est-à-dire les ouvrages calligraphiés. Plus tard, d'autres formes de lettres ont été développées. Les caractères du type «Antique» sont fort éloignés des lettres manuscrites.

Les caractères de l'alphabet se distinguent par

la forme
la force du corps
la graisse
la largeur
l'inclinaison.

The single letter

About a quarter of the earth's population has learned to make itself understood with the signs of the Latin alphabet. Some can decipher it easily and for others it is difficult. Receptivity and experience vary. Everybody, however, has the same right to be able to read and understand the printed word.
This is sufficient reason to employ the good old signs of our alphabet in such a way that, what has not been taken advantage of, becomes of use and what is known remains of use.

Letters are the individual parts (links) of the alphabet. The basic shapes of the letters cannot be changed, their function is fixed. "A printed work that cannot be read is a senseless product" (E. Ruder). The variations in shape at our disposal are, however, very numerous. New type faces have always been designed as a result of more progressive production techniques or as an adaptation to style and fashion. At first, printed letters were the same as written ones (Gutenberg), i.e. hand-writing was copied. Then type faces were later evolved which corresponded more to type techniques. Sans serif is very far removed in its shape from the pattern of handwriting.

The individual letters vary in their

shape
size
weight
width
slope

Univers Alphabet, normal
L'alphabet Univers, normal
Alphabet Univers, regular

Aa	Bb	Cc	Dd	Ee	Ff
Gg	Hh	Ii	Jj	Kk	Ll
Mm	Nn	Oo	Pp	Qq	Rr
Ss	Tt	Uu	Vv	Ww	Xx
Yy	Zz	1	2	3	4
5	6	7	8	9	0
. ,	: ;	- '	! ?	( )	*

Formen

Wir unterscheiden zwei Formengruppen der Druckschriften. Die Schriften mit Endstrichen (z. B. Garamond-Antiqua) und die Schriften ohne Endstriche (z. B. Univers-Grotesk). In jeder der beiden Gruppen steht heute eine grosse Auswahl an verschiedenen Schrifttypen (Schriftfamilien) zur Verfügung.

Am Beispiel der Groteskschriften lässt sich die Ordnung der Schriftfamilien ausführlich aufzeigen.

Am häufigsten werden heute folgende Groteskalphabete verwendet:
Akzidenz, Mono, Futura, Gill, Helvetica, Univers, Folio und als neuste Entwicklung die OCR-B (Optical Caracter Recognition). (Das OCR-B Alphabet ist eine Zeichenreihe, die einerseits fehlerlos von elektronischen Lesegeräten wie auch vom Menschen mühelos gelesen wird. Sie kommt in ihren Formen den bekannten Groteskschriften sehr nahe).

Die meisten Groteskalphabete sind im Handsatz, Maschinensatz, Composer, Foto- und Lichtsatz erhältlich, je nach Hersteller, in nur einer oder mehreren Produktionstechniken. Aber Vorsicht: selbst innerhalb einer Schriftfamilie sind die Formen der jeweiligen Technik entsprechend verschieden. Die Akzidenz-Grotesk im Handsatz zum Beispiel ist nicht mit den Formen der Fotosatztypen (Diatype) identisch. Ähnlich verhält es sich bei der Univers, Bleisatz- und Composertypen sind verschieden.

Formes

Il existe deux groupes de formes des caractères d'impression: les caractères à descendantes à longues queues (p.ex. Garamond-Antique) et les caractères sans sérif (p.ex. Univers-Antique). Dans chacun de ces deux groupes, un grand choix de types (familles) de caractères est disponible.

Les différentes catégories de familles de caractères peuvent être facilement expliquées en prenant l'exemple des caractères dit «antiques».

Aujourd'hui, les séries les plus demandées sont: Akzidenz (travaux de ville), Antique Monotype, Futura, Gill, Helvetica, Univers, Folio et l'aphabet OCR-B (Optical Character Recognition), une invention très récente. (L'alphabet OCR-B est une série de signes pouvant être lus pratiquement sans erreur, aussi bien par le lecteur électronique que par l'homme. Par son trait uniforme, cet alphabet ressemble fortement à une Antique.)

La plupart des alphabets de caractères dits «antiques» sont disponibles sous diverses formes: en fonte noire, sur machines à composer, Composer, phototitreuses et photocomposeuses. Un ou plusieurs procédés de composition sont offerts, selon les fabricants. Il est néanmoins nécessaire de savoir que la forme d'une même série peut varier selon le procédé utilisé: l'Antique en fonte noire n'a pas la même forme que celle fournie par une photocomposeuse. Il en est de même pour l'Univers plomb et celui produit par le système Composer.

Forms

We distinguish between two form-groups of printing types: the type faces with end-lines (e.g. Garamond-Antiqua) and those without end-lines (e.g. Univers–Sans-serif).
There is a large selection of various type faces (type families) available in both of these groups.

Using the example of sans-serif letters, the register of type families can be shown in detail.

The following sans-serif alphabets are most used today:
Akzidenz, monotype, Futura, Gill, Helvetica, Univers, Folio and, the latest development, the OCR-B (Optical Character Recognition). (The OCR-B alphabet is a series of signs which, on the one hand, are accurately and easily read by electronic reading devices or as well as by people. They are very similar in their shape to the well-known sans-serif letters.)

Most sans-serif alphabets are available in hand composition, machine composition, composer, photo and light composition, according to the makers, in one or in several production techniques. But beware! Even within one type familiy, the shapes of the technique being used at the time vary correspondingly. The Akzidenz sans-serif in hand composition, for example, is not identical with the shapes of the photo composition letters (Diatype). This applies to Univers where lead composition and composer letters also differ.

Schema der 21 aufeinander abgestimmten Schnitte der Univers
Schéma des 21 graisses concordantes de l'Univers
Diagram of 21 sections of Univers, adjusted to one another

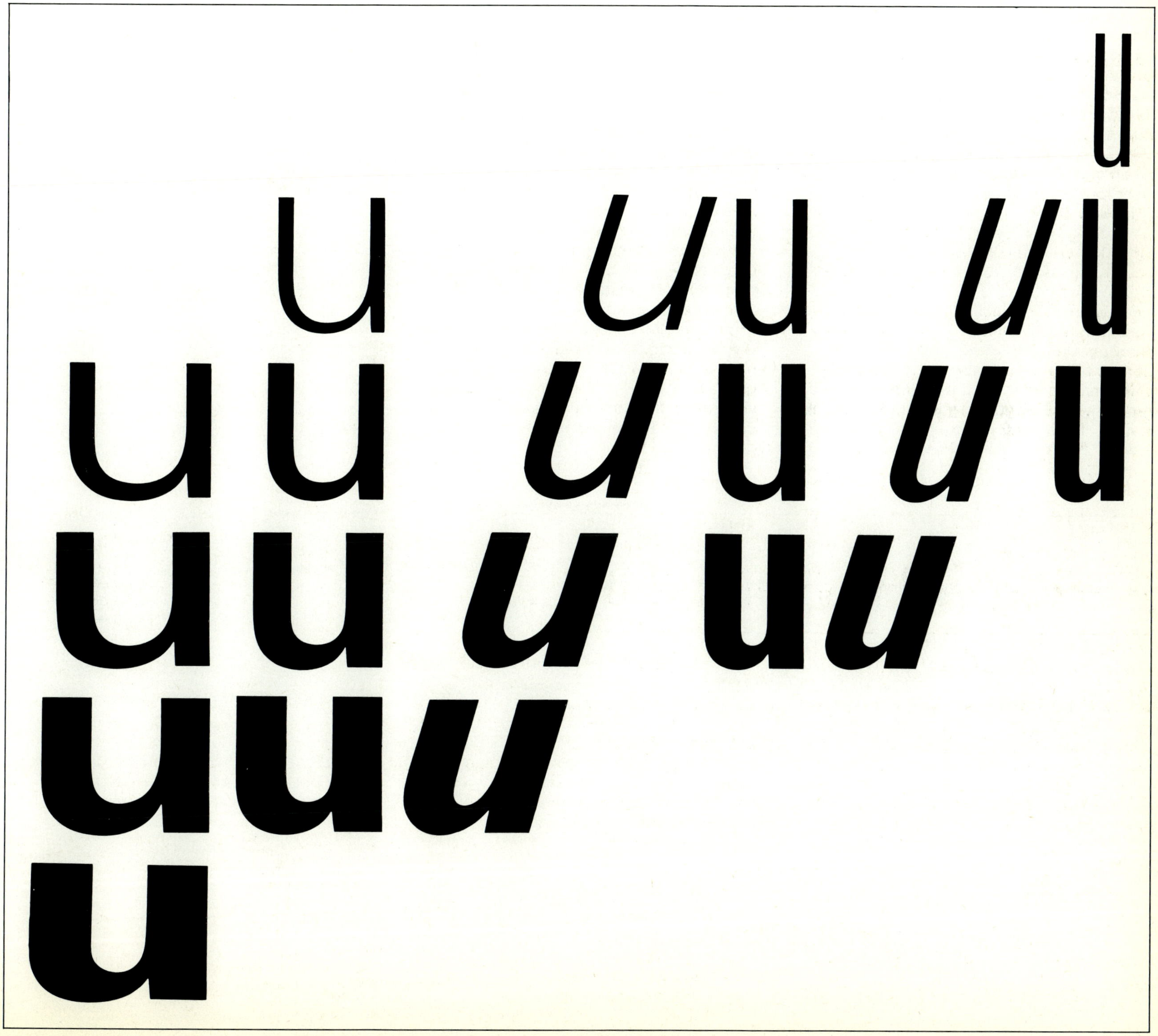
u
u u u u u
u u u u u u u
u u u u u
u u u
u

Grössen

Im Blei-, Foto- und Lichtsatz sind die Grössen nach Punkten oder nach mm/inches geordnet. Die gebräuchlichsten Punktgrössen liegen zwischen 6 und 72 Punkten.
Das Grössenprogramm ist bei allen Schriftfamilien mehr oder weniger gleich. Nur das sichtbare Schriftbild ist verschieden. (Siehe S. 15).
Im Fotosatz (für kleine Satzmengen und Titel) lassen sich die Grössen mit den entsprechenden Verfahren stufenlos einstellen, hier wird eine einzige Buchstabenform proportional kleiner oder grösser.
Dagegen finden wir in vielen Bleisatzschriften für jede Grösse eigene Proportionen, kleine Buchstaben sind zum Beispiel breiter (grössere Innenräume) als die grossen. Im Bleisatz hergestellte Schriften sollten also ihres Gestaltungsprinzipes wegen in der Grösse nicht verändert werden.

La force du corps

En composition plomb comme en photocomposition, le corps de la lettre (c'est-à-dire sa hauteur) est déterminé par un système de points ou de mm/inches. Les corps en points les plus couramment utilisés se situent entre 6 et 72 points.
Le corps a plus ou moins la même valeur dans toutes les familles de caractères. Seul l'œil de la lettre peut varier (voir p. 15).
Pour la photocomposition des titres et de textes courts, il est possible de modifier le corps en agrandissant ou en réduisant proportionnellement le caractère de base.
Dans la composition en plomb, par contre, des proportions spécifiques existent pour chaque corps. C'est ainsi que les caractères appelés *petits corps* sont plus larges que les *gros corps* (blanc intérieur). Ceci signifie qu'en composition plomb la forme de base des caractères reste inchangée quel que soit le corps.

Sizes

In lead, photo and light composition, the sizes are arranged according to points or mm/inches. The most usual pointsizes are those between 6 and 72 points.
The size range is more or less the same for all type families. Only the visible type face is different (c.f. p. 15).
In photo composition (for small quantities and titles), the sizes can be continuously adjusted by the corresponding process. The individual letters are made proportionally smaller or larger.
With many lead composition letters, on the other hand, we find specific proportions for every size. Small letters are, for example, wider (larger spaces) than big ones. Since most typesizes in metal have their own distinctive proportions and design, photographic enlargement or reduction should be avoided.

H H H H H H H H H H H

Stärken und Breiten

Neben den Grössen unterscheiden sich die Buchstaben in den Abstufungen der Stärken und der Breiten.
Stärken heissen die verschiedenen Dicken der Striche im Verhältnis zu den Innenräumen bei gleichbleibender Höhe.

La graisse et la largeur de la lettre

Les caractères d'imprimerie se distinguent aussi par leur graisse et leur largeur. La graisse correspond à l'épaisseur du trait de la lettre; ce trait doit être en relation avec le blanc intérieur du caractère composé dans un même corps.

Weight and widths

Apart from size, letters also differ in the gradations of weight and width. Weight indicates the various thicknesses of the strokes in relation to the spaces, the height being constant.

Die *Stärken* werden gestuft in extraleicht, leicht, normal, halbfett, fett, extrafett. Eine einheitliche Normung der Massverhältnisse existiert jedoch nicht. So ist zum Beispiel *fett* bei der Univers nicht gleich *fett* wie bei der Helvetica. Die einzelnen Schriftfamilien sind zudem nicht einheitlich gestuft. Bei den einen gibt es drei Abstufungen (zum Beispiel Akzidenz-Grotesk Handsatz, normal-halbfett-fett), bei andern bis sechs (Univers).

Die *Breiten* sind die vertikalen Aussenmasse der Buchstaben. Sie stehen in einem bestimmten Verhältnis zu den Strichdicken und den Innrenäumen bei gleichbleibender Höhe. Viele Schriften sind nur in einer Breite (normal) erhältlich, weiter ausgebaute Schriftprogramme offerieren mehrere, sehr schmal, schmal, normal, breit, sehr breit.

Lagen

Als Ergänzung zu den geraden Schriften, also zu all denen, die im rechten Winkel zur Grundlinie stehen, sind kursive Schriften erhältlich. Kursive Schriften sind in einer Richtung geneigte Schriften.
Innerhalb eines gut ausgebauten Schriftprogrammes besteht zu jeder geraden Buchstabenvariante eine kursive. In diesem Fall lassen sich gerade und kursive beliebig kombinieren.
Kursive Typen verschiedener Schriftfamilien (Blei- und Fotosatz) lassen sich nicht mischen, da die Neigungswinkel nicht übereinstimmen. Nur im Lichtsatz ist der Neigungswinkel für alle Schriftformen gleich (aber zusätzlich auch modifizierbar, die Neigung lässt sich in einem gewissen Bereich verstellen).

Les différentes *graisses* sont classées de la façon suivante: extra-maigre, maigre, normal, demi-gras, gras et extra-gras. Il n'existe toutefois pas de normalisation en la matière. C'est ainsi que le gras de la série Univers n'est pas semblable en épaisseur à celui de l'Helvetica. De même les différentes classifications peuvent changer d'une série à l'autre. Dans l'Akzidenz Antique pour la fonte noire, il y a, par exemple, trois graisses, alors que dans l'Univers, il existe six graisses différentes.

La *largeur* (chasse) du caractère correspond aux dimensions extérieures verticales des caractères. Elle est établie selon un rapport déterminé entre cette largeur et le blanc intérieur de la lettre, la hauteur restant égale par ailleurs. De nombreuses séries de caractères sont disponibles avec un seul empattement (normal); certaines offrent des variantes telles que extra-étroite, étroite, normale, large et extra-large.

L'inclinaison de la lettre

Outre les caractères romains, qui forment un angle droit avec l'alignement de la ligne, il existe les caractères *italiques*. On les appelle italiques en raison de leur origine italienne. Ces caractères sont tous inclinés dans un même sens.
Dans toutes les séries de caractères complètes, il existe une *italique* se mariant élégamment avec le Romain.
Les italiques de séries différentes (que ce soit en plomb ou en film) ne peuvent être mélangées car le degré d'inclinaison diffère d'une série à l'autre. En photocomposition, l'inclinaison de la lettre est pratiquement similaire; il est même possible de la modifier jusqu'à un certain degré.

Weight is graded as extra light, light, normal, semi-bold, bold, extra bold. There is, however, no uniform standardization. For example, bold in Univers is not the same as bold in Helvetica. Even the individual type families are, moreover, not uniformly graded. There are three grades in some (e.g. Akzidenz sans-serif, hand composition: normal, semi-bold, bold) and six in others (Univers).

Widths are the vertical outer measurements of the letters. They are in definite proportion to the weight of the strokes and the inner spaces, the height being constant.
Many kinds of type are only available in one width (normal), other more extensive programmes offer several, extra condensed, condensed, normal, extended, extra extended.

Slope

In addition to upright letters, i.e. those that are at right-angles to the base line, italic type is also available. Letters in italic type slope in one direction.
Within a well-planned system of type, there is always an italic letter for each variation of the upright ones. In this case, upright and cursive can be combined as desired.
Italic letters from different type families (lead and photo composition) cannot be combined, since the angles of inclination do not coincide. The angle of inclination is only the same for all forms of type in light composition in addition, it can also be modified, the inclination can be adjusted within a certain range).

Das Wort

Worte sind Kombinationen von Einzelbuchstaben.
Wir haben gelernt (und sind uns deshalb gewohnt) die Kombinationen von links nach rechts zu lesen, um den Sinn des Wortes zu erkennen. Wir könnten uns ebensogut auf eine andere Leserichtung umgewöhnen, von oben nach unten, von rechts nach links. Aber nur schon zwei verschiedene Leserichtungen ergeben für den Leser Schwierigkeiten, machen die Übermittlung einer Information komplizierter. Bleiben wir deshalb bei *von links nach rechts*.

Die zusammenzusetzenden Buchstaben ergeben sich durch die Schreibweise des gesprochenen Wortes. Wir wissen, wie ein Wort grammatikalisch richtig geschrieben wird. Wir kennen die Buchstabenformen. So haben wir die Buchstaben auf ihre Eigenart im visuellen Bereich zu prüfen und im richtigen Abstand zueinander aufzureihen.

Zu unterscheiden ist nun allerdings, in welcher Technik die Schrift produziert wird und in welcher Grösse.
Bei handelsüblichen Schriften in Blei-, Licht- und teilweise im Fotosatz sind die Buchstabenabstände reguliert, das heisst jede mögliche Kombination eines Buchstaben mit dem nächsten wird durch das entsprechende System automatisch ausgeglichen. Handkorrekturen sind in der Regel nicht nötig, bei Mengensatz in kleinen Schriftgrössen (bis 12 Punkt) wären diese vor allem unwirtschaftlich.
Bei grösseren Schriftgraden (über 12 Punkt und Titelschriften) werden die durch die Technik bedingten Unregelmässigkeiten sichtbar. Zu kleine oder zu grosse Zwischenräume verlangen eine Korrektur.

Le mot

Le mot est une combinaison de différentes lettres.
Nous avons appris – et sommes de ce fait habitués – à lire cette combinaison de lettres de gauche à droite pour déceler le sens du mot. Un autre sens de lecture serait tout aussi concevable, p.ex. de haut en bas ou de droite à gauche. Mais l'existence de deux sens de lecture entraînerait de graves difficultés pour le lecteur, compliquant ainsi la transmission de l'information écrite.

L'assemblage des lettres est déterminé par la manière d'écrire la parole verbale. Nous savons quelle est la forme grammaticale correcte pour écrire un mot, et nous connaissons la forme des lettres.
Nous devons vérifier les caractéristiques visuelles des lettres à utiliser et aligner les caractères de façon régulière et plaisante à l'œil.

Il faut tout d'abord connaître par quel procédé la lettre est produite, et quel est son corps.
Pour les caractères courants, que ce soit en plomb ou en photocomposition, l'approche des lettres est toujours régulière et, de ce fait, l'espace entre deux lettres est automatiquement et mathématiquement attribuée. Des corrections à la main de cette espace ne sont pas recommandées car ce mode de travail n'est pas rentable, surtout dans les corps jusqu'à 12 points.
Dans les corps supérieurs, à partir de 14 points, et pour la composition des titres, il est parfois indispensable de corriger optiquement l'espace, car les différences sont visibles à l'œil nu.
La composition des caractères en fonte noire peut être plus ou moins serrée, selon

The word

Words are combinations of single letters.
We have learned (and are therefore accustomed) to read the combinations from left to right in order to understand the sense of the word. We could just as well get used to another direction of reading, from top to bottom or from right to left. But even only two different directions of reading result in difficulties for the reader, making the transmission of information more complicated.

The letters placed together give the spoken word by the way of writing. We know how a word is correctly spelled. We know the shape of the letters.
So we have to examine the letters for their own visual peculiarities and arrange them at the correct distance from one another.

A distinction must now be made according to which technique the type is produced and in what size.
With the usual commercial texts in lead, light and, partly, in photo composition, the distances between the letters are regulated, i.e. every possible combination of one letter with the next is automatically adjusted according to the corresponding system. Corrections by hand are not generally necessary. With composition in quantities, in small letters (up to 12 point), this would be primarily uneconomical.
With bigger type sizes (above 12 points) and title faces, the irregularities caused by the technique are visible. Spaces that are either too large or too small require correction.
Cast letters can only be as closely set as the width of the letter (body size) allows. Distances that are too small can be enlarged by means of fine spaces. As an

Gegossene Buchstaben lassen sich nur so eng setzen wie die Dickte (Kegelbreite) es erlaubt. Zu kleine Abstände sind mit feinen Ausschlussstücken zu vergrössern.
In Ausnahmefällen lassen sich grosse Bleitypen ausklinken, das heisst man sägt ein Stück des Fleisches weg um den nächsten Buchstaben enger anzuschliessen.

Buchstaben im Titel-Fotosatz können beliebig eng oder weit zueinander gestellt werden.

Im Film- und Lichtsatz sind die Einheiten grundsätzlich festgelegt. Ein guter Setzer hat aber die Möglichkeit, durch spezielle Bedienungsbefehle während des Setzens die Buchstabenabstände individuell auszugleichen (sogenannte Doppelbelichtung). Im Lichtsatz sind die Einheiten (meistens) unveränderlich.

Der Zweck des Ausgleichens wäre also, den der Buchstabenform und Grösse entsprechende oder speziell beabsichtigte Rhythmus von bedruckter zu unbedruckter Fläche kontinuierlich einzuhalten. Wir korrigieren störende Löcher (zu hell) und zu enge Kombinationen (zu dunkel).

Zu den Buchstabengrössen verhalten sich die Abstände so, dass kleine Grade grössere Abstände benötigen, das heisst, ein Wort in einer 6-Punkt-Schrift mit den entsprechenden richtigen Buchstabenabständen würde fotografisch vergrössert, optisch auseinanderfallen. Die Abstände werden dann zu gross. Umgekehrt wirkt ein in grossen Buchstaben gesetztes Wort in der Verkleinerung zu eng.

la force du corps. Les espacements trop étroits peuvent être élargis à l'aide d'espaces fines.
Dans les cas spéciaux, il est possible de raboter le caractère et de resserrer le caractère suivant, ce qui permet de joindre deux lettres présentant un talus trop large.

Les caractères des titres composés sur phototitreuses peuvent également être resserrés ou espacés à volonté.

En photocomposition, les unités (exprimant la largeur de la lettre) sont calculées et fixées de façon rigoureuse. Un opérateur qualifié est toutefois à même, en faisant appel à des touches de fonctions spéciales, de composer un mot en rectifiant les approches des lettres séparément (double exposition).

Le but de cette rectification des approches est de créer un rythme bien articulé, choisi en fonction de la forme et du corps des caractères, ou spécialement étudié à une fin déterminée. Il est ainsi possible d'obtenir une harmonie des lettres où le jeu des ombres et des lumières offre un contraste agréable pour le lecteur.

Selon la force du corps, il est nécessaire de laisser plus ou moins d'espace entre les lettres. Si un mot est composé en 6 points avec un espacement normal, il ne supporte pas un agrandissement optique, car la valeur des espaces est de loin supérieure à la valeur des lettres. Inversement, les gros corps formeraient un bloc trop compact en cas de réduction optique.

exception, large lead types can be mortised, i.e. a piece of the shoulder is cut away in order to fit more closely to the next letter.

In headline photo composition, the letters can be put closer together or further apart as desired.

In photo and film composition the units are basically fixed. A good compositor, however, has the possibility of individually determining the distance between the letters by means of special operation commands (double exposure). The units are generally unchangeable in light composition.

The purpose of optical letter spacing would be to maintain the continuous rhythm of printed and unprinted surfaces in accordance with the shape and size of the letters. Disturbing spaces (too light) and too close a combination (too dark) can be corrected.

The relation between the size of the letters and the spaces is such that small type requires large spaces, i.e. when a word in 6-point type with the corresponding correct distance between the letters is photographically enlarged, it would have no optical cohesion, the spaces would then be too large. A word in large letters which is then reduced would, on the contrary, appear to be too closely set.

Gruppierung der Buchstabenformen Groupement de formes de caractères Grouping of letter shapes		Besondere Kombinationen Combinaisons spéciales Special combinations	
Rund En cercle Round ceos	COQS		
Vertikal Vertical Vertical il j hmnu	I HMNU		
Rund und vertikal En cercle et vertical Round and vertical abdgpq frt	BDGPR	dbd	DGD
Vertikal und horizontal Vertical et horizontal Vertical and horizontal	EFLT		LT
Schräg Incliné Oblique vwxy	VWXY		WY
Schräg und vertikal/horizontal Incliné et vertical ou horizontal Oblique and vertical/horizontal kz	AKZ		

Nicht ausgeglichene Buchstabenabstände
Approches non rectifiées entre les caractères
Unjustified letter spacing

Typografie
TYPOGRAFIE

Fille
FILLE

Legibility
LEGIBILITY

Typografie
TYPOGRAFIE
Fille
FILLE
Legibility
LEGIBILITY

Ausgeglichene Buchstabenabstände
Approches rectifiées
Justified letter spacing

TYPOGRAFIE

FILLE

LEGIBILITY

Typografie
TYPOGRAFIE
Fille
FILLE
Legibility
LEGIBILITY

Die Zeile

Die Zeile besteht aus aneindergereihten Worten. Mehrere Worte ergeben einen Satz. Zwischen den Worten liegt der Wortabstand, die nächste Ausschlussgrösse nach den Buchstabenabständen.
Im Bleisatz wie im Foto- und Filmsatz stehen Wortabstände von minimal bis maximal zur Verfügung.

Die Zeile verlangt aber einen optischen Zusammenhang, das heisst die Worte müssen deutlich als solche erkennbar sein und nicht ineinanderfliessen. Ebensowenig sollen sie so stark getrennt werden, dass die Leerräume den Lesefluss stören.

Grundsätzlich hat das Ausschliessen den Zweck, alle Wortzwischenräume gleich weit erscheinen zu lassen, gleichgültig, ob enger oder weiter gesetzt wird.

Als normalen Wortzwischenraum bezeichnet man eine feste Grösse, die regelmässig wiederholt wird. Dabei kann folgende Faustregel als Grundlage benutzt werden: Wortzwischenraum bei kleinen Buchstabengrössen, von 6 bis 12 Punkt = 1 Drittelgeviert.

Wortzwischenräume bei grossen Schriften (Titel) variieren je nach Form und Grösse. Hier werden Unregelmässigkeiten durch gleiche Wortabstände sichtbar. Je nach der Form des letzten Buchstabens eines Wortes und des ersten des folgenden Wortes ist der Abstand optisch zu korrigieren.

La ligne

La ligne est une suite de mots juxtaposés. Plusieurs mots composent une phrase. Entre les mots se trouve une espace, la deuxième utilisée dans la composition, après celle séparant les lettres.
En composition plomb comme en photocomposition, il y a de multiples possibilités de modifier l'espace entre les mots.

La ligne doit être composée de façon à produire un texte harmonieux et aisément lisible. Les mots ne doivent être ni séparés par des espaces trop généreuses, ni resserrés de manière à former une ligne trop compacte.

En principe, l'espacement relève avant tout de la présentation optique et doit en conséquence paraître d'égale force entre tous les mots, que la composition soit serrée ou non.

Une espace normale est une valeur fixe, répétée entre chaque mot. La proportion suivante est couramment utilisée dans la composition: pour les petits corps de 6 jusqu'à 12 points = une espace forte.

Dans la composition des gros corps (pour les titres), les espaces varient en fonction de la forme et la hauteur typographique de la série utilisée. Il est particulièrement important de corriger les irrégularités créées par un espacement unique. L'irrégularité sera rectifiée optiquement selon la dernière lettre d'un mot et la première du mot suivant.

The line

A line consists of words arranged one after the other. Between words there is a word space which is the next size larger than letter spaces.
In lead composition, as in photo or film composition, word spaces from minimum to maximum are available.

A line, however, must have optical coherence, i.e. the words must be clearly recognizable and not run into one another. It is also equally important that they are not so widely separated that the spaces disturb the flow of reading.

Fundamentally, spacing has the aim of making all the intervals between words appear the same whether they are closer or wider set.

A normal space between words is of a fixed size and regularly repeated. The following rule may be used as a basis: Word spaces with small size type up to 12 points = thick spaces.

Word spaces for large type (titles) vary according to shape and size. Irregularities are visible here when the spaces between the words are the same. The space must be optically corrected according to the shape of the last and first letters of following words.

Wortabstände
Espacements
Word spaces

Gevierte Cadratins Em quads, muttons	The space between words
Halbgevierte Demi-cadratins En quads, nuts	The space between words
Drittelgevierte Espaces fortes Thick spaces	The space between words
Viertelgevierte Espaces moyennes Middle spaces	The space between words
4 Punkt 4 points 4-point spaces	The space between words
Kein Wortabstand Sans espace No word spaces	Thespacebetweenwords

1
uns mit Plakaten, die ohne jede illustrative oder ornamentale Darstellung zu einer Plakatform führten. Die Schrift wird zum plakatschaffenden Element, sei es durch ein Dominieren grosser Lettern, sei es durch eine typografische Gliederung, die den Raum beherrscht. Es handelt sich nicht durchwegs um spektakuläre Plakate, sondern um Versuche, die relativ grosse Fläche

2
illustration et sans ornements. Les caractères typographiques règnent en maître sous la forme de grandes lettres et remplissent l'espace grâce à des dispositions qui le dominent. Il ne s'agit pas tant d'affiches spectaculaires que d'un effort tendant à organiser une surface relativement grande, de 70 x 100 cm. ou de 90 x 128 cm., de façon à produire l'effet qu'on attend d'une affiche. Il est naturel que ces solutions pure-

3
trative ornamental material. The lettering is the sole component of the poster design whether it dominates the poster area with its gigantic size or articulates the space typographically. These posters are not all spectacular, but they are nevertheless attempts to organise the relatively large surface of 28/40 ins. or 36 ¼/71 ¼ ins. to achieve a striking effect. It is in the nature of these typographical posters that they mostly consist of notices of exhibitions,

1
Wortabstand 1 Geviert
Espace 1 cadratin
Word space 1 em quad, mutton

2
Wortabstand 1 Halbgeviert
Espace 1 demi-cadratin
Word space 1 en quad, nut

3
Wortabstand 1 Drittelgeviert
Espace 1 espace forte
Word space 1 thick space

Gleichmässige Wortabstände
Espacements fixes entre les mots
Regular word spacing

Korrigierte Wortabstände
Espacements corrigés
Corrected word spacing

Die Spalte

Eine Spalte nennt man eine grössere Anzahl von Zeilen in einer bestimmten Breite. Die Breite einer Spalte bestimmt in der Regel die Anzahl Buchstaben, die darin untergebracht werden. Wir errechnen also von der Grösse der Buchstaben die Breite der Spalte. Oder: wir bestimmen die Grösse der Buchstaben auf Grund einer gegebenen Breite.

Die Praxis hat gezeigt, dass zum Beispiel die Spaltenbreiten der meisten Zeitschriften und Broschüren 5 bis 7 Worte umfassen, bei durchschnittlich 6 bis 10 Buchstaben pro Wort. Das ergibt eine Zahl von 40 bis 60 Buchstaben pro Zeile. Tageszeitungen enthalten in der Regel weniger, Bücher oft mehr. Auch wenn für die Anzahl Buchstaben pro Zeile keine einheitlichen Normen bestehen, dürfen wir die Erfahrungszahl von 40 bis 60 Buchstaben für eine gut lesbare Zeile verwenden.

Zur Entscheidung über die Breite einer Spalte kommt die Bestimmung des Zeilenabstandes, das heisst des Abstandes von Fusslinie zu Fusslinie.
Im Bleisatz heisst das direkte Anschliessen von Zeile zu Zeile ohne zusätzlichen Zwischenraum *kompress setzen*. Diese engste Satzart gewährleistet immer einen minimalen Abstand, die Buchstaben berühren sich nie.

Zusätzlicher Zeilenzwischenraum heisst Durchschuss. Durchschuss messen wir im Bleisatz mit Punkten, zum Beispiel eine 9-Punkt-Schrift mit 1-Punkt-Durchschuss. Der Zeilenabstand im Foto- und Lichtsatz wird teilweise analog dem Bleisatz in Punkten angegeben, oder auch mit entsprechenden Längenmassen (mm/inch) gemessen.

La colonne

La colonne se compose d'un certain nombre de lignes justifiées sur une longueur donnée. La longueur de la colonne est déterminée par le nombre de caractères qui doivent s'y inscrire. C'est donc en fonction du caractère utilisé que sera calculée la longueur de la colonne. Ou, inversement, la hauteur du caractère sera calculée en fonction de la largeur de la colonne.

L'expérience révèle que la plupart des largeurs de colonne utilisées dans les journaux et les brochures ne contiennent pas plus de 5 à 7 mots avec, en moyenne, 6 à 10 caractères par mot. Cela donne un total de 40 à 60 caractères par ligne. Ce total est en général moins élevé pour les quotidiens et plus élevé pour les livres. Même s'il n'existe pas de normes bien déterminées en la matière, l'expérience prouve qu'une ligne bien lisible se compose en moyenne de 40 à 60 caractères.

Pour déterminer la largeur d'une colonne, il faut aussi tenir compte de l'interlignage, qui se calcule d'une ligne de pied à l'autre.
En composition plomb, l'interlignage minimum est appelé *compact*. Cette forme de composition, bien que trop serrée, assure tout de même un minimum d'interlignage qui garantit que les lettres ne se touchent jamais.

L'interligne se mesure en points typographiques, ce qui signifie qu'un texte composé en 9 points a des interlignes de 1 point. En photocomposition, l'espace entre les lignes se mesure également en points ou en mm/pouce, selon les systèmes.

The column

A column consists of a number of lines of a definite length.
The width of a column is usually determined by the number of letters that have to be accommodated. We therefore calculate the width of the column from the size of the letters, or, the size of the letters can be determined according to the given width.

Practice has shown that the column width of most magazines and brochures is from 5–7 words with an average of 6–10 letters per word. Daily newspapers generally have fewer, whereas, books often have more. Even though there are no uniform standards for the number of letters per line, the empirical number of 40–60 letters for a line that is easily readable may be used.

In addition to the decision regarding the width of a column, the distance between the lines from foot-rule to foot-rule must also be determined.
In lead composition, the direct sequence of one line after another without any additional spacing is termed *solid setting*. This is the closest method of composition but a minimum space is always guaranteed that the letters never touch one another.

Additional space between the lines is termed *leaded composition*. Leads in lead composition are measured in points, e.g. 9-point type, one point leaded. The distance between lines in photo and light composition is sometimes given in points as in lead composition or also in the corresponding lineal measurement (mm/inch.)

Eine Spalte wirkt ruhig und ist angenehm zu lesen wenn eine Einheit von Wortabständen, Zeilenlängen und Zeilenabständen erreicht wird.

Kurze Zeilen mit weniger als 50 Buchstaben mittlerer Grösse (8–12 Punkt) sind je nach Schriftform kompress zu setzen oder mit einem Punkt zu durchschiessen. Für normale Zeilen mit ca. 50 Buchstaben von mittlerer Grösse (8–12 Punkt) genügt in der Regel wenig Durchschuss (1–3 Punkt). Lange Zeilen mit über 50 Buchstaben von mittlerer Grösse (8–12 Punkt) benötigen mehr Durchschuss (3–6 Punkt).
Bei Titelsatzzeilen (grosse Schriften) ist der Abstand der Zeilen dem Zeilenbild anzupassen. Hier wirkt unter Umständen regelmässiger Durchschuss ungleichmässig. Solche «Fehler» werden mit verschiedenen Durchschussstärken optisch ausgeglichen.

Une colonne est «aérée» et facile à lire si l'espace entre les mots, la justification des lignes et l'interlignage sont en une proportion bien déterminée.

Les lignes courtes, avec moins de 50 caractères d'un corps moyen (8–12 points), sont composées de façon compacte ou avec une interligne de 1 point seulement. Pour une ligne normale contenant environ 50 caractères d'un corps moyen (8–12 points), une interligne de 1 à 3 points est généralement suffisante.
Les lignes longues, avec plus de 50 caractères d'un corps moyen (8–12 points), nécessitent l'emploi d'une interligne de 3 à 6 points.
Pour la composition des lignes de titres (en caractères gros corps), il est indispensable de corriger l'interlignage afin de compenser les différences optiques. Ces différences sont aisément supprimées par l'adjonction d'interlignes de valeur différente.

A column has a quiet effect and is agreeable to read if a uniformity is achieved between the word spaces, length of lines and distance between the lines.

Short lines with less than 50 letters of medium size (8–12 points) should be set as solid matter or with one point leads. Small leads (1–3 points) are generally sufficient for normal lines of about 50 letters of medium size (8–12 points). Long lines with more than 50 letters of medium size (8–12 points) require larger leads (3–6 points).
In title composition (large type), the distance between the lines must be adapted to the line picture. Here, in some cases, regular spacing produces an irregular effect. Such "mistakes" can be optically corrected by using spaces of different sizes.

Spaltenarten

Innerhalb einer gegebenen Spaltenbreite lassen sich die Zeilen auf vier verschiedene Arten anordnen. Blocksatz, Flattersatz links angeschlagen, Flattersatz rechts angeschlagen und symmetrisch auf Mittelachse ausgerichteter Satz.

Im Blocksatz ist die Zeile links und rechts der Spalte bündig. Der durch den Text bedingte Leerraum (Wortabstände und der Rest einer Zeile) wird pro Zeile gleichmässig zwischen den Worten verteilt. Das ergibt von Zeile zu Zeile verschiedene Wortabstände (Normalabstand plus Anteil vom Rest). Am ruhigsten wirkt der Block-

Types de colonnes

La largeur de la colonne étant donnée, il est possible de choisir entre quatre types de composition différents: la composition justifiée et la composition en lignes brisées, alignée à gauche, à droite ou sur l'axe vertical de la page.

La composition justifiée se présente sous l'aspect de lignes pleines, mathématiquement justifiées et parfaitement espacées. L'espace est automatiquement distribuée entre les mots et peut varier d'une ligne à l'autre. La formule idéale pour une composition justifiée est de 50 caractères ou plus par ligne. Plus il y a de mots dans la

Types of columns

Lines can be arranged in four different ways for a given width of column: adjusted setting and unadjusted setting, flush left, flush right or centred and composition arranged symmetrically from the centre line.

In adjusted setting, the lines are flush at the left and right of the column. The spaces occurring in the text (word spaces and the end of a line) are equally distributed on each line between the words. This means that the word spaces vary from line to line (normal space between words plus part of the remainder).

satz mit 50 und mehr Buchstaben pro Zeile. Je mehr Worte desto besser und gleichmässiger verteilen sich die Wortabstände. Mit wenig Worten entstehen schnell störende Löcher.

Im Flattersatz links angeschlagen beginnen die Zeilen immer auf der linken Spaltenseite und laufen innerhalb der Spaltenbreite mit normalen Wortabständen frei nach rechts aus. Es ist darauf zu achten, dass die Zeilenenden trotzdem einen mehr oder weniger ruhigen Abschluss bilden. Vernünftige Trennungen der Worte sind nicht verboten.

Rechts angeschlagener Flattersatz ist schwer zu lesen und soll nur in Ausnahmefällen verwendet werden.

Mittelachsgruppierung heisst die symmetrische Anordnung der Zeilen auf die vertikale Mittelachse. Die Wortabstände sind in jeder Zeile gleich. Diese Spaltenform ist für lange Texte nicht zu empfehlen.

ligne, et plus l'espace peut être régulièrement distribuée. Inversement, moins il y a de mots, et plus la composition paraît irrégulière.

Dans la composition en lignes brisées, alignée à gauche, toutes les lignes commencent à gauche et sont régulièrement espacées avec une espace déterminée.
Il convient de veiller à obtenir des fins de lignes qui soient alignées autant que possible. Si nécessaire, il est possible de diviser un mot.

La composition en lignes brisées, alignée à droite, n'est pas recommandée car elle est difficilement lisible.

Le centrage du texte peut aussi se faire sur l'axe de symétrie de la page. L'espace entre les mots est alors la même pour toutes les lignes. Ce genre de composition ne convient toutefois pas pour les textes longs.

Adjusted setting with 50 and more letters per line presents the most agreeable effect. The more words there are, the better and more regularly the spaces between the words can be distributed. Disturbing holes soon appear if there are only few words.

In unadjusted setting, flush left, the lines always begin on the left side of the column and run freely within the width of the column with normal spaces between the words. Care must be taken that the ends of the lines form a more or less agreeable margin.

Unadjusted setting, flush right is difficult to read and should only be used in exceptional cases.

Unadjusted setting, centred, is the symmetrical arrangement of the lines on each side of the vertical axis. The distance between the words is the same on every line. This type of column is not recommended for long texts.

Blocksatz
Composition justifiée
Justified setting

Flattersatz
Composition en lignes brisées
Unjustified setting

Symmetrischer Satz
Composition symétrique
Symmetrical setting

In diesem Kapitel beschäftigen wir uns mit Plakaten, die ohne jede illustrative oder ornamentale Darstellung zu einer Plakatform führten. Die Schrift wird zum plakatschaffenden Element, sei es durch ein Dominieren grosser Lettern, sei es durch eine typografische Gliederung, die den Raum beherrscht. Es handelt sich nicht durchwegs um spektaktuläre Plakate, sondern um Versuche, die relativ grosse Fläche von 70/100 cm oder 90,5/128 cm so zu organisieren, dass sich eine Plakatwirkung einstellt. Es liegt in der Natur dieser typografischen Lösungen, dass sie in erster Linie Ankündigungen von Veranstaltungen (Ausstellungen, Konzerte usw.) dienen. Die merkantil orientierte Grafik beschränkt sich nicht auf bloss satztechni-

Posters are included under this heading
which consist of designs without any illus-
trative or ornamental material. The lettering
is the sole component of the poster design
whether it dominates the poster area
with its gigantic size or articulates the space
typgraphically. These posters are not
all spectacular but they are nevertheless
attempting to organise the relatively large
surface of 28/40 ins. or 36¼/71¼ ins. to
achieve a striking effect. It is in the nature
of these typographical posters that they
mostly consist of notices of exhibitions,
concerts, etc., for commercial design does
not usually confine itself to a type-set
arrangement, its aim being to create atmo-
sphere. In posters designed with printed

Posters are included under this heading
which consist of designs without any illus-
trative or ornamental material.
The lettering is the sole component of the
poster design whether it dominates
the poster area with its gigantic
size or articulates the space typographi-
cally. These posters are not all spec-
tacular, but they are nevertheless attempt-
ing to organise the relatively large
surface of 28/40 ins. or 36¼/71¼ ins.
to achieve a striking effect. It is in
the nature of these typographi-
cal posters that they mostly consist of
notices of exhibitions, concerts,
etc., for commercial design does not usually
confine itself to a type-set arrange-

Dans ce chapitre nous nous occupons
d'affiches réalisées sans aucune illustration
et sans ornements. Les caractères typo-
graphiques règnent en maîtres sous la forme
de grandes lettres et remplissent l'espace
grâce à des dispositions qui le dominent. Il
ne s'agit pas tant d'affiches spectaculaires
que d'un effort tendant à organiser une
surface relativement grande, de 70x100 cm.
ou de 90x128 cm., de façon à produire
l'effet qu'on attend d'une affiche. Il est
naturel que ces solutions purement typo-
graphiques trouvent leurs applications
surtout dans les annonces de manifestations
expositions, concerts, etc.). Le graphisme
mis au service d'intentions commerciales
ne se limite pas à des formes relevant de la

Buchstaben Caractères Characters	23	46	68	92	115
Zeilenlänge (Cicero) Longueur de la ligne (cicéro/douze) Length of lines (Pica) approx.	8 8 8½	16 16 17	24 24 25½	32 32 34	40 40 42½

In diesem Kapitel besc

In diesem Kapitel beschäftigen wir uns mit Pl

In diesem Kapitel beschäftigen wir uns mit Plakaten, die ohne jede il

In diesem Kapitel beschäftigen wir uns mit Plakaten, die ohne jede illustrative oder ornamen

In diesem Kapitel beschäftigen wir uns mit Plakaten, die ohne jede illustrative oder ornamentale Darstellung zu ein

Kompress Plein, non interligné Set solid	Dans ce chapitre nous nous occupons d'af- fiches réalisées sans aucune illustration et
1-Punkt-Durchschuss Interligné 1 point 1-point leaded	Dans ce chapitre nous nous occupons d'af- fiches réalisées sans aucune illustration et
2-Punkt-Durchschuss Interligné 2 points 2-point leaded	Dans ce chapitre nous nous occupons d'af- fiches réalisées sans aucune illustration et
3-Punkt-Durchschuss Interligné 3 points 3-point leaded	Dans ce chapitre nous nous occupons d'af- fiches réalisées sans aucune illustration et

Buchstaben Caractères Characters	23	46	68	92	115
Zeilenlänge (Cicero) Longueur de la ligne (cicéro/douze) Length of lines (Pica) approx.	8 8 8½	16 16 17	24 24 25½	32 32 34	40 40 42½

Kompress Plein, non interligné Set solid	Posters are included under this heading which consist of designs without any illustrative or ornamental material. The lettering is the sole component of the poster design whether it
1-Punkt-Durchschuss Interligné 1 point 1-point leaded	Posters are included under this heading which consist of designs without any illustrative or ornamental material. The lettering is the sole component of the poster design whether it
2-Punkt-Durchschuss Interligné 2 points 2-point leaded	Posters are included under this heading which consist of designs without any illustrative or ornamental material. The lettering is the sole component of the poster design whether it
3-Punkt-Durchschuss Interligné 3 points 3-point leaded	Posters are included under this heading which consist of designs without any illustrative or ornamental material. The lettering is the sole component of the poster design whether it
Kompress Plein, non interligné Set solid	In diesem Kapitel beschäftigen wir uns mit Plakaten, die ohne jede illustrative oder ornamentale Darstellung zu einer Plakatform führten. Die Schrift wird zum plakatschaffenden Element, sei es durch ein Dominieren grosser Lettern, sei es durch eine typografische Gliede-
1-Punkt-Durchschuss Interligné 1 point 1-point leaded	In diesem Kapitel beschäftigen wir uns mit Plakaten, die ohne jede illustrative oder ornamentale Darstellung zu einer Plakatform führten. Die Schrift wird zum plakatschaffenden Element, sei es durch ein Dominieren grosser Lettern, sei es durch eine typografische Gliede-
2-Punkt-Durchschuss Interligné 2 points 2-point leaded	In diesem Kapitel beschäftigen wir uns mit Plakaten, die ohne jede illustrative oder ornamentale Darstellung zu einer Plakatform führten. Die Schrift wird zum plakatschaffenden Element, sei es durch ein Dominieren grosser Lettern, sei es durch eine typografische Gliede-
3-Punkt-Durchschuss Interligné 3 points 3-point leaded	In diesem Kapitel beschäftigen wir uns mit Plakaten, die ohne jede illustrative oder ornamentale Darstellung zu eine Plakatform führten. Die Schrift wird zum plakatschaffenden Element, sei es durch ein Dominieren grosser Lettern, sei es durch eine typografische Gliede-

Buchstaben Caractères Characters	23	46	68	92	115
Zeilenlänge (Cicero) Longueur de la ligne (cicéro/douze) Length of lines (Pica) approx.	8 8 8½	16 16 17	24 24 25½	32 32 34	40 40 42½

Kompress
Plein, non interligné
Set solid

Dans ce chapitre nous nous occupons d'affiches réalisées sans aucune illustration et sans ornements. Les caractères typographiques règnent en maître sous la forme de grandes lettres et remplissent l'espace grâce à des disposition qui le dominent. Il ne s'agit pas tant d'affiches spectaculaires que d'un effort tendant à organiser une surface relativement grande

1-Punkt-Durchschuss
Interligné 1 point
1-point leaded

Dans ce chapitre nous nous occupons d'affiches réalisées sans aucune illustration et sans ornements. Les caractères typographiques règnent en maîtres sous la forme de grandes lettres et remplissent l'espace grâce à des dispositions qui le dominent. Il ne s'agit pas tant d'affiches spectaculaires que d'un effort tendant à organiser une surface relativement grande

2-Punkt-Durchschuss
Interligné 2 points
2-point leaded

Dans ce chapitre nous nous occupons d'affiches réalisées sans aucune illustration et sans ornements. Les caractères typopraphiques règnent en maîtres sous la forme de grandes lettres et remplissent l'espace grâce à des disposition qui le dominent. Il ne s'agit pas tant d'affiches spectaculaires que d'un effort tendant à organiser une surface relativement grande

3-Punkt-Durchschuss
Interligné 3 points
3-point leaded

Dans ce chapitre nous nous occupons d'affiches réalisées sans aucune illustration et sans ornements. Les caractères typographiques règnent en maîtres sous la forme de grandes lettres et remplissent l'espace grâce à des dispositions qui le dominent. Il ne s'agit pas tant d'affiches spectaculaires que d'un effort tendant à organiser une surface relativement grande

Kompress
Plein, non interligné
Set solid

Posters are included under this heading which consist of designs without any illustrative or ornamental material. The lettering is the sole component of the poster design whether it dominates the poster area with its gigantic size or articulates the space typographically. These posters are not spectacular, but they are nevertheless attempting to organise the relatively large surface of 28/40 ins. or 36¼/71¼ ins. to achieve a striking effect. It is in the nature of

1-Punkt-Durchschuss
Interligné 1 point
1-point leaded

Posters are included under this heading which consist of designs without any illustrative or ornamental material. The lettering is the sole component of the poster design whether it dominates the poster area with its gigantic size or articulates the space typographically. These posters are not spectacular, but they are nevertheless attempting to organise the relatively large surface of 28/40 ins. or 36¼/71¼ ins. to achieve a striking effect. It is in the nature of

2-Punkt-Durchschuss
Interligné 2 points
2-point leaded

Posters are included under this heading which consist of designs without any illustrative or ornamental material. The lettering is the sole component of the poster design whether it dominates the poster area with its gigantic size or articulates the space typographically. These posters are not spectacular, but they are nevertheless attempting to organise the relatively large surface of 28/40 ins. or 36¼/71¼ ins. to achieve a striking effect. It is in the nature of

3-Punkt-Durchschuss
Interligné 3 points
3-point leaded

Posters are included under this heading which consist of designs without any illustrative or ornamental material. The lettering is the sole component of the poster design whether it dominates the poster area with its gigantic size or articulates the space typographically. These posters are not spectacular, but they are nevertheless attempting to organise the relatively large surface of 28/40 ins. or 36¼/71¼ ins. to achieve a striking effect. It is in the nature of

Gleichmässiger Zeilenabstand
Lignes avec espaces fixes
Regular distances between lines

Optische
Korrektur
von
Zeile zu Zeile

Optisch korrigierter Zeilenabstand
Lignes avec espaces corrigées
Optically corrected distances between lines

Optische
Korrektur
von
Zeile zu Zeile

Zeilenanfang auf gleicher Höhe
Début de ligne aligné
Lines commencing at same height

Avril
Mai
Octobre
Novembre

Optisch korrigierter Zeilenanfang
Début de ligne optiquement corrigé
Optically corrected line commencements

Avril
Mai
Octobre
Novembre

Gestaltungsmöglichkeiten

La conception formelle

Formal aspects

Kontraste

Kontraste sind Gegensätze.
Um das eine zu erkennen und zu verstehen, benötigen wir sein Gegenteil.
Grösse allein ist nicht eindeutig, wir finden keinen Anhaltspunkt zu einem Vergleich. Ein grosses Element ist nur gross in Relation zu einem kleineren Element. Kälte empfinden wir nur, wenn wir auch Wärme kennen. Die Unterschiede liegen zwischen *«Maximum»* und *«Minimum»*.

Im typografischen Bereich sind Einschränkungen der Spannweiten gegeben. Eine Drucksache muss überschaubar sein, das Auge kann aus einer bestimmten Distanz nur einen beschränkten Raum erfassen. Dazu kommt, dass auch auf einer kleinen Fläche ein zu extremer Kontrast einfach übersehen wird, das heisst der eine Teil überstrahlt den andern.

Kontraste helfen Texte organisieren, erleichtern das Lesen. Die Aussage eines Textes kann durch Kontraste im Schriftbild unterstützt werden. Kontraste wirken als Signale.

Contrastes

Les contrastes sont des contraires.
Pour connaître et comprendre une chose, il est nécessaire de disposer de l'élément contraire.
A elle seule, une grandeur n'a guère de signification s'il n'existe aucun indice de comparaison. Un «grand» élément n'est grand que par rapport à un élément plus petit. Le froid n'est ressenti qu'en fonction du chaud. Les différences se situent entre le *maximum* et le *minimum*.

Dans le domaine typographique, certaines limites sont données au départ: un imprimé doit pouvoir être perçu dans son ensemble car, à une distance déterminée, l'œil ne peut embrasser qu'un espace très limité. Par ailleurs, sur une petite surface un contraste trop prononcé ne sera souvent pas perçu parce qu'une partie semblera empiéter sur l'autre.

Les contrastes contribuent au bon agencement des textes, tout en facilitant la lecture. Le message d'un texte peut être renforcé par les contrastes des caractères.

Contrasts

Contrasts are opposites.
In order to recognize and understand this, it is necessary to know the converse.
Size alone is not unequivocal and provides no criterion for a comparison. A large element is only large in relation to a smaller one. We only experience cold if we also know what warmth is. The differences lie between *maximum* and *minimum*.

In the typographical sphere, limits are set for the width, as any printed matter must be easily comprehensible to the eye. The eye can only take in a limited space from a certain distance. In addition, a contrast that is too extreme on a small surface is simply overlooked, i.e. one part eclipses the other.

Contrasts are a help in the arrangement of texts and facilitate reading. The content of a text can be emphasized by contrasts in the type face. Contrasts have the effect of signals.

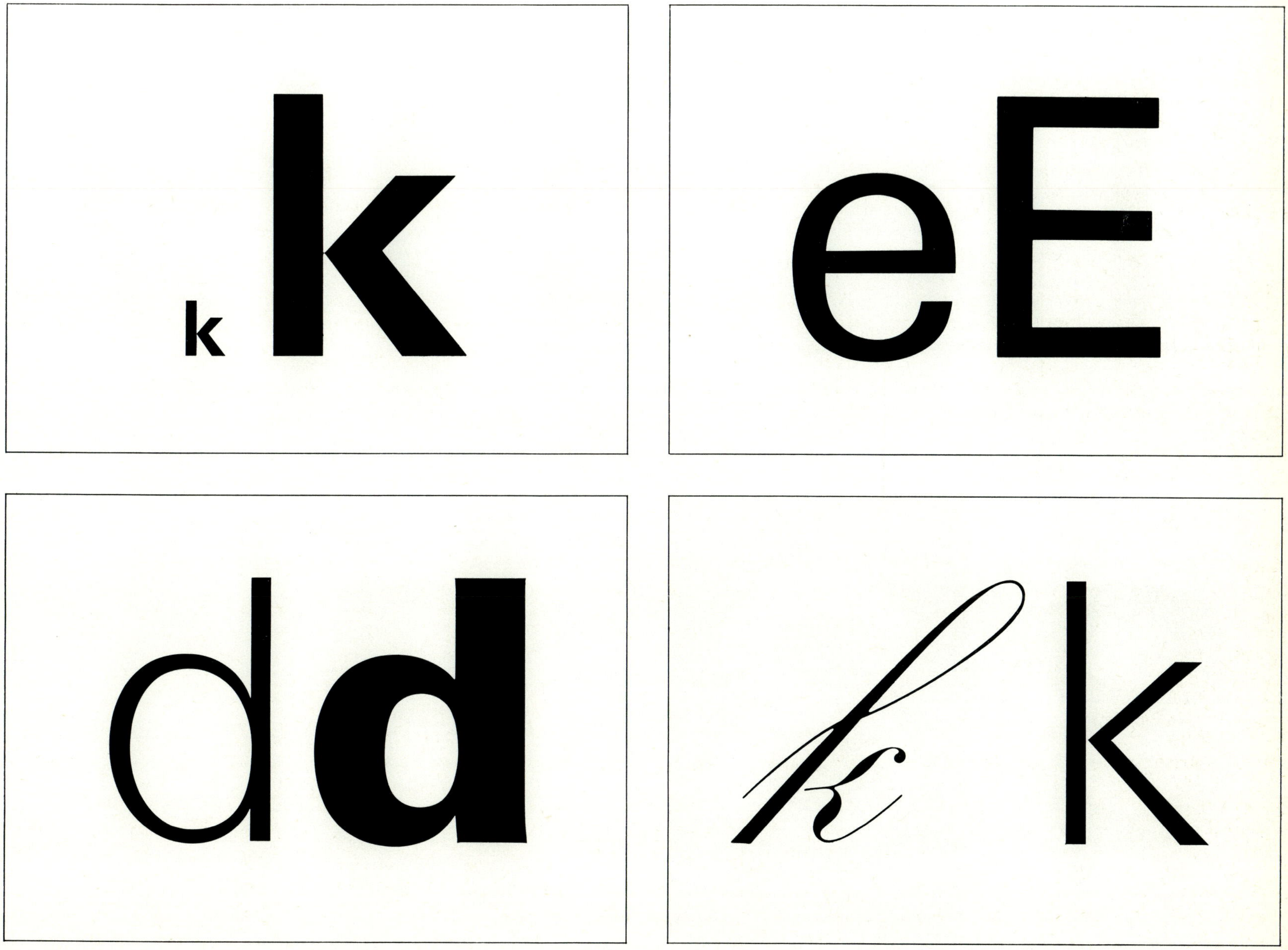

Kontraste
klein-gross,
dünn-dick, weich-hart

Contrastes
petit-grand,
maigre-gras, galbé-sévère

Contrasts
small-large,
thin-thick, soft-hard

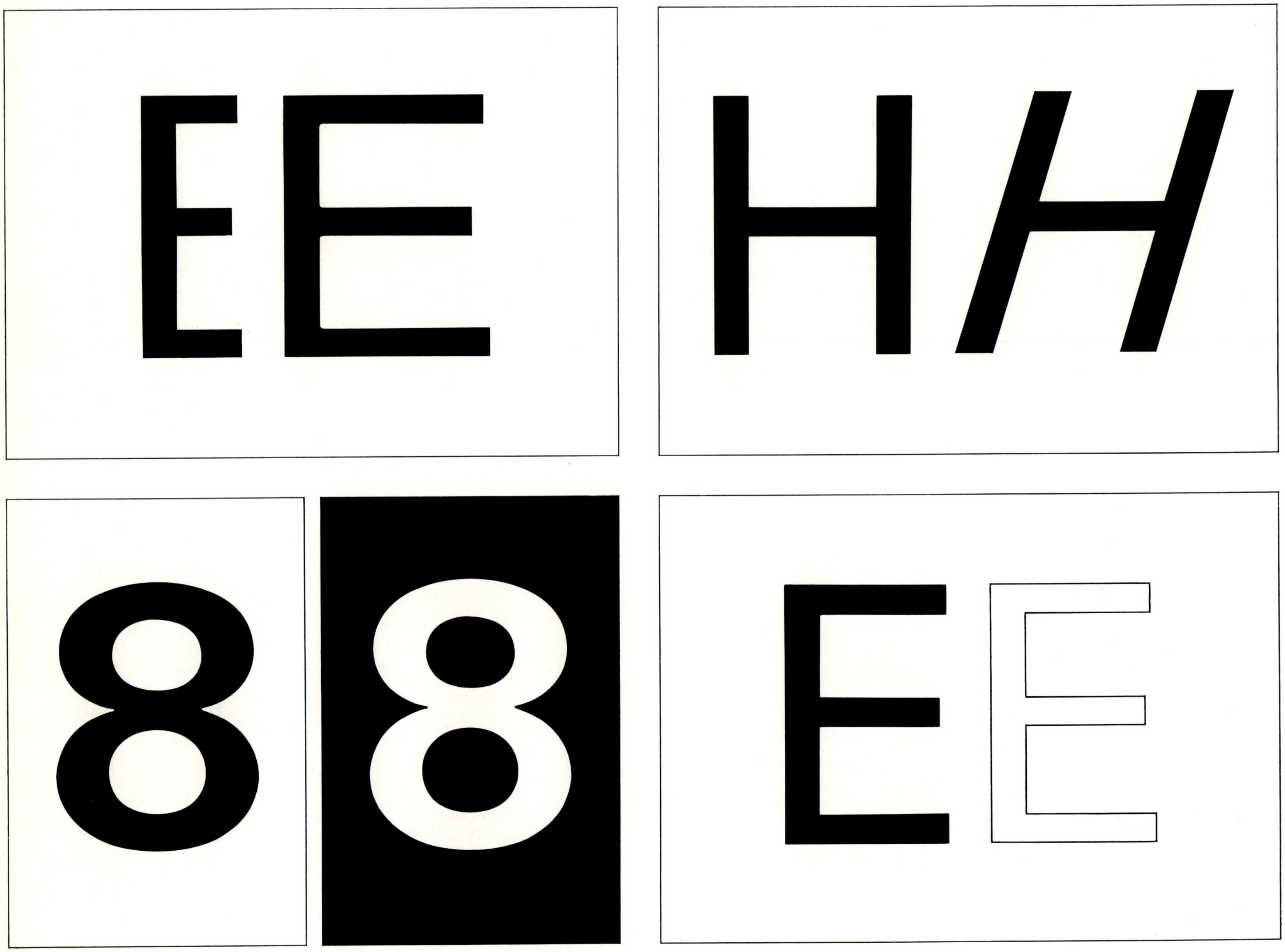

Kontraste
schmal-breit, gerade-schräg,
positiv-negativ, dunkel-hell

Contrastes
étroit-large, romain-italique,
positif-négatif, foncé-clair

Contrasts
narrow-wide, straight-oblique,
positive-negative, dark-light

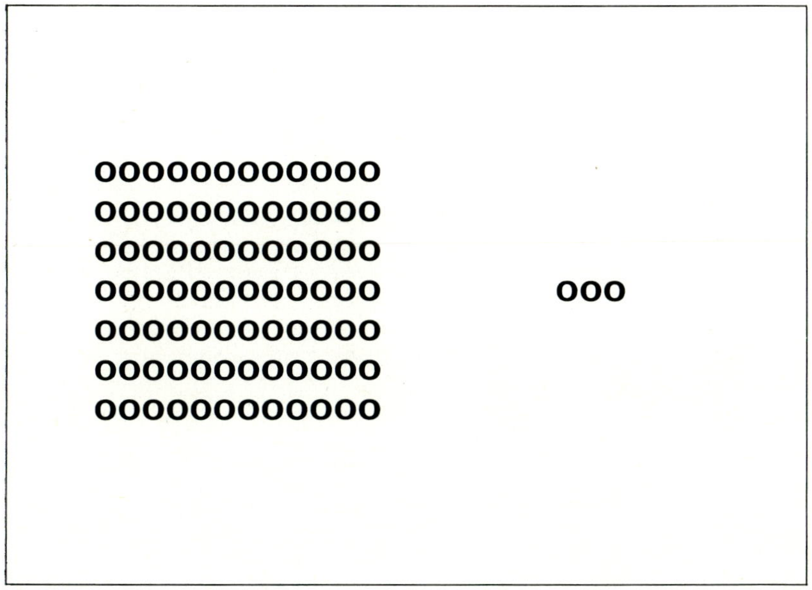

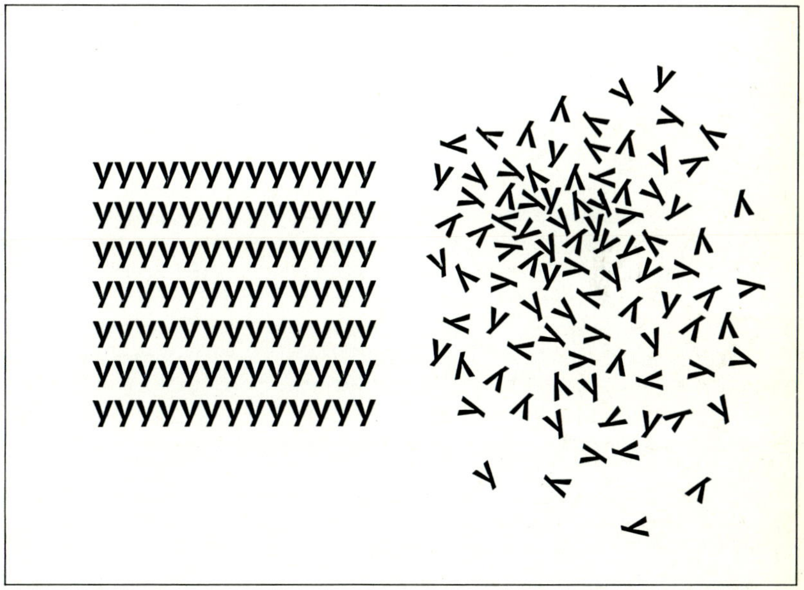

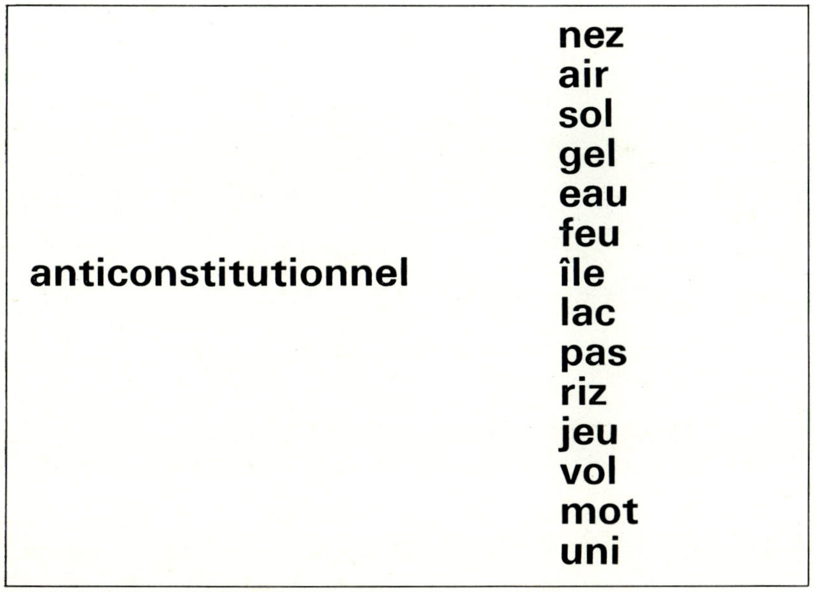

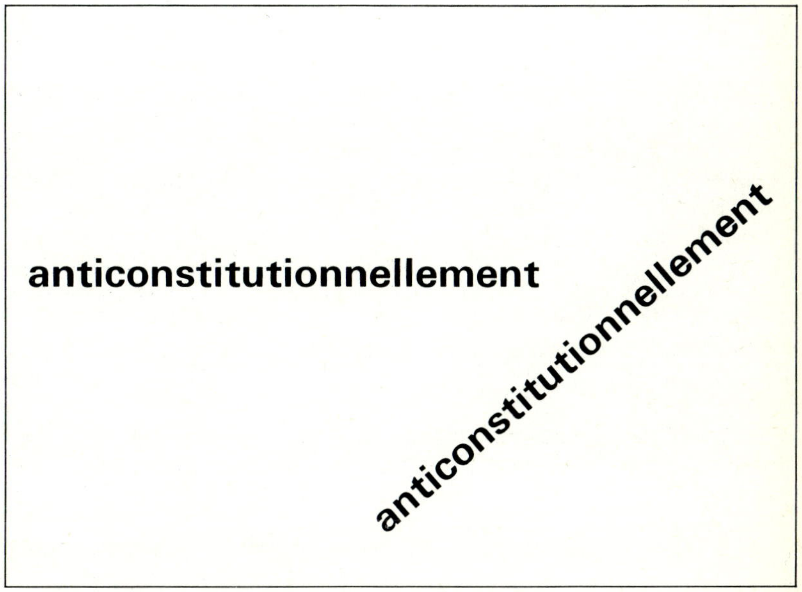

Kontraste
viel-wenig, geordnet-ungeordnet,
horizontal-vertikal, horizontal-schräg

Contrastes
beaucoup-peu, ordonné-désordonné,
horizontal-vertical, horizontal-incliné

Contrasts
much-little, in order-not in order,
horizontal-vertical, horizontal-oblique

Proportionen

Proportionen sind Grössenverhältnisse.
Grössenverhältnisse in einer Dimension; die Teilungsmasse der Linie.
Grössenverhältnisse in zwei Dimensionen; die Teilungsmasse der Fläche.
Grössenverhältnisse in drei Dimensionen; die Teilungsmasse des Raumes.
Immer wieder haben Menschen Dinge geordnet, die Ordnung gemessen und in Zahlen festgehalten. So stehen uns heute eine Vielzahl von Systemen zur Verfügung, die richtig ausgewählt und angewandt für den Gestalter eine nützliche Hilfe sind, zum Beispiel der Goldene Schnitt, der Modulor, die Masse des Pythagoras und andere mehr.
Eignen sich bekannte Proportionen nicht, soll er in der Lage sein, eigene zu bestimmen. Proportionssysteme allein geben aber keinerlei Garantie für gute Resultate. Ein System ist nur so gut wie sein Interpret.
Die persönliche Entscheidung über die Art der Proportionen, über Eintönigkeit oder gespannte Harmonie prägt die Qualität einer Arbeit.

Wir suchen die Verhältnisse zu ordnen:

die Verhältnisse der Flächenmasse (die Ausdehnungen des Papiers),
die Verhältnisse der bedruckten zu den unbedruckten Flächen,
die Verhältnisse innerhalb der bedruckten Flächen (von Text zu Text, von Text zu Bild, von Bild zu Bild),
die Verhältnisse der Schriftgrade (bei zwei, drei und mehr Grössen),
die Verhältnisse der Schriftstärken (von leicht [hell] zu schwer [dunkel]),
die Verhältnisse der Farben zueinander und zu Schwarz und Grau.

Proportions

Les proportions sont des rapports de grandeur.
Des rapports de grandeur en une dimension: mesures de subdivision de la ligne.
Des rapports de grandeur en deux dimensions: mesures de subdivision de la surface.
Des rapports de grandeur en trois dimensions: mesures de subdivision de l'espace.
Les hommes ont toujours ordonné les choses; ils ont mesuré l'ordre et l'ont exprimé en chiffres. Aussi disposons-nous aujourd'hui d'un grand nombre de systèmes qui, bien choisis et appliqués, constituent une aide précieuse pour le créateur; par exemple: la règle d'or, le module, les mesures de Pythagore et d'autres.
Si les proportions connues ne conviennent pas, le créateur doit être en mesure d'en déterminer de nouvelles. Les systèmes de proportions ne peuvent toutefois garantir à eux seuls de bons résultats. Un système n'est valable que par la façon dont il est interprété. La décision personnelle sur le choix des proportions, la monotonie ou l'harmonie soutenue, est déterminante pour la qualité d'un travail.

Les proportions sont:

les proportions entre les mesures de surface (dimensions du papier),
les proportions des surfaces imprimées par rapport aux parties non imprimées,
les proportions à l'intérieur des surfaces imprimées (rapports texte – texte, texte – image, image – image),
les proportions des corps des lettres (pour deux, trois ou plusieurs grandeurs),
les proportions des forces des lettres (rapports clair-foncé),
les proportions des couleurs entre elles et par rapport au noir et au gris.

Proportions

Proportions show the relation of sizes.
Proportions in one dimension: the dividing measure of the line.
Proportions in two dimension: the dividing measure of the surface.
Things have always been classified according to size. These classifications have then been measured and determined in figures. So there is a variety of systems at our disposal today which, if correctly selected and applied, are a useful aid to the designer, e.g. the medial section, the module, Pythagoras' theorem and others, too.
If known proportions are unsuitable, the designer should be able of determining his own.
Proportional systems alone, however, are no guarantee of good results. Any system can always only be as good as its interpreter.
The personal decision regarding the type of proportions, the monotony or the tense harmony stamps the quality of a work.

Here is an attempt to classify the proportions:

the proportions of the surface measurements (the dimensions of the paper),
the proportion of printed surfaces to blank ones,
the proportions within the printed surfaces (text to text, text to illustration, illustration to illustration),
the proportion of type sizes (with two, three and more sizes),
the proportions of the weight of the type (from light [pale] to heavy [dark]),
the relation of the colours to one another and to black and grey.

Viele typografische Arbeiten lassen sich mit denselben Proportionssystemen als Grundlage lösen (mit Variationen), aber für ebensoviele haben wir immer wieder neue Ordnungen zu finden, neue Proportionen, die den spezifischen Aufgaben entsprechen.

Beaucoup de travaux typographiques peuvent être exécutés en partant du même système de base (avec variations); mais nombreux sont aussi ceux qui obligent à chercher constamment de nouvelles méthodes et de nouvelles proportions, répondant aux tâches les plus spécifiques.

Many typographical tasks can be solved using the same system as a basis (with variations) but for just as many others, new arrangements have to be found again and again using different proportions corresponding to the specific problems.

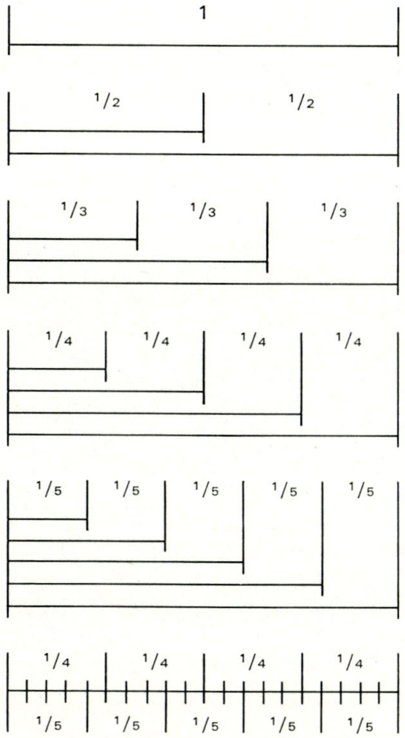

Teilung einer Geraden in gleiche Teile.
Unten ein Beispiel der Kombination von Vierteln und Fünfteln auf der Basis von 20 Teilen.
Partage d'une droite en parties égales.
En bas, exemple de combinaison de $^1/_4$ et $^1/_5$ ayant comme base 20 parties
Division of a straight line into equal parts.
Below is an example of the combination of quarters and fifths on the basis of 20 parts

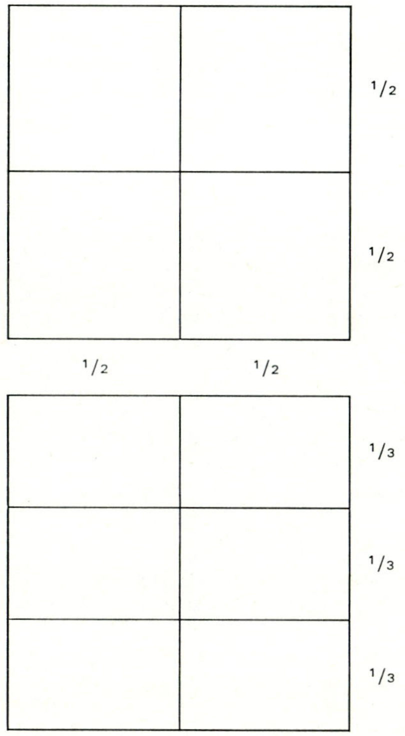

Teilung eines Quadrates
Division d'un carré
Division of a quadrat

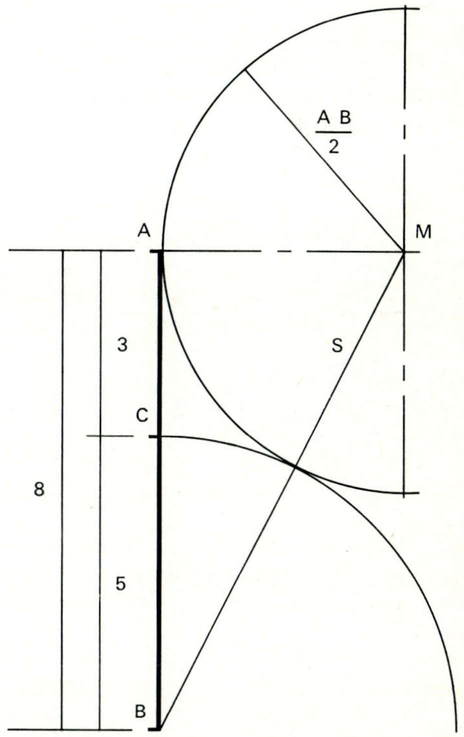

Teilung einer Geraden im Verhältnis des «Goldenen Schnittes».
AB : CB = CB : AC · AB : CB = 1 : 0,618
Répartition d'une ligne selon la «règle d'or»
AB : CB = CB : AC · AB : CB = 1 : 0,618
Division of a straight line in the ratio of the medial section:
AB : CB = CB : AC · AB : CB = 1 : 0.618

Rhythmus

Der Rhythmus einer typografischen Arbeit beruht auf der Einteilung einer bestimmten Linie oder Fläche. Er äussert sich im Wechselspiel von bedruckter und unbedruckter Fläche, von Form und Gegenform.

Eine Linie oder Fläche wird regelmässig (in gleichen Abständen) oder unregelmässig (in verschiedenen Abständen) geteilt.

Die Teilung erfolgt nach gesetzmässigen (gegebenen Zahlenreihen) oder nach freien (gefühlsmässigen) Gesichtspunkten.

Regelmässig heisst Wiederholung derselben Einheit, 1.1.1.1.1.1. usw.

Unregelmässig innerhalb gegebenen Zahlenreihen heisst Anwendung progressiver Abstände (Entwicklung) oder aufreihen mehrerer Elemente (Permutation).

Progressive Reihen sind zum Beispiel:
die einfache Zahlenreihe, 1.2.3.4.5.6
die Verdoppelung, 1.2.4.8.16.32
der Goldene Schnitt, 1.2.3.5.8.13
Die Reihen können sich auch wiederholen:
1.2.1.2.1.2.1.2 oder
1.2.4.1.2.4.1.2.4 oder
1.2.3.5.1.2.3.5 usw.
Ebenso lassen sie sich in der Reihenfolge variieren:
1.2.2.1 oder
1.2.4.4.2.1 oder
5.2.3.1 usw.

Reihungsmöglichkeiten mehrerer Elemente sind:
2 Elemente = 2 Reihungsmöglichkeiten
3 Elemente = 6 Reihungsmöglichkeiten
4 Elemente = 24 Reihungsmöglichkeiten

Rythme

Le rythme d'un travail typographique se fonde sur la subdivision d'une ligne ou d'une surface déterminées. Il se traduit par le jeu continu entre les surfaces imprimée et non imprimée, les formes et leur contraire.

Une ligne ou une surface est subdivisée régulièrement (mêmes distances) ou irrégulièrement (distances variables).

La subdivision est effectuée selon certaines règles (rangée de chiffres donnés) ou librement (critères émotifs).

La régularité implique la répétition de la même unité, 1.1.1.1.1.1. etc.

L'irrégularité dans une rangée de chiffres donnés implique l'usage de distances progressives (développement) ou l'accumulation d'éléments (permutation).

Les alignements progressifs sont, par exemple:
la rangée de chiffres simple: 1.2.3.4.5.6
le doublement: 1.2.4.8.16.32
la règle d'or: 1.2.3.5.8.13
Les alignements peuvent aussi se répéter
1.2.1.2.1.2.1.2 ou
1.2.4.1.2.4.1.2.4 ou
1.2.3.5.1.2.3.5 etc. etc.
De même, les alignements peuvent varier
1.2.2.1 ou
1.2.4.4.2.1 ou
5.2.3.1 etc.

Possibilités d'alignement de plusieurs éléments
2 éléments = 2 possibilités d'alignement
3 éléments = 6 possibilités d'alignement
4 éléments = 24 possibilités d'alignement

Rhythm

The rhythm of a typographical work is based on the arrangement of a certain line or surface. It manifests itself in the interrelation between printed and blank surfaces, between shapes and counter-shapes.

A line or or a surface is divided regularly (with the same spaces) or irregularly (with different spaces).

This division is either according to principles (given numbers of rows) or according to independent points of view (personal feelings).

Regularity is the repetition of the same unit, 1.1.1.1.1.1 etc.

Irregularity within given sequences of numbers is the use of progressive intervals (development) or of several elements in a row (permutation).

Progressive sequences are, for example the simple sequence of numbers, 1.2.3.4.5.6
doubling, 1.2.4.8.16.32
medial section, 1.2.3.5.8.13
The sequences can also be repeated
1.2.1.2.1.2.1.2 or
1.2.4.1.2.4.1.2.4 or
1.2.3.5.1.2.3.5 etc.
Or the sequences can also vary in order
1.2.2.1 or
1.2.4.4.2.1 or
5.2.3.1 etc.

Possibilities of arrangement with several elements
2 elements = 2 possibilities of arrangement
3 elements = 6 possibilities of arrangement
4 elements = 24 possibilities of arrangement.

Variationen

Typografische Variationen sind verschiedene Kombinationen verschiedener Teile unter bestimmten Bedingungen.

Die wichtigsten Teile sind Text (Inhalt), Schriftform, Schriftgrösse, Schriftstärke, Schriftbreite, Schriftlage, Linien, Farben, Grundfläche, Ordnungsprinzip (Raster). Damit sind nun unzählige Variationen möglich.

Nehmen wir zum Beispiel für eine Variationsreihe aus den 10 Gruppen als Bedingung nur eine Variable, zum Beispiel die Stärken, so ergeben sich den Stärkenabstufungen einer Schriftfamilie entsprechend viele (oder wenig) Variationsmöglichkeiten.

Ist aber das Ordnungsprinzip (Komposition) oder die Sprache variabel, wird die Zahl der verschiedenen Kombinationen bei zum Teil gleichbleibenden Elementen beinah unbeschränkt.

Variations

Les variations typographiques sont des combinaisons d'éléments divers dans des conditions bien définies.

Les éléments essentiels sont le texte (contenu), la forme du caractère, la hauteur du caractère, la chasse et la largeur, l'inclinaison du caractère, la ligne, la couleur, le principe d'ordonnance (trame).
Un nombre illimité de variations sont ainsi réalisables.

Pour une série de variations à partir des 10 groupes, prenons par exemple comme variable la chasse du caractère. Selon la gradation possible au sein d'une même famille de caractères, les variations sont plus ou moins nombreuses.

Si, toutefois, c'est le principe d'ordonnance (composition) ou la langue qui est variable, le nombre de combinaisons possibles à partir des mêmes éléments devient quasi illimité.

Variations

Typographical variations are the different combinations of different elements under certain conditions.

The most important of these elements are text (content), font, size of type, weight of type, width of type, slope of type, lines, colour, surface, principles of arrangement (grid).

Innumerable variations are therefore possible.
If, for example, we use for a serie of variations only one variable, i.e. the weight of type, the degrees of weights within any type family give correspondingly many (or few) possibilities.

If the principle of arrangement (composition) or the language is variable, the number of different combinations, with some elements remaining constant, is almost unlimited.

Affiches anglaises
Musée des Beaux-Arts.
Jusqu'au 31 janvier 1972
107, rue de Rivoli, Paris

Affiches anglaises
Musée des Beaux-Arts. 107, rue de Rivoli
Paris, Jusqu'au 31 janvier 1972

Affiches anglaises
Musée des Beaux-Arts.
107, rue de Rivoli, Paris
Jusqu'au 31 janvier 1972

Affiches anglaises
Musée
des Beaux-Arts.
Jusqu'au 31 janvier 1972
107, rue de Rivoli,
Paris

8 verschiedene Anordnungen desselben Textes in derselben Schrift auf gleichbleibender Fläche
8 dispositions différentes d'un même texte en utilisant la même série de base et la même surface
8 different arrangements of the same text in the same type on a constant surface

Affiches	anglaises	Musée
des	Beaux-	Arts.
Jusqu'au	31	janvier
1972	107,	rue
de	Rivoli,	Paris

Affiches anglaises

Musée des Beaux-Arts.
107, rue de Rivoli, Paris

Jusqu'au 31 janvier 1972

Affiches
anglaises
Musée
des
Beaux-
Arts.
Jusqu'au
31
janvier
1972
107,
rue
de
Rivoli,
Paris

Affiches anglaises
Musée des Beaux-Arts.
Jusqu'au 31 janvier 1972
107, rue de Rivoli, Paris

Schwarz und Grau

Die typografischste Farbe ist Schwarz. Wohl weil man Schwarz seit jeher für den Druck der meisten Publikationen verwendet. Man ist sich's eben so gewohnt.

Schwarz ist die dunkelste Farbe, hart, eher kalt, neutral. Schwarz ist einfach zu verarbeiten, zu ergänzen (Eindrucke, Nachdrucke). Zwischen Schwarz und Weiss liegt die unbeschränkt variable Grauskala. Nur grosse Einzeltypen wirken wirklich schwarz. Bei einem Wort, einer Zeile oder Spalte aber mischt sich das Weiss der Zwischenräume mit den schwarzen Buchstabenformen zu Grau (optische Täuschung).

Die Graustufen (heller oder dunkler) variieren nach Schriftform, Schriftgrösse, Schriftstärke, Schriftbreite, Buchstaben-, Wort- und Zeilenabstände.

Die Grauwerte einer typografischen Arbeit ergeben sich in erster Linie aus den kommunikativen Absichten, das heisst, die funktionell richtige Art des Satzes geht allen formalen Aspekten voran. Erst wenn man die Prioritäten der einzelnen Textteile kennt, können die Grauwerte festgelegt, kontrolliert und korrigiert werden. Innerhalb einer gleichen Textgruppe ist nur ein ausgeglichener, ruhiger Grauton gut genug. Verschiedene Grautöne müssen sich deutlich voneinander unterscheiden

Noir et gris

La couleur typographique par excellence est le noir. De tous temps, le noir a été utilisé pour l'impression de la majeure partie des publications.

Le noir est la plus sombre de toutes les couleurs; il est dur, plutôt froid, neutre. Le noir est simple dans l'emploi, facile à compléter (surimpression, impressions ultérieures). Entre le noir et le blanc, il existe une quantité illimitée de valeurs de gris. Seuls les gros caractères paraissent véritablement noirs. Le mot, la ligne ou la colonne, mélangé au blanc des espaces intermédiaires, paraît gris (illusion optique).

L'échelle des gris (valeurs claires ou foncées) varie selon la forme du caractère, la hauteur, la chasse, la largeur des espaces séparant les caractères, les mots et les lignes.

Dans un travail typographique, l'échelle des gris est déterminée en premier lieu par le message à communiquer, ce qui signifie que les aspects fonctionnels priment nettement sur tout impératif formel. C'est seulement après avoir examiné les priorités des différentes parties d'un texte qu'il est possible de déterminer, contrôler et corriger les valeurs de gris à utiliser. Au sein du même groupe de textes, il ne peut être fait usage que d'un gris homogène et «reposant». Les différentes valeurs de gris doivent toujours se distinguer nettement les unes des autres.

Black and grey

The best known colour for typography is black and black has indeed been used for printing most publications from time immemorial.

Black is the darkest colour, hard, rather cold and neutral. Black is easy to handle and to supplement (overprinting, reprinting). There is an unlimited scale of grey lying between black and white. Only large single letters produce a really black effect. In a word, a line or a column, the white of the spaces mixes with the black letters producing grey (optical illusion).

Grades of grey (light or dark) vary according to the font, size of type, weight of type, width of type as well as to the spaces between letters, words and lines.

The grey values of a typographical work primarily depend on the communicative intention, i.e. the form of composition which is functionally correct takes precedence over all aspects regarding the form. The grey value can only be determined, checked and corrected when the priorities of the individual parts of the text are known. Only one optically-adjusted, quiet grey tone can be used within the same text group. Different tones of grey must be clearly distinguishable from one another.

Dans ce chapitre nous nous occupons d'affiches réalisées sans aucune illustration et sans ornements. Les caractères typographiques règnent en maître sous la forme de grandes lettres et remplissent l'espace grâce à des dispositions qui le dominent. Il ne s'agit pas tant d'affiches spectaculaires que d'un effort tendant à organiser une surface relativement grande, de 70×100 cm ou de 90×128 cm de façon à produire l'effet qu'on attend d'une affiche. Il est naturel que ces solutions purement typographiques trouvent leurs applications surtout dans les annonces de manifestations (expositions, concerts, etc.). Le graphisme mis au service d'intentions commerciales ne se limite pas à des formes relevant de la technique de la composition; il vise à

Dans ce chapitre nous nous occupons d'affiches réalisées sans aucune illustration et sans ornements. Les caractères typographiques règnent en maître sous la forme de grandes lettres et remplissent l'espace grâce à des dispositions qui le dominent. Il ne s'agit pas tant d'affiches spectaculaires que d'un effort tendant à organiser une surface relativement grande, de 70x100 cm ou de 90x128 cm de façon à produire l'effet qu'on attend d'une affiche. Il est naturel que ces solutions purement typographiques trouvent leurs applications surtout dans les annonces de manifestations (expositions, concerts, etc.). Le graphisme mis au service d'intentions commerciales ne se limite pas à des formes relevant de la technique de la composition; il vise à créer

In diesem Kapitel beschäftigen wir uns mit Plakaten, die ohne jede illustrative oder ornamentale Darstellung zu einer Plakatform führten. Die Schrift wird zum plakatschaffenden Element, sei es durch ein Dominieren grosser Lettern, sei es durch eine typografische Gliederung, die den Raum beherrscht. Es handelt sich nicht durchwegs um spektakuläre Plakate, sondern um Versuche, die relativ grosse Fläche von 70/100 cm oder 90,5/128 cm so zu organisieren, dass sich eine Plakatwirkung einstellt. Es liegt in der Natur dieser typographischen Lösungen, dass sie in erster Linie Ankündigungen von Veranstaltungen (Ausstellungen, Konzerte

Dans ce chapitre nous nous occupons d'affiches réalisées sans aucune illustration et sans ornements. Les caractères typographiques règnent en maître sous la forme de grandes lettres et remplissent l'espace grâce à des dispositions qui le dominent. Il ne s'agit pas tant d'affiches spectaculaires que d'un effort tendant à organiser une surface relativement grande, de 70 × 100 cm ou de 90 × 128 cm de façon à produire l'effet qu'on attend d'une affiche. Il est naturel que ces solutions purement typographiques trouvent leurs applications surtout dans les annonces de manifestations (expositions, concerts, etc.). Le graphisme mis au service

1

1
Grauwerte der Univers, leicht, normal, halbfett, fett
Valeurs de gris de l'Univers, maigre, normal, demi-gras et gras
Grey values of Univers: light, standard, bold, extra bold

Farbe

Jeder Farbton ist für typografische Arbeiten verwendbar, die sogenannt reinen Farben wie auch alle Mischtöne. Es gibt keine farbigen Texte, die in der richtigen Farbkombination und auf dem richtig ausgewählten Farbton der Grundfläche nicht lesbar sind.

Das Phänomen Farbe kann an dieser Stelle nicht behandelt werden. Damit haben sich Wissenschaftler und Künstler seit dem Altertum eingehend beschäftigt und ihre Erkenntnisse publiziert. Es können lediglich einige Stichworte gegeben werden, die auf die Anwendungsmöglichkeiten der Farbe in der Typografie hinweisen.

Farben als Ergänzung zur Form (und zu Schwarz, Weiss und Grau) bedeuten eine Erweiterung der visuellen Anziehungskraft.

Die Bestimmung der einzelnen Farben (Charakter) lässt sich bis heute nicht verbindlich festlegen. Doch gilt allgemein, dass die warmen Farben (Gelb, Orange, Rot) dynamisch, anregend, aggressiv; die kalten (Blau, Grün) ruhig, beruhigend und zurückhaltend wirken. Die warmen Farben kommen dem Betrachter entgegen, die kalten treten zurück.

Kontraste, Proportionen und Rhythmen spielen auch im Bereich der Farben eine primäre Rolle. Besondere Gegensätze der Farben sind warm-kalt, leuchtend-trüb, bunt-unbunt, Komplementär- und Simultankontraste.

Jeder Mensch empfindet Farbe individuell. Die Ausstrahlung einer Farbe oder einer Farbkombination wirkt deshalb immer verschieden.

La couleur

Les travaux typographiques se prêtent à l'emploi de toute couleur, qu'elle soit pure ou mélangée à d'autres. Aucun texte en couleurs, conçu dans une combinaison de couleurs appropriée et sur un fond tenu dans une teinte judicieusement choisie, n'est en fait illisible.

Le phénomène de la couleur a préoccupé savants et artistes depuis la plus haute Antiquité. Tout en référant aux publications en la matière, nous exposerons brièvement quelques possibilités d'application de la couleur dans la typographie.

La couleur, complémentaire à la forme (ainsi qu'au noir, blanc et gris), produit une intensification de la force d'attraction visuelle.

La détermination des différentes couleurs n'a guère été possible de manière définitive jusqu'à ce jour. Il est toutefois généralement admis que les couleurs chaudes (jaune, orange, rouge) ont un effet dynamique, stimulant, agressif, alors que les couleurs froides (bleu, vert) sont reposantes, apaisantes, discrètes.

Les contrastes, proportions et rythmes jouent un rôle primordial dans le monde des couleurs. Il y a des contrastes chaud-froid, lumineux-mat, coloré-terne, complémentaires et simultanés.

La réaction à une couleur est très individuelle. Chaque couleur ou combinaison de couleurs est en fait ressentie différemment.

La couleur peut avoir un rôle strictement fonctionnel, comme élément concourant à l'ordonnance du texte (titres ou chiffres répétés en une couleur; groupes de textes

Colour

Every colour shade can be used for typographical work, the so-called pure colours as well as all mixed tones. There are no texts in colour which are not legible as long as a suitable colour combination is used with a correctly chosen colour for the background.

The phenomenon of colour cannot be dealt with here. Scientists and artists have made exhaustive investigations since time immemorial and their findings have been published. Only some indications can be given to show the possibilities of the application of colour in typography.

Colours, as a complement to shape (and to black, white and grey), mean an extension of the visual power of attraction.

The determination of the character of individual colours has, until now, not been decisively defined. In general, however, it is true that warm colours (yellow, orange, red) have a dynamic stimulating, aggressive effect and the cold ones (blue, green) are quiet, soothing and reserved. Warm colours approach the observer and cold ones recede.

Contrasts, proportions and rhythms also play a primary part in the sphere of colour. Special colour contrasts are warm – cold, brilliant – dull, bright – sombre, complementary and simultaneous contrasts.

Each person reacts individually to colour. The effect of a colour or a colour combination is therefore always different.

Farbe kann rein funktionell eingesetzt werden, als Organisationshilfe zur Gliederung eines Textes (Titel oder Zahlen, die sich zum Beispiel in einer Farbe wiederholen; ganze Textgruppen, die sich durch ihre Farben unterscheiden), als Auszeichnung innerhalb eines Textes (einzelne Worte oder Sätze), als Erkennungszeichen des Senders (eine bestimmte, sich wiederholende Farbe für eine bestimmte Institution).

Auf Grund der allgemeinen Bestimmung der Farben und der Farbtraditionen (die aber von Land zu Land verschieden sind) wissen wir, dass der Einsatz einer Farbe bestimmte Emotionen auslösen kann. Schwarz steht vielerorts für Trauer, wirkt vornehm, sachlich. Rot bedeutet Kraft, ist aggressiv, Symbol für Revolution.

Eine dritte Art der Farbanwendung ist jene, die die Farbe in erster Linie als ästhetisches Mittel einsetzt. Farbkombinationen die als solche wirken, Farbordnungen nach logischen oder gefühlsmässigen Gesichtspunkten.

qui se distinguent par leurs couleurs), comme élément distinctif au sein d'un texte (mots ou phrases isolés), comme signal d'identification de l'émetteur d'un message (couleur déterminée qui se répète pour une institution donnée).

Sur la base de la détermination générale des couleurs et d'une certaine tradition (variable, il est vrai, d'un pays à l'autre), nous savons que l'emploi d'une couleur donnée peut engendrer des émotions bien précises. Le noir exprime le deuil, l'élégance, l'objectivité. Le rouge symbolise la force, l'agressivité, la révolution.

Une troisième forme d'application de la couleur consiste à l'utiliser avant tout comme moyen esthétique: combinaisons de couleurs agissant comme telles, ordonnances selon des critères logiques ou émotifs.

Colour can have a purely functional use as an organizational aid to the arrangement of a text (titles or figures, for example, which are repeated in the same colour, or entire parts of a text which stand out because of their colours), as a means of making a distinction within a text (individual words or sentences) or as the special identification sign of the sender (a certain, always repeated colour for a certain institution.)

Based on the general designation of colours and colour traditions (which, however, vary from one country to another), we know that the use of a colour can release specific emotions. Black is the colour for mourning in many places and has a distinguished, impartial effect. Red indicates power and is aggressive, the symbol for revolution.

The third type of colour application is its use primarily for aesthetic purposes. Colour combinations which are effective in themselves or arrangements of colour according to logical or emotional points of view are examples.

Geschäftsgrundsätze der Wanner-Gruppe
Wanner AG
C. Hoegger & Cie. AG
Tecta AG
Wir wollen unseren Kunden bei der Lösung ihrer Probleme helfen, indem wir qualitativ anerkannte Produkte termingerecht zu marktkonformen Preisen liefern.
Wir wollen eine Organisation schaffen, die sich auf dem Markt als schlagkräftig erweist und intern reibungslos funktioniert.
Wir wollen unser Geschäft so führen, dass wir langfristig eine optimale Rendite erzielen.
Wir wollen für unsere Mitarbeiter Arbeitsplätze schaffen, die sie mit Stolz und Genugtuung erfüllen und ihnen materielle Sicherheit bieten.
Wir wollen unsere Produkte so gestalten, dass sie ein Marktbedürfnis erfüllen.
Wir wollen unsere Kräfte auf das konzentrieren, was wir wirklich können.
Wir wollen ein Betriebsklima schaffen, das auf gegenseitiger Achtung und Mithilfe beruht.
Wir wollen mit unseren Lieferanten einen loyalen und offenen Kontakt pflegen.
Wir sind der Dynamik und dem Wachstum verpflichtet.

1

2

3

1
Farbe als Schmuck
La couleur comme élément décoratif
Colour as decoration
MB+Co, Zürich

2
Farbe in Relation zum Inhalt
La couleur en rapport avec le contenu
Colour in relation to content
Gert Wulff, Berlin

3
Farbe als Organisationshilfe
La couleur comme principe d'ordonnance
Colour as an organizational aid
J. Müller-Brockmann, Zürich

Gestaltungsmöglichkeiten eines Inserates

Conception formelle d'une annonce

Possibilities of designing an advertisement

Die folgenden Abbildungen zeigen eine Auswahl von Schülerarbeiten. Für die Gestaltung des Inserates standen die meisten typografischen Elemente zur Verfügung, also Schriftformen, Schriftgrössen, Schriftstärken, Schriftbreiten, Schriftlagen und Linien. Nicht verwendet wurden Schmuckelemente. Ebenso wurde auf fotografische Veränderung der Schriften verzichtet.
Gegeben waren Text und Format.

Les reproductions suivantes montrent un choix de travaux d'étudiants. Pour la conception formelle de l'annonce, la plupart des éléments typographiques pouvaient être utilisés: formes des caractères, graisses, forces de corps, largeurs, inclinaisons et filets, à l'exclusion d'éléments ornementaux et de toute modification photographique des caractères. Le texte et le format étaient donnés au départ.

The following illustrations show a selection of work by students. Most typographic elements could be made use of in designing the advertisement, i.e. type form, size, weight, width and slope of the letters and lines. Decorative elements were not used and the texts were not altered by photographic means. The text and format were given.

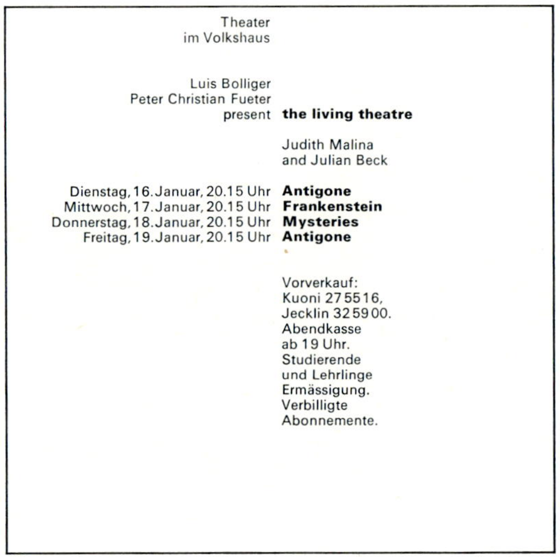

Die erste Abbildung zeigt die Ausgangslage, Text und Format. Alle weitern Beispiele sind Schülerarbeiten der Kunstgewerbeschulen Zürich und Luzern.
Lehrer: Hans Rudolf Lutz, Zürich.

La première reproduction montre les données de base (texte et format). Les autres exemples sont des travaux d'étudiants des Ecoles des arts et métiers de Zurich et Lucerne.
Professeur: Hans Rudolf Lutz, Zurich.

The first illustration shows the initial position, text and format. All other examples were designed by students at the Zürich and Lucerne Colleges of Arts and Crafts.
Teacher: Hans Rudolf Lutz, Zürich.

luis bolliger
peter-christian fueter
present
theater
im volkshaus
the
living theatre
judith malina
and julian beck
dienstag 16. januar 20.15 uhr antigone
mittwoch 17. januar 20.15 uhr frankenstein
donnerstag 18. januar 20.15 uhr mysteries
freitag 19. januar 20.15 uhr antigone
vorverkauf
kuoni 27 55 16
jecklin 32 59 00
abendkasse ab
19.00 uhr.
studierende und lehrlinge
ermässigung.
verbilligte abonnemente

Theater im Volkshaus
Luis Bolliger
Peter Christian Fueter
present
The living theater
Judith Malina and
Julian Beck
Antigone Dienstag, 16. Januar, 20.00 Uhr
Frankenstein Mittwoch, 17. Januar, 20.15 Uhr
Mysteries Donnerstag, 18. Januar, 20.15 Uhr
Antigone Freitag, 19. Januar, 20.15 Uhr
Vorverkauf
Jecklin 32 59 00
Kuoni 27 55 16
Verbilligte
Abonnemente.
Abendkasse ab 19 Uhr
Studierende
und Lehrlinge
Ermässigungen.

the
living
theatre
Theater im Volkshaus
Judith Malina and Julian Beck
Presented by Luis Bolliger
and Peter Christian Fueter
Antigone
Dienstag
16. Januar
20.15 Uhr
Frankenstein
Mittwoch
17. Januar
20.15 Uhr
Mysteries
Donnerstag
18. Januar
20.15 Uhr
Antigone
Freitag
19. Januar
20.15 Uhr
Vorverkauf
Jecklin 32 59 00
Kuoni 27 55 16
Verbilligte
Abonnemente
Abendkasse
ab 19 Uhr
Studierende und
Lehrlinge
Ermässigung

Theater im Volkshaus
Luis Bolliger
Peter Christian Fueter
präsentieren
Judith Malina
Julian Beck
Dienstag
16. Januar, 20.15 Uhr
Antigone
Mittwoch
17. Januar, 20.15 Uhr
Frankenstein
Donnerstag
18. Januar, 20.15 Uhr
Mysteries
Freitag
19. Januar, 20.15 Uhr
Antigone
living theatre
the
Abendkasse ab
19.00 Uhr
Vorverkauf
Kuoni 27 55 16
Jecklin 32 59 00
Studierende
und Lehrlinge
Ermässigung
Verbilligte
Abonnemente

theater im volkshaus
luis bolliger
peter christian fueter
present
the
living
theatre
judith malina
and julian beck
dienstag 16. januar 20.15 uhr antigone
mittwoch 17. januar 20.15 uhr frankenstein
donnerstag 18. januar 20.15 uhr mysteries
freitag 19. januar 20.15 uhr antigone
vorverkauf
kuoni 27 55 16
jecklin 32 59 00
abendkasse ab 19.00 uhr
studierende und lehrlinge
ermässigung
verbilligte abonnemente

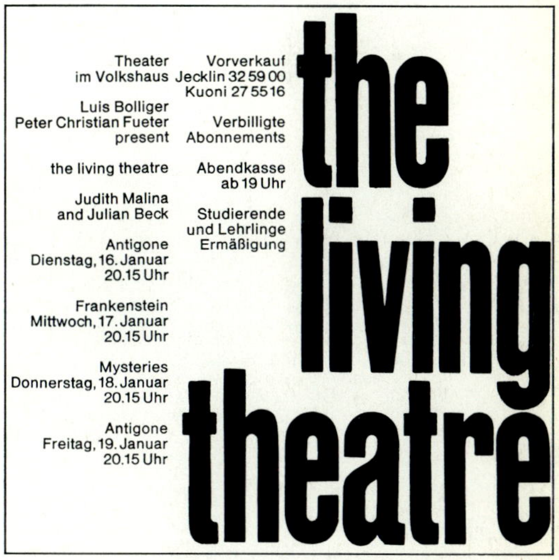
Theater
im Volkshaus
Luis Bolliger
Peter Christian Fueter
present
the living theatre
Judith Malina
and Julian Beck
Antigone
Dienstag, 16. Januar
20.15 Uhr
Frankenstein
Mittwoch, 17. Januar
20.15 Uhr
Mysteries
Donnerstag, 18. Januar
20.15 Uhr
Antigone
Freitag, 19. Januar
20.15 Uhr
Vorverkauf
Jecklin 32 59 00
Kuoni 27 55 16
Verbilligte
Abonnements
Abendkasse
ab 19 Uhr
Studierende
und Lehrlinge
Ermäßigung
the
living
theatre

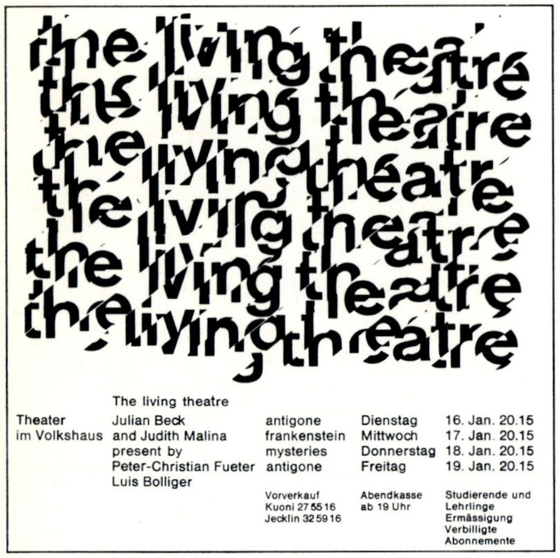
the living theatre
The living theatre
Theater im Volkshaus
Julian Beck and Judith Malina present by Peter-Christian Fueter Luis Bolliger
antigone frankenstein mysteries antigone
Dienstag Mittwoch Donnerstag Freitag
16. Jan. 20.15 17. Jan. 20.15 18. Jan. 20.15 19. Jan. 20.15
Vorverkauf Kuoni 27 55 16 Jecklin 32 59 16
Abendkasse ab 19 Uhr
Studierende und Lehrlinge Ermässigung Verbilligte Abonnemente

Theater im Volkshaus
Luis Bolliger Peter-Christian Fueter present
Julian Beck Judith Malina
THE LIVING THEATER
Dienstag 16. Jan. 20.15 Antigone
Mittwoch 17. Jan. 20.15 Mysteries
Donnerstag 18. Jan. 20.15 Frankenstein
Freitag 19. Jan. 20.15 Antigone
Vorverkauf Kuoni 13 58 33 Jecklin 22 61 52 Abendkasse ab 19.00 Uhr
Studenten und Lehrlinge Ermässigung. Verbilligte Abonnemente.

living living living living living
The living theatre
Theater im Volkshaus
Julian Beck and Judith Malina present by Peter-Christian Fueter Luis Bolliger
antigone frankenstein mysteries antigone
Dienstag Mittwoch Donnerstag Freitag
16. Jan. 20.15 17. Jan. 20.15 18. Jan. 20.15 19. Jan. 20.15
Vorverkauf Kuoni 27 55 16 Jecklin 32 59 16
Abendkasse ab 19 Uhr
Studierende und Lehrlinge Ermässigung Verbilligte Abonnemente

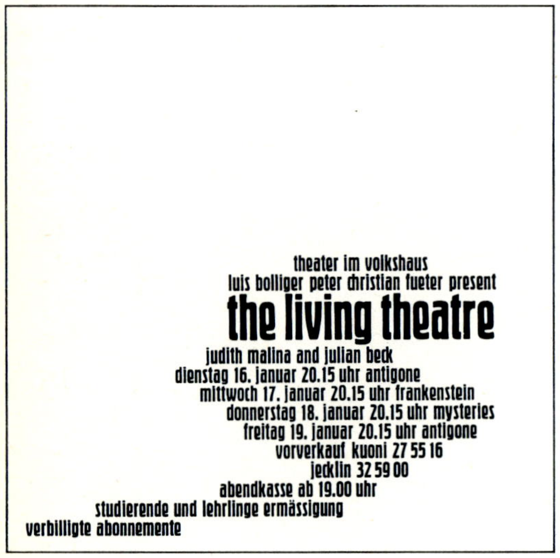
theater im volkshaus
luis bolliger peter christian fueter present
the living theatre
judith malina and julian beck
dienstag 16. januar 20.15 uhr antigone
mittwoch 17. januar 20.15 uhr frankenstein
donnerstag 18. januar 20.15 uhr mysteries
freitag 19. januar 20.15 uhr antigone
vorverkauf kuoni 27 55 16
jecklin 32 59 00
abendkasse ab 19.00 uhr
studierende und lehrlinge ermässigung
verbilligte abonnemente

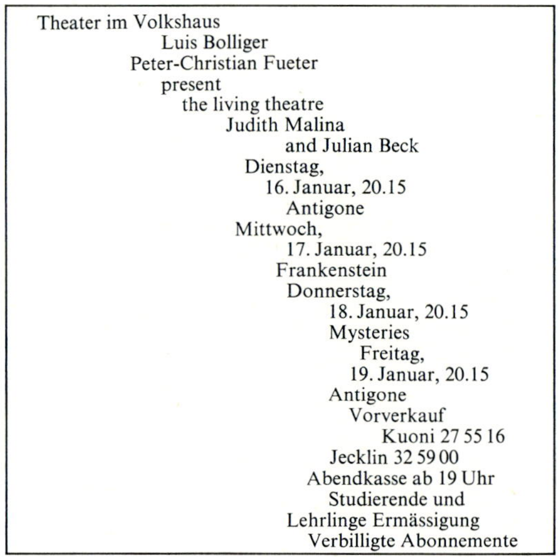
Theater im Volkshaus
Luis Bolliger
Peter-Christian Fueter
present
the living theatre
Judith Malina
and Julian Beck
Dienstag,
16. Januar, 20.15
Antigone
Mittwoch,
17. Januar, 20.15
Frankenstein
Donnerstag,
18. Januar, 20.15
Mysteries
Freitag,
19. Januar, 20.15
Antigone
Vorverkauf
Kuoni 27 55 16
Jecklin 32 59 00
Abendkasse ab 19 Uhr
Studierende und
Lehrlinge Ermässigung
Verbilligte Abonnemente

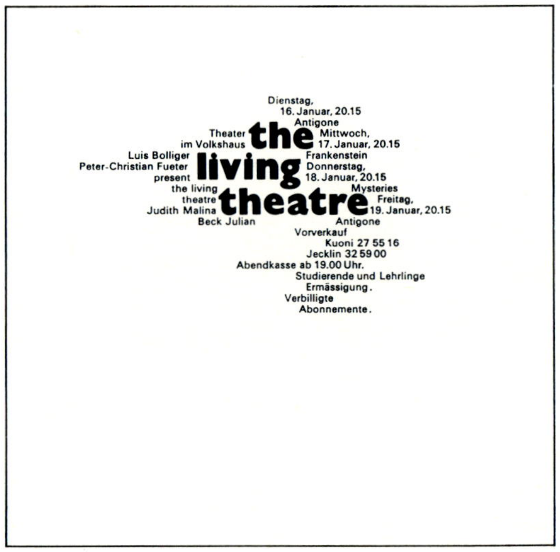
Dienstag, 16. Januar, 20.15 Antigone
Theater im Volkshaus
Luis Bolliger Peter-Christian Fueter present
the living theatre
Mittwoch, 17. Januar, 20.15 Frankenstein
Donnerstag, 18. Januar, 20.15 Mysteries
Freitag, 19. Januar, 20.15 Antigone
the living theatre
Judith Malina Beck Julian
Vorverkauf Kuoni 27 55 16 Jecklin 32 59 00
Abendkasse ab 19.00 Uhr.
Studierende und Lehrlinge Ermässigung.
Verbilligte Abonnemente.

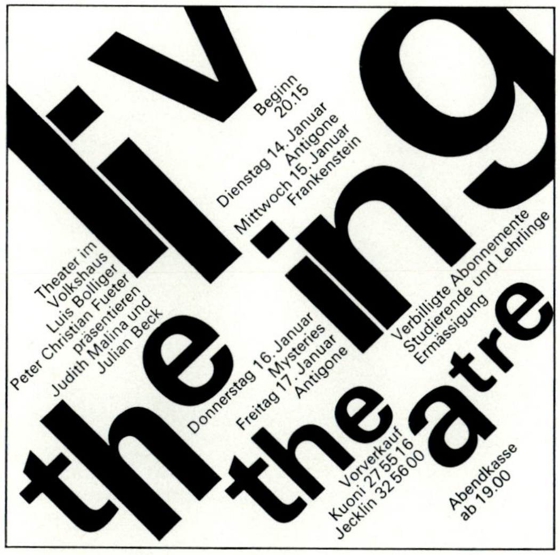
liv
ing
the
theatre
Beginn 20.15
Dienstag 14. Januar
Antigone
Mittwoch 15. Januar
Frankenstein
Theater im
Volkshaus
Luis Bolliger
Peter Christian Fueter
präsentieren
Judith Malina und
Julian Beck
Verbilligte Abonnemente
Studierende und Lehrlinge
Ermässigung
Donnerstag 16. Januar
Mysteries
Freitag 17. Januar
Antigone
Vorverkauf
Kuoni 27 55 16
Jecklin 32 56 00
Abendkasse
ab 19.00

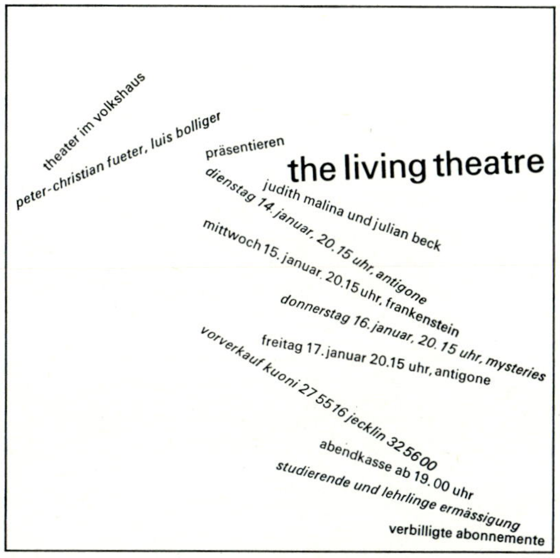
theater im volkshaus
peter-christian fueter, luis bolliger
präsentieren
the living theatre
judith malina und julian beck
dienstag 14. januar, 20.15 uhr, antigone
mittwoch 15. januar, 20.15 uhr, frankenstein
donnerstag 16. januar, 20.15 uhr, mysteries
freitag 17. januar 20.15 uhr, antigone
vorverkauf kuoni 27 55 16 jecklin 32 56 00
abendkasse ab 19.00 uhr
studierende und lehrlinge ermässigung
verbilligte abonnemente

theater
im volkshaus
the
living theatre
judith malina and
julian beck
present by luis bolliger
and peter christian fueter
antigone
frankenstein
mysteries
antigone
dienstag 16. januar 20.15
mittwoch 17. januar 20.15
donnerstag 18. januar 20.15
freitag 19. januar 20.15
vorverkauf
kuoni 27 55 16, jecklin 32 59 00
abendkasse ab 19 uhr
studenten und lehrlinge ermässigung
verbilligte abonnemente

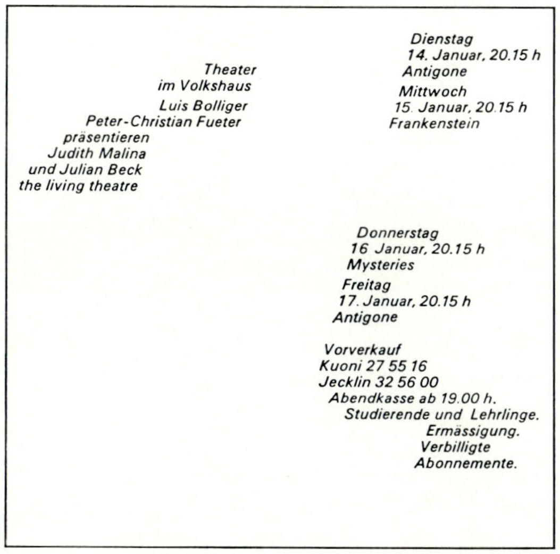
Theater
im Volkshaus
Luis Bolliger
Peter-Christian Fueter
präsentieren
Judith Malina
und Julian Beck
the living theatre
Dienstag
14. Januar, 20.15 h
Antigone
Mittwoch
15. Januar, 20.15 h
Frankenstein
Donnerstag
16 Januar, 20.15 h
Mysteries
Freitag
17. Januar, 20.15 h
Antigone
Vorverkauf
Kuoni 27 55 16
Jecklin 32 56 00
Abendkasse ab 19.00 h.
Studierende und Lehrlinge.
Ermässigung.
Verbilligte
Abonnemente.

Theater
im Volkshaus
Luis Bolliger
Peter-Christian Fueter
präsentieren
Judith Malina
und Julian Beck
the living theatre
Dienstag
14. Januar, 20.15 h
Antigone
Mittwoch
15. Januar, 20.15 h
Frankenstein
Donnerstag
16 Januar, 20.15 h
Mysteries
Freitag
17. Januar, 20.15 h
Antigone
Vorverkauf
Kuoni 27 55 16
Jecklin 32 56 00
Abendkasse ab 19.00 h.
Studierende und Lehrlinge.
Ermässigung.
Verbilligte
Abonnemente.

Theater
im Volkshaus
Luis Bolliger
Peter-Christian Fueter
präsentieren
Judith Malina
und Julian Beck
the living theatre
Dienstag
14. Januar, 20.15 h
Antigone
Mittwoch
15. Januar, 20.15 h
Frankenstein
Donnerstag
16 Januar, 20.15 h
Mysteries
Freitag
17. Januar, 20.15 h
Antigone
Vorverkauf
Kuoni 27 55 16
Jecklin 32 56 00
Abendkasse ab 19.00 h.
Studierende und Lehrlinge.
Ermässigung.
Verbilligte
Abonnemente.

Der typografische Raster

Der typografische Raster ist ein Ordnungssystem für Titel, Texte, Legenden, Tabellen und Bilder. Der typografische Raster ist als Grundlage konstant, die Anordnung der typografischen Elemente variabel.
Eine Fläche (zum Beispiel das Papierformat) wird eingeteilt in die zu bedruckende Fläche und die nicht zu bedruckende Fläche. Die zu bedruckende Fläche nennen wir *Satzspiegel*.
Der typografische Raster enthält also das Ordnungssystem innerhalb des Satzspiegels und bestimmt die Aussenflächen (Ränder).
Die Einteilung der typografischen Fläche ist vertikal und horizontal. Die Masseinheiten des typografischen Rasters müssen den Massen der typografischen Elemente entsprechen. Punkte als Schriftmass verlangen auch Punktmasse im Raster.

Vertikale Einteilung

Die kleinste vertikale Einteilung entspricht immer dem Mass von Zeile zu Zeile der Grundschrift. Eine Grundeinheit sind zum Beispiel 12 Punkte (Abstand von Zeile zu Zeile). Dazu die Grundschriftgrössen von 12 Punkt kompress oder 10 Punkt mit 2 Punkt Durchschuss, die Titelgrössen von 24 Punkt, 36 Punkt, 48 Punkt, 60 Punkt und die Legendengrösse 6 Punkt kompress. Alle diese Schriftgrössen entsprechen genau der Grundeinteilung von 12 Punkt.
Für die Abstände zwischen den Zeilen, z. B. von einem Textabschnitt zum andern, sind ganze Einheiten einzusetzen (12 Punkt = 1 Leerzeile, 24 Punkt = 2 Leerzeilen usw.). Die festgelegte Anzahl von Zeilen ergibt die konstante Höhe des Satzspiegels.

La trame typographique

La trame typographique est un système d'ordonnance des titres, textes, légendes, tableaux et illustrations. La trame typographique comme base demeure constante, la disposition des éléments typographiques est variable.
Une surface (par exemple le format du papier) est subdivisée en partie à imprimer et partie non destinée à l'impression.
La surface à imprimer est appelée le *format de la composition*.
La trame typographique constitue en conséquence un système d'ordonnance à l'intérieur du format de la composition et détermine les surfaces extérieures (marges).
La division de la surface typographique est à la fois verticale et horizontale.
Les unités de mesure de la trame typographique doivent correspondre aux mesures des éléments typographiques. La détermination des caractères en points exige aussi une mesure en points de la trame.

Division verticale

La plus petite unité de division verticale correspond toujours à la distance d'une ligne à l'autre des caractères de base. Une telle unité de base est, par exemple, de 12 points (interlignage dit «compact») ou de 10 points (interlignage de 2 points), une force de corps des titres de 24 points, 36 points, 48 points, 60 points et une force de corps des légendes de 6 points, interlignage «compact».
Pour les distances entre les lignes, par exemple d'une fin de paragraphe à l'autre, il convient de prévoir des unités entières (12 points = 1 ligne en blanc, 24 points = 2 lignes en blanc, etc.). Le nombre fixe de lignes détermine la hauteur constante du format de la composition.

The typographic grid

The typographic grid is a system of arrangement for titles, texts, captions, tabular matter and illustrations. The typographic grid, as the basis, remains constant, the arrangement of typographic elements is variable.
A surface (e.g. the size of the paper) is divided into the areas to be printed and those to be left blank. The surface to be printed is termed the *type area*.
The typographic grid therefore restricts the system of arrangement within the type area and determines the margins.
The typographic surface is divided vertically and horizontally.
The units of measurement of the typographic grid must correspond to the measurements of the typographic elements. Type sizes in points require a grid measured in points.

Vertical division

The smallest vertical division always corresponds to the measurement from one line to the other of the basic type. A basic unit is, for example, 12 points (distance from line to line). Then the basic type size is 12 point set solid or 10 point with 2 point leaded, the title sizes are 24, 36, 48 or 60 point and the captions set solid are 6 point. All these type sizes correspond exactly to the basic division of 12 points.
For the spaces between the lines, e.g. between paragraphs, whole units must be used (12 points = 1 blank line, 24 points = 2 blank lines). The fixed number of lines gives the constant height of the type area.

Grundschriftgrösse 12 Punkt
kompress
Caractère de base 12 points
compact
Basic type size 12 point
set solid

Grundschriftgrösse 10 Punkt
mit 2 Punkt Durchschuss
Caractère de base 10 points
interligné 2 points
Basic type size 10 point
with 2 point lead

Legendenschriftgrösse 6 Punkt, kompress
Légendes en 6 points, compact
Caption type size 6 point, set solid

Titel 48
Titre 48
Title 48

Titel 36 Pun
Titre en 36
Title 36 poin

Titel 24 Punkt
Titre en 24 point
Title 24 point

12-Punkt-Abstand von Zeile zu Zeile mit den entsprechenden Schriftgrössen
Espace de 12 points d'une ligne à l'autre, avec corps de lettre correspondants
12-point spacing from line to line with the corresponding type sizes

Horizontale Einteilung

Die horizontale Einteilung bestimmt die Breiten der Spalten und die Abstände zwischen den Spalten. Die Spaltenbreiten sind weitgehend von der Grundschriftgrösse und der gewünschten Anzahl Buchstaben pro Zeile abhängig. Die Spaltenabstände haben eine eindeutige Trennung der Spalten zu gewährleisten.
Die festgelegten Masse der Spalten und der Spaltenabstände ergeben die konstante Breite des Satzspiegels.

Einteilungseinheiten

Betrachten wir den Abstand von Zeile zu Zeile der Grundschrift als kleinste Einheit, so erhalten wir in der Regel eine Anzahl von Einheiten, die teilbar ist. Verwenden wir für die horizontale Teilung dieselben Einheiten, so wird ein einziges Mass-System für beide Seiten möglich.
Die Grösse der vertikalen Einheit muss aber nicht unbedingt mit der Grösse der horizontalen Einheit identisch sein. Es ist durchaus möglich, eine 8-Punkt-Einheit für die vertikale Einteilung mit einer 12-Punkt-Einheit für die horizontale Einteilung zu kombinieren.
Damit nun der Raster so variabel wie möglich wird, suchen wir auf die ganze Breite oder Höhe diejenige Anzahl von Einheiten, die sich immer ohne Rest in verschiedene kleinere Breiten oder Höhen teilen lässt. Verwenden wir zum Beispiel auf die ganze Breite 58 Einheiten und als Spaltenabstand konstant 2 Einheiten, lässt sich die ganze Breite in 2 Spalten (2×28+2), in 3 Spalten (3×18+2×2), in 4 Spalten (4×13+3×2), in 5 Spalten (5×10+4×2) und in 6 Spalten (6×8+5×2) teilen. 59 Ein-

Division horizontale

La division horizontale sert à déterminer la largeur des colonnes et la distance entre les colonnes. La largeur des colonnes dépend dans une large mesure de la force de corps et du nombre de caractères par ligne.
L'écart entre les colonnes doit permettre une séparation bien nette entre les différentes colonnes. Les unités de mesure déterminées pour la largeur des colonnes et leur écart fournissent la largeur constante du format de la composition.

Unités de division

Si l'on considère que la distance d'une ligne à l'autre des caractères de base correspond à la plus petite unité, l'on obtient en général toute une série d'unités subdivisibles. En utilisant ces mêmes unités pour la division horizontale, il est possible d'appliquer le même système de mesure dans les deux sens.
L'unité verticale ne doit toutefois pas être absolument identique à l'unité horizontale. Il est sans autre concevable de combiner une unité de 8 points de la division verticale avec une unité de 12 points de la division horizontale. Une telle division implique toutefois l'application de deux systèmes de mesure.
Pour disposer d'une trame aussi flexible que possible, il convient de chercher pour toute la largeur ou hauteur le nombre d'unités permettant une subdivision en unités de largeur ou de hauteur plus petites, sans qu'il y ait jamais de reste. Si, sur toute la largeur, l'on utilise par exemple 58 unités, la largeur totale peut être subdivisée en 2 colonnes (2×28+2), en 3 colonnes (3×18+2×2), en 4 colonnes (4×13+3×2),

Horizontal division

The horizontal division determines the widths of the columns and the spaces between them. The widths of the columns are largely dependent on the size of the type and the desired number of characters per line. The space between the columns must ensure that the division between them is clear.
The fixed measurements of the columns and the distance between them give the width of the type area.

Units of division

If we regard the distance from line to line as the smallest unit, this generally gives a number of units that is divisible. If we use the same units for the horizontal division, a single system of measurement is possible for both sides.
The size of the vertical unit, however, need not necessarily be identical with the horizontal unit. It is quite possible to combine a 8-point unit for vertical division with a 12-point unit for the horizontal division.
So that the grid is as variable as possible, we choose a number of units for the whole width or height that can be divided into various smaller widths or heights without leaving a remainder.
If, for example, we take 58 units for the whole width and 2 constant units as the column spacing, the whole width can be divided into 2 columns (2×28+2), into 3 columns (3×18+2×2), into 4 columns (4×13+3×2), into 5 columns (5×10+4×2) and into 6 columns (6×8+5×2). 59 units with only one unit for column spacing allows the same variations in the division.

heiten mit nur einer Einheit als Spaltenabstand ermöglichen dieselben Teilungsvarianten. 70 und 94 Einheiten mit immer 2 Einheiten als Spaltenabstand lassen sich in 2, 3, 4, 6 und 8 Spalten teilen.

en 5 colonnes (5×10+4×2) et en 6 colonnes (6×8+5×2). 59 unités avec seulement une unité d'écart entre les colonnes permettent les mêmes variantes dans la subdivision. 70 et 94 unités avec chaque fois 2 unités d'écart entre les colonnes peuvent être subdivisées en 2, 3, 4, 6 et 8 colonnes.

70 and 94 units, always with 2 units as column spacing can be divided into 2, 3, 4, 6 and 8 columns.

Aussenflächen (Ränder)

Die Aussenflächen umfassen den bedruckten Teil einer Seite. Sie sind ein integrierter Bestandteil des Rasters und mit denselben Masseinheiten festzuhalten.
Die Abstände vom Satzspiegel zu den vier Seiten des Papierformates sind der Art der Drucksache und der Einteilung des Satzspiegels entsprechend abzustimmen, gleichmässig oder verschieden.
Die äusseren Masse des Satzspiegels und die einmal festgelegten Randabstände bleiben konstant.
Bei einer mehrseitigen Arbeit, nur schon wenn Vor- und Rückseite bedruckt werden, ist zu entscheiden, ob sich der Satzspiegel in der Durchsicht deckt oder nicht (Register).
Für mehrseitige Drucksachen ist der Raster immer doppelseitig zu entwickeln. Soll der Satzspiegel der Vorderseite mit dem der Rückseite übereinstimmen, muss der Raster einer Doppelseite spiegelverkehrt angelegt werden, das heisst der Randabstand links der linken Seite entspricht dem Randabstand rechts der rechten Seite. Die Abstände oben und unten bleiben auf beiden Seiten gleich. Diese Übereinstimmung der Satzspiegel ist vor allem bei dünnen, durchscheinenden Papierqualitäten wichtig.
Verschiebungen des Satzspiegels verlangen dichte Papiersorten.
Die Randabstände rechts und links des Satzspiegels wählen wir in der Regel

Surfaces extérieures (marges)

Les surfaces extérieures comprennent la partie non imprimée de la page. Elles forment partie intégrante de la trame et sont déterminées par les mêmes unités de mesure.
Les distances entre le format de la composition et les quatre côtés du format du papier doivent être définies en fonction de la nature du travail d'impression et de la subdivision du format de la composition; selon le cas, elles sont régulières ou irrégulières.
Une fois déterminées, les dimensions extérieures du format de la composition et les marges restent constantes.
Si un travail comporte plusieurs pages ou que l'impression est recto-verso, il faut décider si le format de la composition doit concorder par transparence ou non (registre).
En cas d'imprimés à plusieurs pages, la trame doit toujours se développer sur double page.
Si le format de la composition de la page recto doit concorder avec celui du verso, la trame sur double page doit se développer symétriquement, c'est-à-dire que la marge gauche de la page gauche correspondra à la marge droite de la page de droite. Les écarts en haut et en bas demeurent les mêmes sur les deux côtés. Cette concordance du format de la composition est importante, en particulier lorsque le papier utilisé est mince et transparent.

Margins

The margins surround the printed part of a page. They form an integrated part of the grid and the same units of measurement must be used.
The distances of the type area from the four edges of the paper format are determined according to the kind of printed matter and the division of the type area. They may be the same or different. The outer measurement of the type area and the margins that have been fixed then remain constant.
With a work of several pages, or even if only both sides of a sheet are printed, it must be decided whether the two type areas cover each other when held to the light or not (register). The grid must always be worked out for both sides when several pages are involved.
If the type area on the front of the page must correspond to that on the back, the grid of a double page must be set in reverse laterally, i.e. the left margin of the left side corresponds to the right margin of the right side. The distances at the top and bottom remain the same on both sides.
This conformity of the type area is particularly important for thin, transparent paper.
Thicker kinds of paper are necessary if the type areas do not correspond.

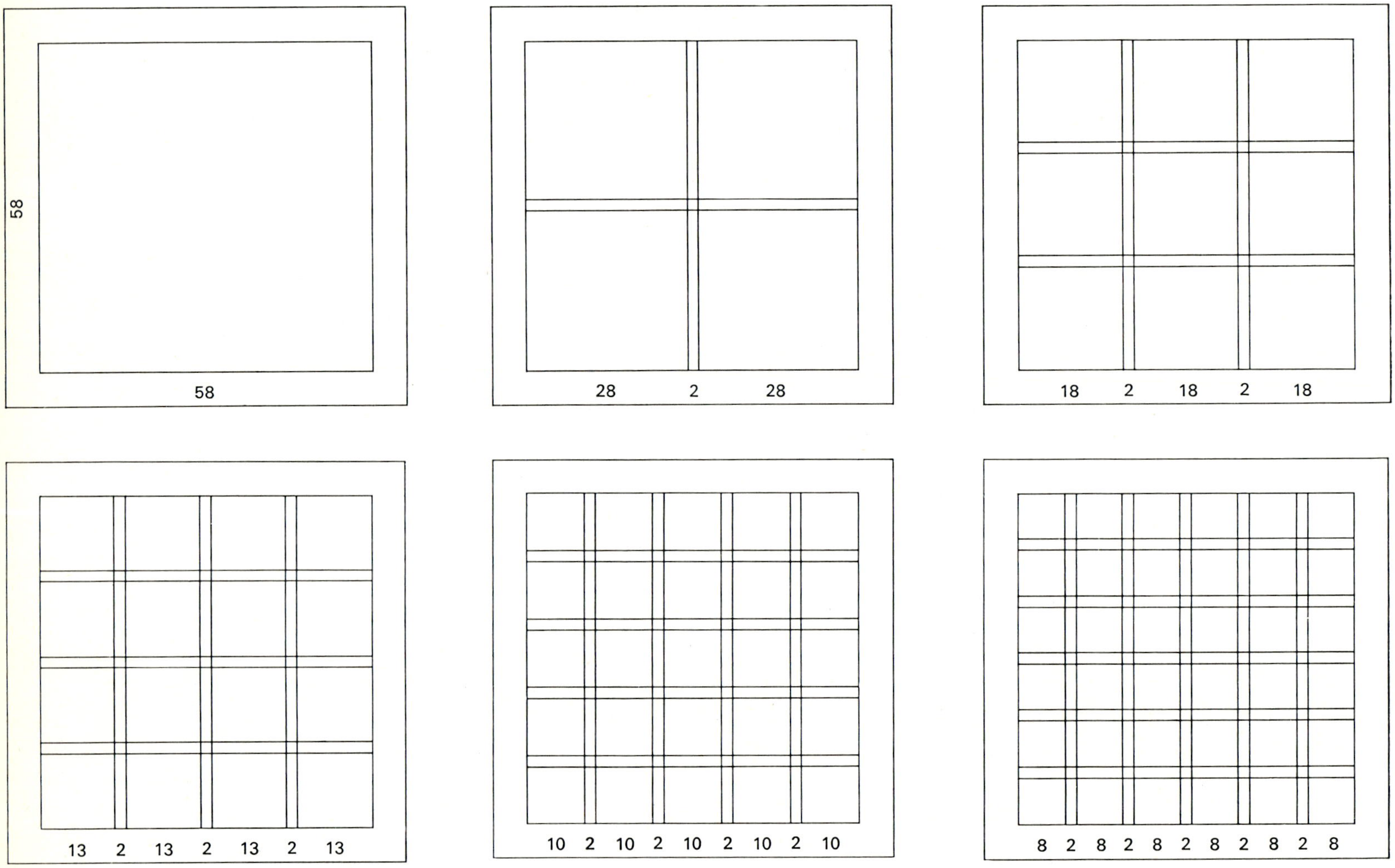

Quadratraster mit 58 Einheiten.
Spaltenabstand 2 Einheiten. Vertikal und Horizontal gleiche Grösse der Einheiten
Trame carré avec 58 unités.
Ecart entre les colonnes 2 unités. Valeur de l'unité horizontale et verticale similaire
Square grid with 58 units.
Distance between columns 2 units. Vertical and horizontal units of same size

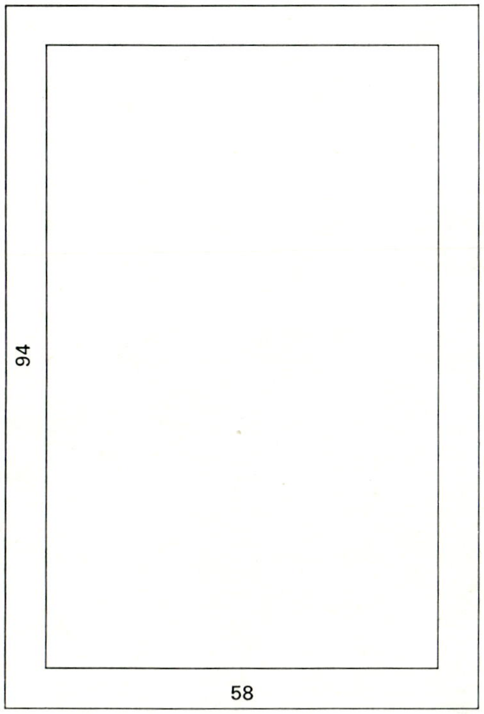

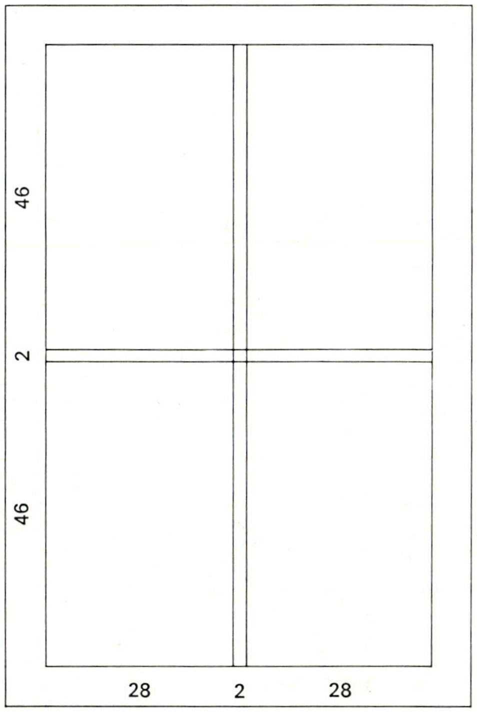

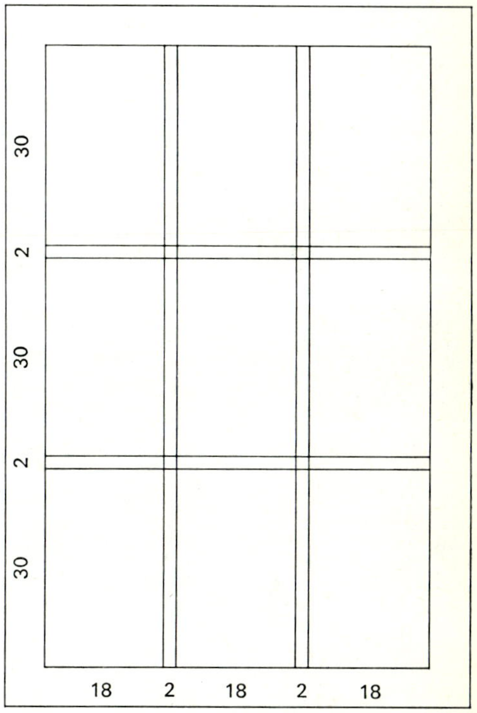

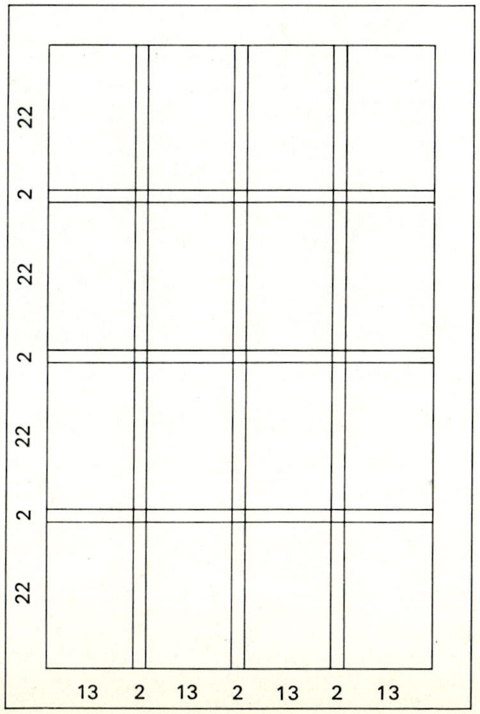

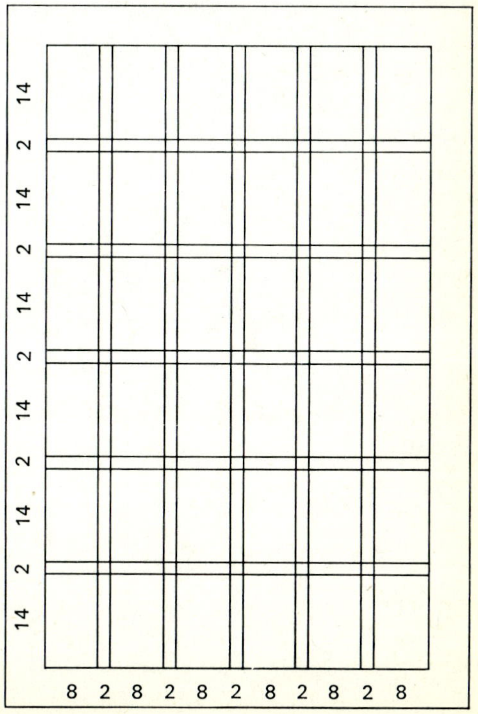

Rechteckraster, vertikal 94 Einheiten, horizontal 58 Einheiten. Vertikal und horizontal gleiche Grösse der Einheiten

Trame rectangulaire, verticale de 94 unités, horizontale de 58 unités. Valeur de l'unité verticale et horizontale similaire

Rectangular grid, vertical 94 units, horizontal 58 units. Vertical and horizontal units of same size

1

2

3

1

4

4

1

5

5

1
Papierformat
Format du papier
Paper size

2
Satzspiegel (bedruckt)
Format de la composition (partie imprimée)
Type area (printed)

3
Aussenflächen (nicht bedruckt)
Marges (partie non imprimée)
Outer surfaces (not printed)

4
Registerhaltende Satzspiegel
Surface imprimée avec registre maintenu
Type area matching register

5
Verschobene Satzspiegel
Surface imprimée avec registre décalé
Type area displaced

grösser als der Abstand von Spalte zu Spalte. Sind die Randabstände eines mehrspaltigen Rasters gleich oder kleiner als die Spaltenabstände, bricht das Spaltenbild auseinander. Die äusseren Spalten lösen sich von der Spaltengruppe und stören damit den Leserhythmus.
Der Randabstand im Bund ist zudem auf den Umfang und die Bindeart einer Drucksache abzustimmen.

Le décalage du format de la composition requiert des qualités de papier plus épaisses. Les marges à droite et à gauche du format de la composition sont, en règle générale, choisies plus larges que la distance d'une colonne à l'autre. Si les marges d'une trame à plusieurs colonnes sont égales ou plus petites que l'écart entre les colonnes, il y a rupture de l'impression d'ensemble. Les colonnes extérieures se détachent du groupe de colonnes intérieures, perturbant ainsi le rythme de lecture.
La marge intérieure doit, par ailleurs, être déterminée en fonction du volume et du mode de reliure du travail imprimé.

The margin widths selected for the right and left of the type area are generally wider than the distance between the columns. If the margins of a grid with more than one column are the same or less than the distance between the columns, the column picture is broken. The outer columns become detached from the column group and the reading rhythm is thereby disturbed.
The width of margins in bound works must, in addition, be determined according to the bulk of the printed matter as well as to the type of binding.

Anwendung

Jede einzelne typografische Arbeit beruht auf einer bestimmten Ordnung.
Die Ordnung ist nicht in jedem Falle durch ein System bedingt.
Sobald die typografische Aufgabe aber umfangreicher wird, wenn sie über viele Seiten, Exemplare oder Formate eine formale Einheit verlangt, sind Raster als Gestaltungsgrundlagen unerlässlich. Der Raster ist aber nicht nur Hilfsmittel für die Organisation der Texte (Manuskriptbearbeitung) und der Bilder, er ist auch Werkzeug und Anleitung für den Setzer und den Drucker, für wirtschaftliche Produktion. Deshalb muss ein Raster allen Beteiligten verständlich sein.
Jeder Raster soll der speziellen Aufgabe entsprechend ausgebaut oder vereinfacht werden. Ergänzungen zu den Grunddaten sind die Bestimmung der Einzüge, der Pagina, der Ziffern in den Spaltenabständen, der Stand von Linien (Tabellen), oder auch Angaben über die Anwendung des Rasters auf verschiedenen Formaten.

Application

Tout travail typographique requiert un ordre déterminé.
Cet ordre n'est toutefois pas toujours conditionné par un système.
Dès que le travail typographique gagne en ampleur, qu'il requiert une unité formelle s'appliquant à un grand nombre de pages, d'exemplaires ou de formats, la trame devient indispensable en tant que principe de conception formelle. Mais loin d'être simplement un moyen d'ordonnance du texte («mise en forme» des manuscrits) et de l'image, la trame sert aussi d'instrument et de moyen d'instruction pour le compositeur et le conducteur de machine, soucieux d'une production véritablement rentable. La trame doit de ce fait être aisément compréhensible.
La trame doit pouvoir être perfectionnée ou simplifiée selon le travail spécifique à exécuter. Des compléments aux données de base sont: la détermination des renforcements, folios, chiffres dans les écarts entre les colonnes, position des filets (tableaux),

Application

Every individual typographical work is based on a definite arrangement. This arrangement, however, is not, in every case, dependent on a system.
As soon as typographical tasks become more comprehensive, however, and require a formal unit for many pages, copies or formats, the grid is necessary as the basis of arrangement. The grid is not only an aid to the arrangement of the text, the compilation of the manuscript and the placing of the illustrations, the grid is also a tool and a guide for the compositor and printer to ensure economic production. For this reason, a grid must be comprehensible to all concerned.
Each grid should be planned or simplified according to the special task in hand. Additions to the basic data are the determinations of the indents, folio, figures in column spacing, position of lines (tables) or also indications of the application of the grid for different sizes.
The typographic grid and the picture

In der Regel ist der typografische Raster mit dem Bildraster identisch. Die Spaltenbreiten und -abstände entsprechen den Bildbreiten und -abständen in allen Kombinationen. Verschiedene Einheitsgrössen für Text und Bild, zum Beispiel Bildbreiten, die über die Textbreiten in die Spaltenabstände hineinragen, verlangen ausserordentlich strenge formale wie auch produktionsbedingte Kontrollen.

ou encore les indications relatives à l'application de la trame à divers formats.
En règle générale, la trame typographique est identique à la trame de l'image. Les largeurs de colonne et les distances entre les colonnes correspondent aux largeurs des images et aux distances entre elles dans toutes les combinaisons. Le choix de grandeurs différentes pour le texte et l'image, telles que des largeurs d'image dépassant la largeur du texte et se prolongeant jusque dans les écarts entre les colonnes, exige des contrôles extrêmement rigoureux, à la fois sur le plan formel et celui de la production.

grid are generally identical. The widths and spacing of the columns correspond to the widths and spacing of the illustrations. Different units of size for text and illustrations, e.g. picture widths which are larger than text widths and extend into the column spacing, require extremely rigorous checking regarding layout and production.

Arbeitsgrundlagen

Bases de travail

Working principles

Ablauf einer typografischen Arbeit

Typografie ist immer zweckorientiert.
Der Typograf arbeitet im Auftrag für eine bestimmte Sache.
Seine Produkte sind für die industrielle Produktion bestimmt.
Komplexe Aufgaben im Bereich der verbal-visuellen Kommunikation lassen sich nicht von einer Person allein lösen. Sie verlangen die Zusammenarbeit vieler (z. B. von Werbefachleuten, Textern, Soziologen, Setzern, Druckern) und dem Auftraggeber. Auch er ist Mitwirkender, da viele Grundinformationen nur durch ihn erhältlich sind.
Der Typograf und seine Arbeit ist deshalb nur ein Teil des Ganzen.

Ungeachtet der Grösse eines Projektes ist geordnetes Vorgehen unumgänglich. Wir brauchen einen geplanten Arbeitsablauf (Methode, Koordination). Wir brauchen Grundlagen, die wir uns beschaffen, oder die uns gegeben werden. Nur unter Berücksichtigung aller Gegebenheiten und Forderungen wird die gestalterische Tätigkeit sinnvoll und führt zu brauchbaren Resultaten.

Die folgende Gliederung zeigt einige Punkte eines Arbeitsablaufes. Sie kann nicht vollständig sein, da jede Aufgabe spezielle Planungsgrundlagen erfordert und jeder Gestalter mit seinen Mitarbeitern eigene Methoden entwickelt.

Die drei Hauptgruppen: Vorbereitung, Entwurf und Produktion, sind aber als Ausgangspunkt für einfache wie für komplexe Planungen gültig.

Déroulement d'un travail typographique

La typographie est toujours orientée vers un objectif bien déterminé.
Le typographe travaille pour un commettant à l'exécution d'un travail défini.
Les problèmes complexes de la communication visuelle ne peuvent être résolus par une seule personne, mais exigent une collaboration étroite (par exemple entre publicitaires, rédacteurs de textes, sociologues, compositeurs, imprimeurs etc.
et le commettant, appelé à collaborer du fait qu'il est souvent seul à pouvoir fournir nombre d'informations fondamentales).
Le travail du typographe n'est de ce fait qu'une partie du tout.

Quelle que soit l'ampleur du projet, il est indispensable de procéder avec méthode. Le processus de travail doit faire l'objet d'une planification rigoureuse (méthode, coordination). Les bases du travail doivent être fournies ou sollicitées. Seule la prise en considération de toutes les données et exigences permet de conférer son plein sens à l'activité créatrice et d'obtenir des résultats valables.

Le déroulement d'un travail typographique est présenté ci-contre en ses points essentiels. Cette présentation est loin d'être exhaustive, car chaque travail exige des bases de planifications spécifiques et chaque créateur développe, conjointement avec ses collaborateurs, des méthodes de travail qui lui sont propres.

Les trois groupes principaux, à savoir «Préparation du travail», «Projet» et «Production» constituent toutefois les étapes de base de toute planification, qu'elle soit simple ou complexe.

Course of a typographical work

Typography always has a definite aim.
The typographer works on instructions for a special object.
His products are destined for industrial production.
Complex problems in the sphere of verbal-visual communication cannot be solved by one person alone. They demand the cooperation of many people (e.g. publicity consultants, copy writers, sociologists, compositors, printers) and also the client as a great deal of fundamental information is only obtainable from him.
The typographer and his work is therefore only a part of the whole.

An organized procedure is absolutely necessary, irrespective of the size of the project. We need a planned course of working (methods, coordination). We need the fundamentals which we either procure or are given. Typographic design can only be useful and lead to applicable results when all the data and requirements have first been considered.

The following scheme shows some points in the working process. It cannot be complete as every task requires its own special planning principles and each designer, together with his colleagues, develops his own methods.

The three main sections, preparation, layout and production are, however, valid as a starting point for both simple and complex planning.

1 Vorbereitung

1.1 Informationssender

Wer ist der Sender, der Auftraggeber?
Tätigkeit, Bekanntheitsgrad, Marktposition usw.,

1.2 Information (Manuskript)

Was ist der Inhalt des speziellen Manuskriptes?
Also lesen, wenn nötig mehrmals.

1.3 Informationsabsicht

Was will der Auftraggeber (Sender) mit seiner Mitteilung erreichen?
Politische, verkaufsfördernde, belehrende Absicht, usw.

1.4 Informationsempfänger

Wer sind die Empfänger?
Altersgruppen, Geschlecht, soziale und kulturelle Stellung, Ausbildungsgrad, Kommunikationsgewohnheiten usw.

1.5 Informationsträger

Mit was wird die Mitteilung übermittelt?
Zeitung, Buch, Plakat usw.

1.6 Produktion

Welche Technik ist für das spezielle Projekt am besten geeignet?
Vervielfältigungsmöglichkeiten (Offset, Buchdruck, Tiefdruck, fototechnische Kopien).
Der Vervielfältigung entsprechende Satzproduktion (Bleisatz, Fotosatz, Composer, Schreibmaschine).

1.7 Termine

In welchen Zeiträumen wickelt sich das Projekt ab?
Die einzelnen Tätigkeiten sind zeitlich festzuhalten (Vorbereitung, Entwurf, Produktion, Verteilung).

1 Préparation du travail

1.1 Emission de l'information

Qui est l'émetteur, le commettant?
Activité, notoriété, position sur le marché, etc.

1.2 Information (manuscrit)

Quel est le fond de ce manuscrit spécifique?
Une lecture s'impose, plusieurs fois répétée, le cas échéant.

1.3 But de l'information

Quel but poursuit le commettant (émetteur du message) par son message?
Objectif politique, promotionnel, but instructif, etc.

1.4 Destinataire de l'information

Quels sont les destinataires du message?
Groupes d'âge, sexe, situation sociale et culturelle, degré d'instruction, habitudes de communication, etc.

1.5 Support d'information

Par quel moyen le message est-il transmis?
Journal, livre, affiches, etc.

1.6 Production

Quelle est la technique la plus appropriée pour tel projet spécifique?
Procédés de reproduction (offset, typographie, héliogravure, photocopie).
Types de composition correspondant aux procédés choisis (composition plomb, photocomposition, Composer, machine à écrire).

1.7 Délais

Dans quel intervalle de temps le projet sera-t-il développé?
Les différentes activités doivent être déterminées dans le temps (préparation, projet, production, diffusion).

1 Preparation

1.1 Sender of information

Who is the sender, the client?
Activity, how well known, market position, etc.

1.2 Information (copy)

What is the content of this special copy?
Read it first, several times, if necessary.

1.3 Aim of the information

What does the customer (sender) wish to achieve with his notification?
Political, sales-promoting, instructive aim, etc.

1.4 Recipients of the information

Who are the recipients?
Age groups, sex, social and cultural standing, level of education, customary methods of communication, etc.

1.5 Bearer of the information

How will the information be transmitted?
Newspaper, book, poster, etc.

1.6 Production

Which technique is most suitable for the special project?
Possibilities of reproduction (offset, letter-press, photogravure, photo-technical copies).
Methods of setting corresponding to the form of reproduction (lead composition, photo-composition, composer, typewriter).

1.7 Delivery terms

Within what periods must the different processes be carried out?
The individual processes must be completed in the allotted time (preparation, layout, production, distribution).

1.8 Kosten

Hat sich das Projekt nach einem bestimmten Budget zu richten oder ergeben sich die Kosten auf Grund des Projektes?
Kostenberechnung in Stufen oder im Total.
Alternativen vergleichen.

1.9 Auswertung der Vorbereitungen

Welche Ausgangslage ergibt sich nun auf Grund der Vorbereitungsergebnisse?
Vergleich der einzelnen Daten.
Koordinationsmöglichkeiten prüfen.
Auswahl und Zusammenfügen der Daten zur optimalen Ausgangslage.

2 Entwurf

2.1 Skizzen

Welche Kombinationen sind mit den zur Verfügung stehenden Elementen möglich?
Skizzieren der verschiedensten Kombinationen.
In dieser Phase dürfen keine Einfälle unterdrückt werden, auch wenn sie im Moment unmöglich erscheinen.
Einige Gestaltungselemente sind direkt aus den Vorbereitungen abzuleiten, so z. B. Papierformate (Normgrössen für Plakate oder Geschäftsdrucksachen) oder Ordnungsprinzipien (gemäss Inhalt).
Die andern sind zu bestimmen.
Erstellen der typografischen Matrix.

2.2 Kritik

Welche der erarbeiteten Skizzen erfüllen die Bedingungen (Ausgangslage) und ergeben gestalterisch neue Aspekte. (Experimente mit der Interpretation des Inhalts, mit den gestalterischen Elementen, mit der Drucktechnik, mit den Materialien)?
Gemeinsame Kontrolle, Auswahl und Korrektur der Entwürfe.
Nach der Kritik folgt nicht unbedingt die Stufe der Ausarbeitung. Vielmehr sind meistens weitere ergänzende Skizzen notwendig, oder man verlässt den eingeschlagenen Weg ganz und beginnt mit neuen Versuchen.

1.8 Coûts et frais

Faut-il que le projet soit réalisé en fonction d'un budget donné ou les coûts et frais découleront-ils du projet?
Calcul du prix de revient en étapes ou sous forme de montant total.
Comparaison avec des alternatives.

1.9 Exploitation des résultats de la préparation

Quelle est la situation de départ telle qu'elle se dégage des résultats de la préparation du travail?
Confrontation des différentes données.
Examen des possibilités de coordination.
Sélection et groupement des données en vue d'une situation de départ optimale.

2 Projet

2.1 Esquisses

Quelles sont les combinaisons possibles avec les éléments disponibles?
Esquisse des combinaisons les plus diverses.
Dans cette phase, toute idée, même la plus saugrenue, doit être examinée.
Certains éléments de conception formelle découlent directement des travaux de préparation, tels que les formats (normalisés pour affiches ou imprimés d'affaires) ou les principes d'ordre (selon fond de l'information). Les autres doivent être déterminés.
Réalisation de la matrice typographique.

2.2 Critique

Parmi les esquisses élaborées, quelles sont celles qui répondent aux exigences (situation de départ) et qui présentent de nouveaux aspects de conception formelle. (Expérience avec interprétation du fond, éléments de création formelle, technique d'impression, matériaux).
Contrôle, choix et correction des épreuves en commun.
La critique n'est pas nécessairement suivie de l'étape de réalisation. Très souvent, des esquisses complémentaires s'avèrent nécessaires, ou alors l'on se départit totalement de la voie suivie jusque lors pour se lancer dans une nouvelle série d'essais.

1.8 Costs

Must the project be planned according to a fixed budget or are the costs in accordance with the project?
Calculation of costs in stages or for the tota work.
Comparison of alternative projects.

1.9 Evaluation of the preparation

What is the initial position arising from the results of the preparation?
Comparison of individual data.
Test possibilities of coordination.
Selection and combination of data for the most favourable initial position.

2 Layout

2.1 Sketches

What combinations are possible with the available elements?
Sketch the most varied combinations. No ideas should be rejected at this stage however impossible they may seem at the time.
Some design elements can be directly derived from the preparation such as, for example, paper sizes (standard sizes for posters or business printed matter) or principles of arrangement (according to content). The others must be determined.
Planning the typographic matrix.

2.2 Criticism

Which of the schemes worked out fulfil the conditions (initial position) and produce new aspects of design? Experiments with the interpretation of the contents, with the design elements, with the printing technique and with the materials.
Combined examination, selection and correction of the sketches.
The stage of execution does not necessarily follow the criticism. Further additional sketches are invariably necessary or the scheme planned may even be completely abandoned and new attempts started again.

2.3 Ausarbeitung

Wie wird der ausgewählte Entwurf präsentiert?
Definitive Organisation der Elemente.
Bearbeitung der Details. Festhalten der Techniken und der Materialien.
Produktion der Präsentationsvorlage.

2.4 Präsentation

3 Produktion

3.1 Terminkontrolle

Stimmen die geplanten mit den realen Terminen überein?
Kontrolle und Korrektur.

3.2 Kostenkontrolle

Entsprechen die budgetierten Summen den durch den Entwurf zu erwartenden Kosten?
Nachkalkulation und Korrektur.

3.3 Unterlagen für die Satzproduktion

Welche Unterlagen sind für die Satzproduktion notwendig?
Verbindliches Manuskript, genaue Satzanweisungen. Entwurf.

3.4 Satzproduktion

Wie wickelt sich die Satzproduktion ab?

3.4.1 Bleisatz:
Erstellen des Satzes gemäss Unterlagen (a).
Erstellen der Kontrollandrucke (a).
Typografische Kontrolle der Andrucke (d).
Korrekturangaben, Erstellen des Umbruches (d).
Korrektur und Umbruch des Satzes (a).
Erstellen der neuen Kontrollandrucke (a).
Kontrolle der neuen Andrucke (bcd).
Erteilen des «Gut zum Druck» für den Auflagendruck oder für Andrucke auf spezielles Papier zur Herstellung von Reproduktionsvorlagen (bcd).

(a = Satzhersteller, b = Auftraggeber, c = Autor, Korrektor, d = Gestalter).

2.3 Réalisation

Comment le projet choisi doit-il être présenté?
Organisation définitive des éléments.
Mise au point des détails. Détermination des techniques et matériaux.
Exécution du projet de présentation.

2.4 Présentation

3 Production

3.1 Contrôle des échéances

Les délais convenus concordent-ils avec les délais réels?
Contrôle et correction.

3.2 Contrôle des coûts et frais

Les montants prévus au budget concordent-ils avec les coûts et frais prévus en fonction du projet?
Calcul du prix de revient définitif et correction.

3.3 Documents pour la composition

Quels sont les documents nécessaires pour la composition?
Manuscrit parfaitement au point, instructions de composition bien précises. Maquette.

3.4 Composition

Déroulement de la composition

3.4.1 Composition plomb:
Préparation de la composition selon documents (a).
Tirage des épreuves de contrôle (a).
Contrôle typographique des épreuves (d).
Indication des corrections. Mise en pages. (d).
Correction et mise en pages de la composition (a).
Tirage des nouvelles épreuves de contrôle (a).
Contrôle des nouvelles épreuves (bcd).
«Bon à tirer» en vue du tirage définitif ou pour épreuves sur papier spécial en vue de la reproduction (bcd).

(a = producteur de la composition, b = commettant, c = auteur, correcteur, d = créateur formel).

2.3 Execution

How will the selected design be presented?
Final arrangement of the elements. Planning details. Determination of techniques and materials.
Production of final layout.

2.4 Presentation

3 Production

3.1 Check delivery dates

Do the planned dates coincide with the actual ones?
Check and revise.

3.2 Check costs

Do the estimated costs correspond to the expected costs of the sketch?
Check and revise the calculation.

3.3 Data for composition

What data is necessary for compositions?
Obligatory copy, exact setting instructions. Draft.

3.4 Production

How does the composition proceed?

3.4.1 Lead composition:
Setting up composition according to data (a).
Setting up of first proof (a).
Typographic check of proofs (d).
Correction indications. Setting up of make-up (d).
Correction and make-up of composition (a).
Setting up of clean proofs (a).
Checking clean proofs (bcd).
Giving «O.K. to print» for the final printing or for proofs on special paper for producing reproduction copies (bcd).

(a = compositor, b = client, c = author, proofreader, d = designer).

3.4.2 Filmsatz:
Erstellen des Satzes gemäss Unterlagen (a).
Erstellen der Kontrollkopien (a).
Typografische Kontrolle der Kopien, Korrekturangaben (d).
Ausführen der Korrekturen und Erstellen von Film- oder Papierausgaben (a).
Montage (Umbruch) der Film- oder Papierausgaben (a oder d).
Erstellen der neuen Kontrollkopien (a oder d).
Kontrolle der neuen Kopien (bcd).
Erteilen des «Gut zum Druck» für den Auflagendruck oder für die Herstellung der Reproduktionsvorlagen (bcd).

3.5 Reproduktionsvorlagen

In welcher Ausführung werden Reproduktionsvorlagen verlangt?
Material, Grösse, Technik (z. B. für mehrfarbige Arbeiten), Reproduktionsanweisungen, usw.

3.6 Vervielfältigung (Druck)

Was muss beim Auflagedruck kontrolliert werden?
Auflagepapier, Stand und Register, Druckqualität (Farbauftrag), Farben (Farbrichtigkeit).

Je nach Arbeit ergeben sich im Bereich der Produktion entsprechende Kompetenzaufteilungen innerhalb der Arbeitsgruppe. Der Gestalter übernimmt aber immer die Verantwortung für die Qualität seiner gestalterischen Arbeit und die Qualität der Ausführung.

3.4.2 Photocomposition:
Préparation de la composition selon documents (a).
Tirage des copies de contrôle (a).
Contrôle typographique des copies. Indication des corrections (d).
Exécution des corrections et réalisation de tirages sur film ou papier (a).
Montage (mise en pages) de la surface sensible (film ou papier) (a ou d).
Tirage des nouvelles copies de contrôle (a ou d).
Contrôle de nouvelles copies (bcd).
«Bon à tirer» en vue du tirage définitif ou pour épreuves sur papier spécial en vue de la reproduction (bcd).

3.5 Documents de reproduction

Quelle est l'exécution requise pour les documents de reproductions?
Matériau, dimensions, technique (p.ex. pour travaux en plusieurs couleurs), instructions de reproduction, etc.

3.6 Impression

Que faut-il contrôler pour le tirage définitif?
Papier de tirage, position et registre, qualité d'impression, couleurs (exactitude des tons).

Les compétences au sein du groupe de travail dans le secteur de la production sont réparties en fonction du travail à exécuter.
Le créateur formel assume toutefois toujours la responsabilité de la qualité du travail créateur et de son exécution.

3.4.2 Film composition:
Setting up of composition according to data (a).
Setting up of proof copies (a).
Typographic check of copies. Correction indications (d).
Execution of corrections and setting up of film or paper editions (a).
Execution of corrections and setting up of film or paper editions (a).
Make-up of film or paper editions (a or d).
Setting up of new proof copies (a or d).
Checking new copies (bcd).
Giving «O.K. to print» for the final printing or for producing reproduction copies (bcd).

3.5 Reproduction copies

What type of reproduction copies are required?
Material, size, technique (e.g. for colour-printing), instructions for reproduction, etc.

3.6 Reproduction (printing)

What must be checked in the final printing?
Edition paper, lock-up and register, printing quality (colour intensity), colours (colour accuracy).

In the sphere of production, there should be appropriate divisions of competence within the working team in accordance with the task in hand.
The designer, however, always undertakes responsibility for the quality of his creative work and for the quality of its execution.

Manuskriptbearbeitung

Wie im vorhergehenden Kapitel *Ablauf einer typografischen Arbeit* skizziert wurde, sind für die Entwicklung und Produktion typografischer Produkte verschiedene Vorbereitungen zu berücksichtigen. Die Manuskriptbearbeitung ist ein weiterer Schwerpunkt.
Je besser das Manuskript vorbereitet und dem Setzer angeliefert wird, umso eher ist die Garantie einer qualitativ guten und kostensparenden Produktion gegeben. Nicht zu verwechseln ist die Manuskriptbearbeitung mit der technischen Arbeitsvorbereitung. (Die technische Arbeitsvorbereitung wird vom Produktionsbetrieb besorgt.)

Die Entwicklung in der Satzherstellung, vom Handsatz bis zum computergesteuerten Filmsatz, verlangt heute einen rationellen Arbeitsablauf.
Voraussetzung dafür ist die einwandfreie Textkorrektur und genaue Satzanweisungen.

Das Manuskript

Ein Manuskript für die Satzproduktion wird mit der Schreibmaschine geschrieben, in der Regel einseitig auf normierte Briefpapierformate, mindestens 1½zeilig, mit breitem Rand (Durchschuss und Rand für Korrekturen und Satzanweisungen). Sich folgende Blätter sind zu numerieren.
Ist der Satzspiegel (Raster) bekannt, soll die durchschnittliche Zahl der Buchstaben pro Manuskriptzeile der Anzahl Buchstaben der Druckzeile entsprechen.

Das Manuskript hat möglichst fehlerfrei zu sein. Enthält es vom Autor zahlreiche

Traitement des manuscrits

Comme déjà esquissé dans le chapitre précédent *Déroulement d'un travail typographique*, différents préparatifs sont indispensables pour le développement et la production des produits typographiques. Le traitement des manuscrits constitue un point fort important dans ce contexte. Mieux un manuscrit a été préparé avant d'être livré au compositeur, et plus sera grande la garantie d'assurer une production rationnelle et de bonne qualité. Le traitement des manuscrits ne doit pas être confondu avec la préparation technique du travail (qui incombe au secteur de la production).

Le développement intervenu dans la composition, depuis la composition manuelle jusqu'à la photocomposition commandée par voie d'ordinateur, exige aujourd'hui un déroulement rationnel du travail.
La correction impeccable du texte et des indications de composition bien claires sont d'autant plus indispensables.

Le manuscrit

Un manuscrit destiné à la composition est en règle générale dactylographié sur un côté d'une feuille de papier à lettre normalisée, avec 1½ d'interligne et une large marge (interligne et marge pour les corrections et indications relatives à la composition). Les feuilles consécutives doivent être numérotées.
Si le format de la composition est connu (trame), le nombre moyen de caractères par ligne de manuscrit doit correspondre au nombre de caractères par ligne imprimée.

Preparation of the copy

As was explained in the previous chapter *Course of a typographical work*, various preparations must be considered for the development and production of typographical works. The compilation of the copy is another important point. The more carefully a copy is prepared before being delivered to the compositor, the greater the guarantee of a qualitatively good and economical production. The compilation of the copy must not be confused with the technical preparatory work (the technical preparations are undertaken by the production firm).

The development of typesetting from hand composition up to computer-controlled film setting demands a rational sequence of operations today.
The accurate correction of the text and specific typesetting instructions are absolutely essential for this.

The copy

The copy for a compositor is typed, generally on one side of the standard size paper, with at least 1½-line spacing, with a wide margin (lead and margin for corrections and typesetting instructions). The sheets should be numbered in sequence.
If the type area (grid) is known, the average number of letters per line of the copy should correspond to the number of letters per line of the printed matter.

The copy should be as free of mistakes as possible. If the author has made numerous amendments, eliminations or additions so

Änderungen, Streichungen oder Zusätze und ist dadurch unübersichtlich geworden, lassen wir den Text nochmals abschreiben.

Le manuscrit doit présenter le moins d'erreurs possibles. Si l'auteur y a apporté de nombreuses modifications, suppressions ou adjonctions et que le manuscrit manque de clarté, le texte doit être donné à recopier.

that it is no longer clearly legible, the text should be copied again.

Manuskriptkorrektur

Eine Korrektur klärt alle Fragen der einheitlichen Schreibweise und andere sprachliche Probleme. Die Korrektur verlangt in der Folge die klare Bezeichnung aller gewünschten Zusätze, sprachlichen Änderungen und orthografischen Korrekturen mit den landesüblichen Korrekturzeichen (fremdsprachige Texte speziell sorgfältig durchsehen).
Einfügungen und Änderungen in Ergänzung zu den Korrekturzeichen sind nicht zwischen die Zeilen zu schreiben, sondern immer links vom Manuskripttext anzubringen.
Die Manuskriptkorrektur ist nur von einem kompetenten Sachbearbeiter vorzunehmen.

Correction du manuscrit

La correction permet de clarifier les problèmes d'ordre linguistique. Elle exige une indication bien nette de tous compléments souhaités, modifications linguistiques et rectifications orthographiques (les textes en langue étrangère doivent être revus avec un soin tout particulier) au moyen des signes de correction courants. Les adjonctions ou modifications en complément aux signes de correction ne doivent pas être inscrites entre les lignes, mais toujours à gauche du texte du manuscrit.
La correction du manuscrit doit être confiée à un spécialiste compétent.

Correction of the copy

A preliminary correction should clarify all questions of uniform spelling and other language problems. Correction therefore requires the clear indication of any desired additions, language amendments and orthographical errors using the standard proof-reader's marks of the country.
Texts in foreign languages should be checked with special care.
Insertions and alterations, as well as the proof-reader's marks, should not be written between the lines but always in the left margin.
Correction of a copy is only to be done by an experienced proof-reader.

Abbildungen, Tabellen, Formeln

Abbildungen oder spezielle Satzteile, wie Tabellen, Formeln usw., sollen grundsätzlich an der Stelle im Manuskript vermerkt werden, wo sie schlussendlich hingehören. Für Abbildungen und Tabellen, die nicht in der Folge des entsprechenden Textes stehen, ist ein Hinweis im Manuskript notwendig (Abbildungsnummer oder Seite).

Je nach Schriftgrösse werden die speziellen Satzteile vom Setzer separat be-

Illustrations, tableaux, formules

Les illustrations ou les parties spéciales de la composition, telles que tableaux, formules etc. doivent en principe être signalées à l'endroit qui leur est réservé dans le manuscrit. Pour les illustrations et tableaux qui ne sont pas appelés à figurer dans la suite du texte, une référence dans le manuscrit est nécessaire (numéro de l'illustration ou de la page).

Selon la force de corps choisie, certains éléments du texte doivent être traités

Illustrations, tabulation, formulae

Illustrations or other special parts of the typesetting such as tables, formulae and so on should, on principle, always be indicated on the copy in the place where they will ultimately appear. For illustrations and tables which do not appear in sequence in the corresponding text, an indication in the copy is necessary (number of illustration or page).

The special parts of the typesetting are dealt with separately by the compositor

handelt und verlangen deshalb auf dem Manuskript eine genaue Bezeichnung oder ein vom Haupttext unabhängiges Manuskript.
Alle Abbildungen und spezielle Satzteile müssen für den Setzer fortlaufend numeriert sein.

Satzanweisungen im Manuskript

Für den Setzer sind folgende Satzanweisungen im ganzen Manuskript deutlich und lückenlos einzuzeichnen:

Schrifttypen
Schriftgrössen
Schriftstärken
Schriftlagen
Spaltenbreiten
Spaltenarten (Flattersatz, Blocksatz oder Mittelachse)
Durchschuss
Einzüge
Sonderzeichen

Alle Satzanweisungszeichen haben sich eindeutig vom Manuskript zu unterscheiden, in der Schreibweise und in der Farbe. Es empfiehlt sich zum Beispiel, die verschiedenen Titelgrössen mit einer in einem Kreis stehenden Ziffer oder Buchstaben zu versehen. Dieser Code ist links vom betreffenden Wort oder Zeile anzubringen. Andere Satzanweisungen lassen sich durch Unterstreichen in einer oder mehreren Farben festhalten.

Alle Satzanweisungszeichen sind auf einem separaten Blatt zu erklären.

séparément par le compositeur, ce qui requiert une référence spéciale sur le manuscrit, ou encore un manuscrit indépendant du texte principal.
Les illustrations et éléments de composition spéciaux doivent être numérotés en continu à l'intention du compositeur.

Indications relatives à la composition

A l'intention du compositeur, les indications suivantes doivent figurer clairement et sans lacunes dans l'ensemble du manuscrit:

Types de caractères
Forces de corps
Graisse des caractères
Inclinaisons
Largeurs de colonne
Types de colonne
Interlignage
Renforcements
Signes spéciaux

Les indications relatives à la composition doivent être nettement distinctes du manuscrit, tant du point de vue du type d'écriture choisie que de leur couleur.
Il est recommandé, par exemple, de munir les différentes forces des titres d'un chiffre ou d'une lettre entourée d'un cercle. Ce code doit être indiqué à gauche du mot ou de la ligne concernés.
D'autres indications à l'adresse du compositeur peuvent être «figurées» en soulignant en une ou plusieurs couleurs.

Toutes les indications relatives à la composition doivent être expliquées sur une feuille séparée.

according to the type sizes and must therefore be precisely indicated on the copy or on another sheet which is independent of the main text.
All illustrations and parts to be specially set must be consecutively numbered for the compositor.

Instructions for the compositor on the copy

The following instructions for the compositor must be clearly and consistently shown in the whole copy.

Type faces
Type size
Type weight
Slope of type
Width of columns
Type of columns (unjustified, justified or symmetrical)
Leads
Indents
Special marks

All signs giving instructions to the compositor must be clearly distinguishable from the copy in the form of writing and in the colour.
It is, for example, recommendable to indicate various sizes of titles by means of a figure or a letter in a circle. This code is inserted at the left of the word or line concerned.
Other instructions for the compositor can be shown by underlining in one or more colours.

All signs giving instructions to the compositor must be explained on a separate sheet.

Zusammenfassung der Satzanweisungen

Die Zusammenfassung besteht je nach Arbeit aus dem typografischen Raster mit Massangaben, der typografischen Matrix, den Erklärungen für alle im Manuskript angebrachten Zeichen und Farbcodierungen (soweit diese nicht in der Matrix erscheinen) und generellen Angaben über sprachliche Besonderheiten und deren Schreibweise.

Die Zusammenfassung, ob einfach oder umfangreich, ist dem Setzer die Grundlage für seine Arbeit. Nur mit präzisen Angaben kann er die Vorstellungen der Entwerfer realisieren. Nur mit ihnen erhält er eine Übersicht, ist er in der Lage, die im Manuskript angebrachten Korrekturen und Satzanweisungen selbständig zu prüfen und seine produktionstechnischen Mittel rationell einzusetzen.

Condensé des indications relatives à la composition

Le condensé comprend, selon le travail à exécuter, la trame typographique avec indication des mesures requises, la matrice typographique, l'explication de tous les signes et codes de couleurs figurant dans le manuscrit (pour autant qu'ils n'apparaissent pas dans la matrice), ainsi que les indications générales sur les particularités linguistiques et la façon de les écrire.

Le condensé, qu'il soit simple ou détaillé, constitue le document de travail pour le compositeur. Ce n'est que sur la base d'indications précises que le compositeur pourra réaliser l'intention des créateurs, qu'il disposera d'une bonne vue d'ensemble lui permettant de contrôler soigneusement les corrections et indications de composition figurant dans le manuscrit et, partant, de mettre rationnellement à contribution les moyens techniques de production.

Summary of instructions for the compositor

The summary, depending on the work, consists of the typographical screen with indications of measurement, the typographical matrix, an explanation of signs and colour-coding used in the copy (as far as these do not appear on the matrix) and general indications regarding language peculiarities and the way of writing them.

The summary, whether simple or comprehensive, is the compositor's foundation for his work. He can only realize the designer's ideas if explicit indications are given. These enable him to have a survey of the whole work so that he is in a position to check for himself the corrections and instructions for the compositor which have been indicated on the copy. Then he can put his means of production and technique to rational use.

Typografische Matrix

Die typografische Matrix ist eine Gegenüberstellung der typografischen Mittel mit dem Inhalt einer Mitteilung.
Sie erleichtert die Analyse des Textes bei gleichzeitiger Auswahl und Organisation der typografischen Elemente.
Die Anwendung der typografischen Matrix gewährleistet eine klare Übersicht über die getroffenen Entscheidungen in bezug auf die Inhaltsgliederung und den Aufbau der typografischen Elemente.
Sie hilft die Satzproduktionsvorbereitungen, vor allem umfangreicher Manuskripte, zu rationalisieren und schliesst bei konsequenter Anwendung Fehler in der Produktion weitgehend aus.

Mittel			Schrifttyp			Schriftgrösse			Schriftstärke				Schriftlage		Schreibweise			Schriftfarbe			Durchschuss			Spaltenbreite			Spaltenart			Einzug			fester Standort
						Punkt	Punkt	Punkt	mager	normal	halbfett	fett	normal	kursiv	nur Grossbuchstaben	nur Kleinbuchstaben	Gross- und Kleinbuchstaben	schwarz			kompress	Punkt	Punkt	Cicero	Cicero	Cicero	Blocksatz	Flattersatz	symmetrischer Satz	Punkt	Punkt	Punkt	
Inhalt			1	2	3	4	5	6	7	8	9	10	11	12	13	14	15	16	17	18	19	20	21	22	23	24	25	26	27	28	29	30	31
Titel	1. Rang	A																															
	2. Rang	B																															
	3. Rang	C																															
		D																															
Text	wichtig 1. Rang	E																															
	wichtig 2. Rang	F																															
	normal	G																															
		H																															
	Erläuterungen	I																															
	Fussnoten	J																															
	Legenden	K																															
		L																															
Tabellen		M																															
		N																															
		O																															
		P																															
Ordnungsziffern	Pagina	Q																															
	Bilder	R																															
		S																															
		T																															
Auszeichnungen	1. Rang	U																															
	2. Rang	V																															
	3. Rang	W																															
		X																															
		Y																															
		Z																															

La matrice typographique est une confrontation des moyens typographiques avec la teneur du message à transmettre. Elle facilite l'analyse du texte, tout en concourant au choix et à l'organisation des éléments typographiques.
Le recours à la matrice typographique garantit une vue d'ensemble claire et nette des décisions prises quant à la structuration du contenu et l'agencement des éléments typographiques.
Il permet de rationaliser les préparatifs de production de la composition, surtout lorsque les manuscrits sont nombreux, et d'éviter systématiquement les erreurs au niveau de la production.

		Moyens	Type de caractères			Force de corps			Graisse du caractère				Inclinaison		Type d'écriture			Couleur d'écriture			Interlignage			Largeur de colonne			Type de colonne			Renfoncement			Emplacement fixe
						points	points	points	maigre	normal	demi-gras	gras	normal	italique	seulement capitales	seulement minuscules	capitales et minuscules	noir			compact	points	points	cicéros/douzes	cicéros/douzes	cicéros/douzes	composition justifiée	composition en lignes brisées	composition symétrique	points	points	points	
Contenu			1	2	3	4	5	6	7	8	9	10	11	12	13	14	15	16	17	18	19	20	21	22	23	24	25	26	27	28	29	30	31
Titre	1er ordre	A																															
	2e ordre	B																															
	3e ordre	C																															
		D																															
Texte	important 1er ordre	E																															
	important 2e ordre	F																															
	normal	G																															
		H																															
	explications	I																															
	notes courantes	J																															
	légendes	K																															
		L																															
Tableaux		M																															
		N																															
		O																															
		P																															
Chiffres d'ordonnance	folio	Q																															
	illustrations	R																															
		S																															
		T																															
Accentuations	1er ordre	U																															
	2e ordre	V																															
	3e ordre	W																															
		X																															
		Y																															
		Z																															

Typographic matrix

The typographic matrix is a comparison of the typographic means and the content of the announcement.
It simplifies the analysis of the text with simultaneous selection and organization of the typographic elements.
The use of a typographic matrix guarantees a clear survey of the decisions reached regarding the arrangement of the content and the set up of the typographic elements. It helps to rationalize preparations for composition, especially of lengthy manuscripts and its consistent use largely excludes mistakes in production.

		Means	Type face			Type size			Type weight				Slope of type		Kind of letter			Colour of type			Lead			Width of columns			Type of column			Indent			Permanent position
						point	point	point	light	medium	semi-bold	extra bold	regular	italic	only upper case	only lower case	upper and lower case	black			solid	point	point	pica	pica	pica	justified	unjustified	symmetrical setting	point	point	point	
Content			1	2	3	4	5	6	7	8	9	10	11	12	13	14	15	16	17	18	19	20	21	22	23	24	25	26	27	28	29	30	31
Title	1st order	A																															
	2nd order	B																															
	3rd order	C																															
		D																															
Text	important 1st order	E																															
	important 2nd order	F																															
	normal	G																															
		H																															
	explanations	I																															
	footnotes	J																															
	captions	K																															
		L																															
Tables		M																															
		N																															
		O																															
		P																															
Arrangement numbers	folio	Q																															
	illustrations	R																															
		S																															
		T																															
Accentuations	1st order	U																															
	2nd order	V																															
	3rd order	W																															
		X																															
		Y																															
		Z																															

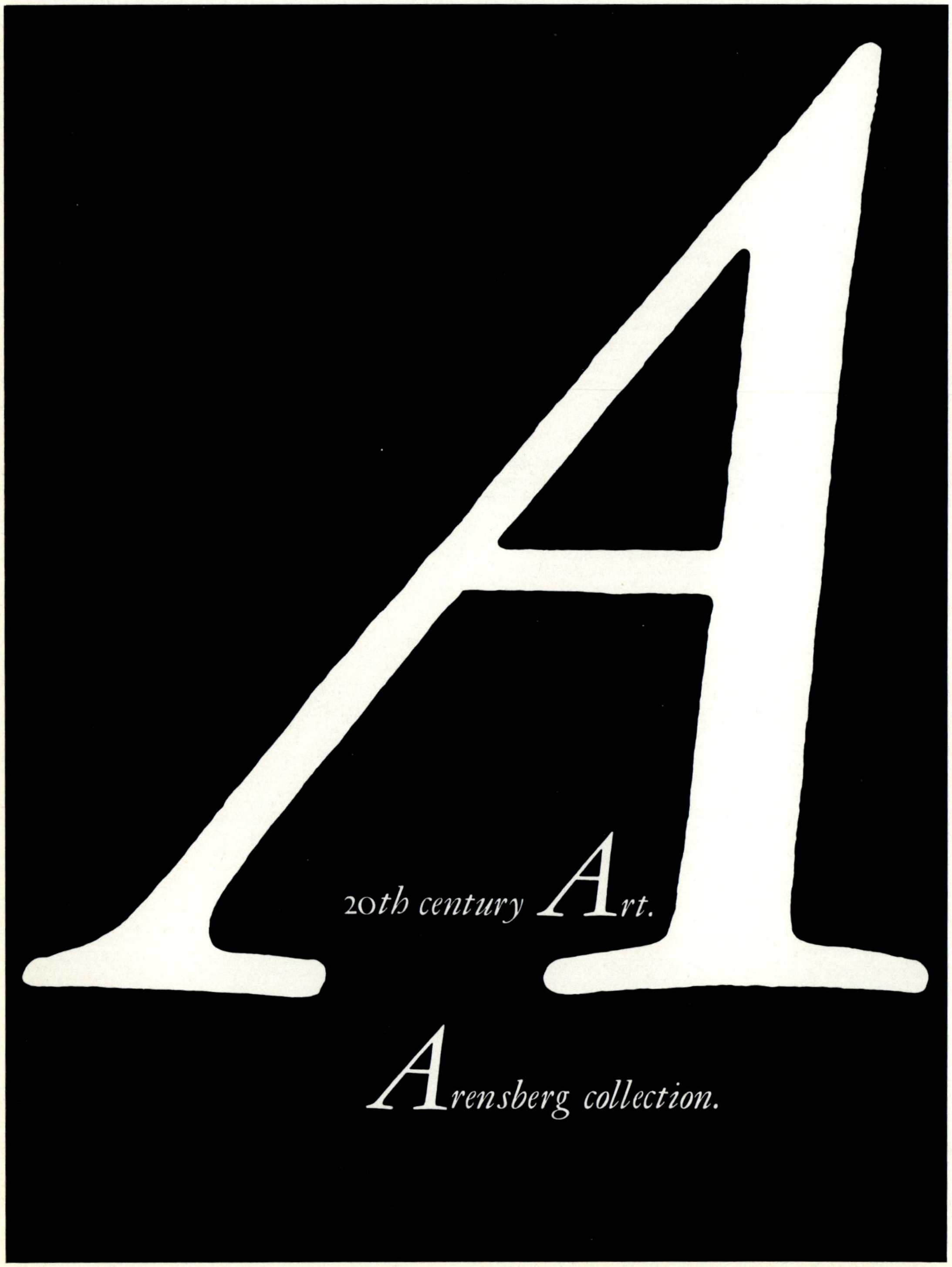

1

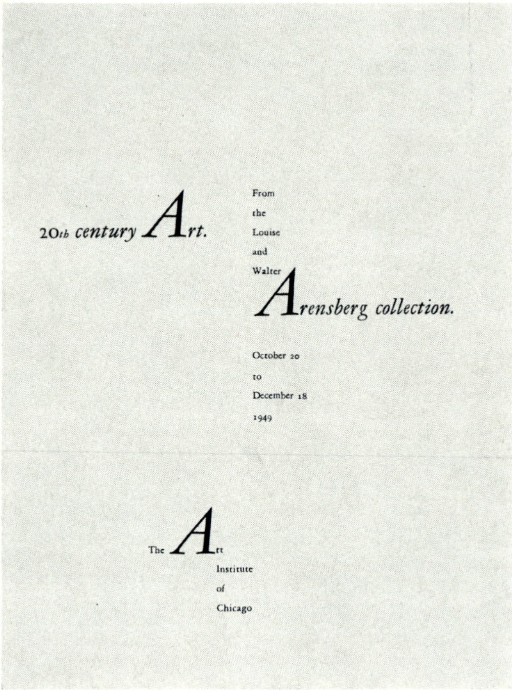

2

1, 2
Buchumschlag und Innentitel
Couverture de livre et titre intérieur
Book jacket and inner title
Paul Rand, Weston, USA

3

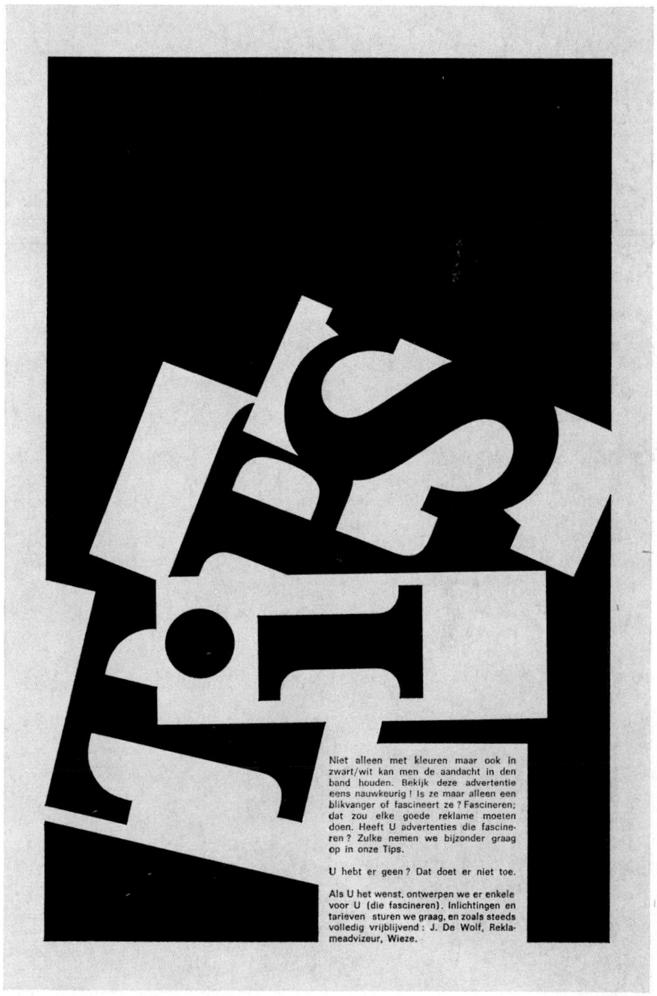

4

3
Broschürenumschlag
Couverture de brochure
Booklet cover
Aristo Nardozzi, USA

4
Broschürenumschlag
Couverture de brochure
Booklet cover
Odermatt und Tissi, Zürich

1

2

3

4

1
Buchumschlag, Studentenarbeit
Couverture de livre, travail d'étudiant
Book jacket, student's work
Ohio State University, USA

2
Buchumschlag
Couverture de livre
Book jacket
Mendell und Oberer, München

3
Buchumschlag
Couverture de livre
Book jacket
J. + M. Condon, New York

4
Kinderbuch, Innenseite
Livre d'enfant, page intérieure
Children's book, inner page
Paul Rand, Weston, USA

5

6

5
Katalogumschlag
Couverture de catalogue
Catalogue jacket
Fridolin Müller, Zürich

6
Buchumschlag
Couverture de livre
Book jacket
Mendell und Oberer, München

1

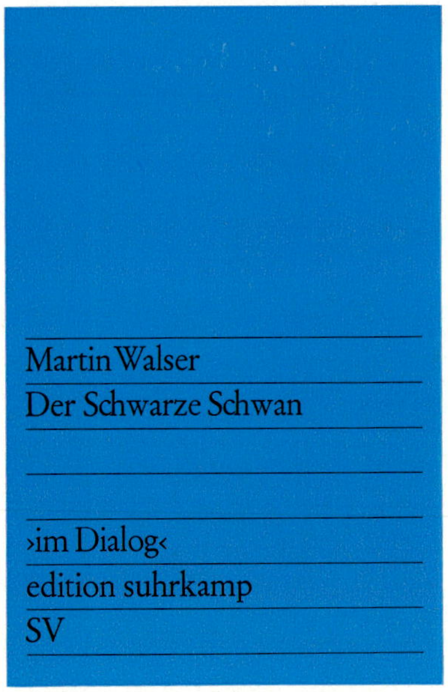

2

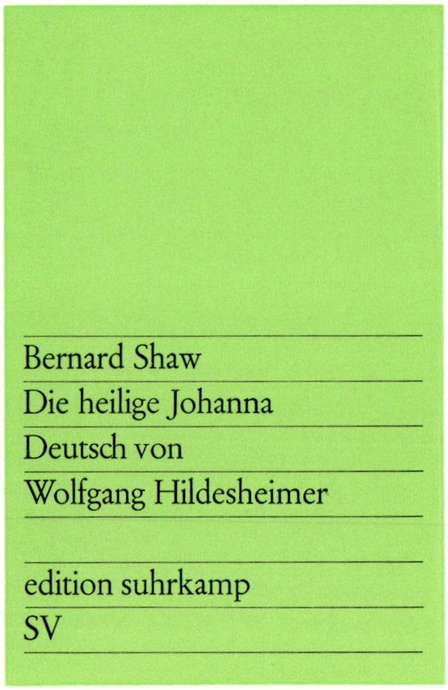

3

4

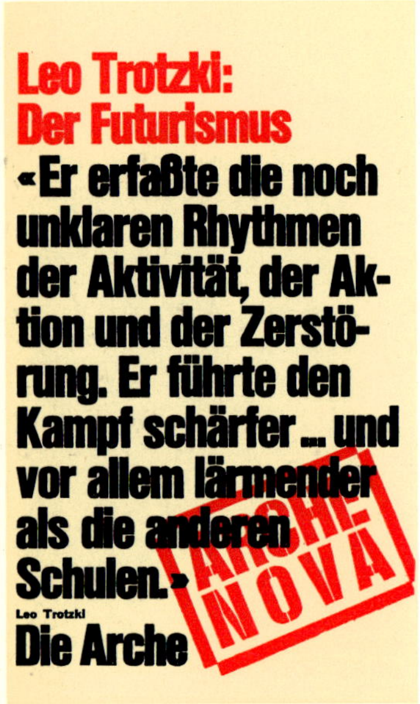

5

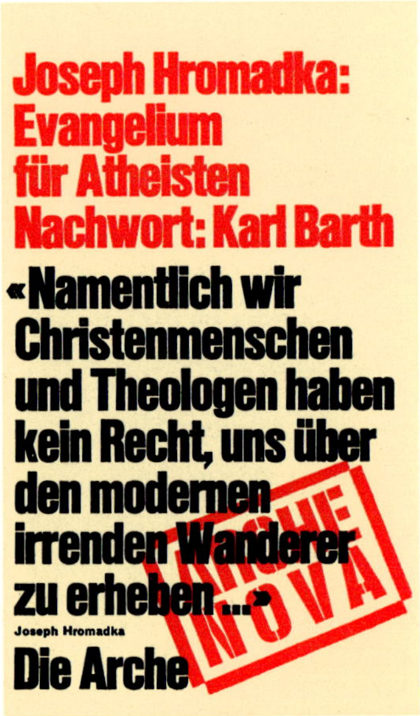

6

7

1–7
Taschenbuchumschläge für zwei Verlagsreihen
Couvertures de livre de poche pour deux séries d'édition
Paper-back jackets for two publishers' series

8

8
Buchumschlag
Couverture de livre
Book jacket
Karl Mannhart, Zürich

Schiff nach Europa

Markus Kutter

Verlag Arthur Niggli

1

vor mir das Meer

1

7

2

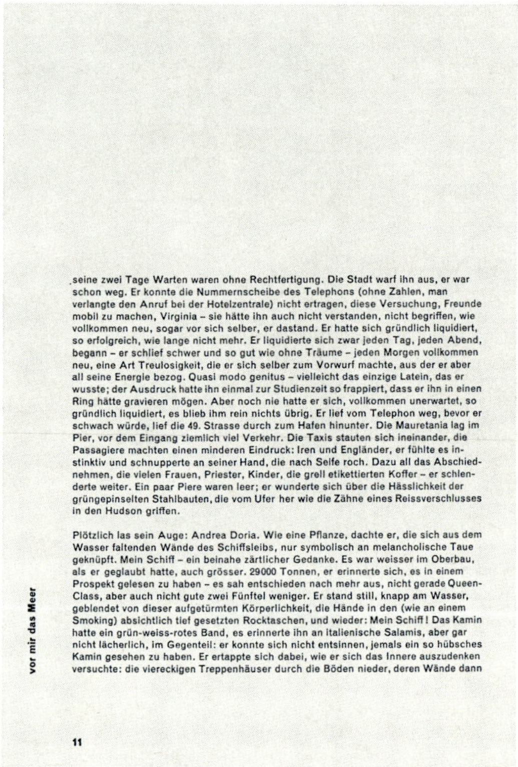

vor mir das Meer

seine zwei Tage Warten waren ohne Rechtfertigung. Die Stadt warf ihn aus, er war schon weg. Er konnte die Nummernscheibe des Telephons (ohne Zahlen, man verlangte den Anruf bei der Hotelzentrale) nicht ertragen, diese Versuchung, Freunde mobil zu machen, Virginia – sie hätte ihn auch nicht verstanden, nicht begriffen, wie vollkommen neu, sogar vor sich selber, er dastand. Er hatte sich gründlich liquidiert, so erfolgreich, wie lange nicht mehr. Er liquidierte sich zwar jeden Tag, jeden Abend, begann – er schlief schwer und so gut wie ohne Träume – jeden Morgen vollkommen neu, eine Art Treulosigkeit, die er sich selber zum Vorwurf machte, aus der er aber all seine Energie bezog. Quasi modo genitus – vielleicht das einzige Latein, das er wusste; der Ausdruck hatte ihn einmal zur Studienzeit so frappiert, dass er ihn in einen Ring hätte gravieren mögen. Aber noch nie hatte er sich, vollkommen unerwartet, so gründlich liquidiert, es blieb ihm rein nichts übrig. Er lief vom Telephon weg, bevor er schwach würde, lief die 49. Strasse durch zum Hafen hinunter. Die Mauretania lag im Pier, vor dem Eingang ziemlich viel Verkehr. Die Taxis stauten sich ineinander, die Passagiere machten einen minderen Eindruck: Iren und Engländer, er fühlte es instinktiv und schnupperte an seiner Hand, die nach Seife roch. Dazu all das Abschiednehmen, die vielen Frauen, Priester, Kinder, die grell etikettierten Koffer – er schlenderte weiter. Ein paar Piere waren leer; er wunderte sich über die Hässlichkeit der grüngepinselten Stahlbauten, die vom Ufer her wie die Zähne eines Reissverschlusses in den Hudson griffen.

Plötzlich las sein Auge: Andrea Doria. Wie eine Pflanze, dachte er, die sich aus dem Wasser faltenden Wände des Schiffsleibs, nur symbolisch an melancholische Taue geknüpft. Mein Schiff – ein beinahe zärtlicher Gedanke. Es war weisser im Oberbau, als er geglaubt hatte, auch grösser. 29000 Tonnen, er erinnerte sich, es in einem Prospekt gelesen zu haben – es sah entschieden nach mehr aus, nicht gerade Queen-Class, aber auch nicht gute zwei Fünftel weniger. Er stand still, knapp am Wasser, geblendet von dieser aufgetürmten Körperlichkeit, die Hände in den (wie an einem Smoking) absichtlich tief gesetzten Rocktaschen, und wieder: Mein Schiff! Das Kamin hatte ein grün-weiss-rotes Band, es erinnerte ihn an italienische Salamis, aber gar nicht lächerlich, im Gegenteil: er konnte sich nicht entsinnen, jemals ein so hübsches Kamin gesehen zu haben. Er ertappte sich dabei, wie er sich das Innere auszudenken versuchte: die viereckigen Treppenhäuser durch die Böden nieder, deren Wände dann

11

3

7

000	001	010	011
Introduction	Architect-Machine Symbiosis	Aspects of Design Procedures	Aspects of Design Processes
1 Humanism through Intelligent Machines	9 Prelude to an Architect-Machine Dialogue	31 From Perspectives to Holography	59 Sequential and Temporal Events
	17 Natural and Not-so-Natural Computer Graphics	39 Generation of Solutions	62 The Geometry of Qualities
	22 Computer-Aided versus Computerized	47 Simulation of Events	64 About Unsolicited Notes and Comments
	26 Adaptable Machines, Sensory Machines, and Parent Machines	51 Bits of Design Information	67 Games: Local Moves and Global Goals
		54 Machines in Residence	

8

010

Aspects of Design Procedures

9

Herr aus Florida — (zu Joan) Ich zweifle daran, dass er zu einer wirklichen Freundschaft fähig ist. Er denkt zuviel. Auf gescheite Leute ist kein Verlass. Das Leben ist einfach.

Joan — Das dürfen Sie nicht sagen. Man soll von den Leuten nie was Schlechtes denken.

Herr aus Florida — Gefällt er dir?

Kurt — Ich glaube, wir sind angekommen (stösst die Türe zur Veranda auf).

Lautsprecher — **Die Passagiere sind gebeten zu warten, bis die Schiffsoffiziere vorbeigekommen sind, um sich vom Stand der Vorkehrungen durch Augenschein zu überzeugen.**

Herr aus Florida — Zeit in Hülle und Fülle.

3. Akt

In der Veranda

(Die in orange Schwimmwesten gekleideten Passagiere sitzen auf den reihenweise aufgestellten Stühlen und unterhalten sich gedämpft. Ein leichtes Unbehagen liegt über der Versammlung. Ein paar Leute machen verlegen Photos. Der zwischen Joan und Kurt thronende Herr aus Florida jedoch geniesst die Lage sichtlich. Er wippt mit den Beinen zur leisen Tanzmusik, die der Lautsprecher durchgibt.)

Lautsprecher — **Pipi-da ribi-da quibi-da simm! Ründe, polünde da quibi-da, simm! (etc.)**

Kurt — Wenn es einmal so weit ist, dass die Rettungsboote bestiegen werden müssen, Miss Joan, so kommen in allen Klassen zuerst die Frauen und Kinder an die Reihe.

Joan — Und die Männer?

Herr aus Florida — Je grösser die Selbsterhaltungsmöglichkeiten sind, desto länger hat man zu warten.

Kurt — Richtig.

Herr aus Florida — Das sagt er so und denkt nicht an uns alte Männer. Aber natürlich: junge Leute kommen immer davon. Die klettern im Fall einer Panik über unsere Köpfe. Lebensinstinkt.

würde der Herr aus Florida reden...

45

4

Unser Kapitän ist leider tot, und der erste Offizier hat das Kommando übernommen – aber wir, die wir nicht einmal die einfachsten Flaggensignale wie Lotse an Bord oder Maschinen defekt verstehen, werden von der ganzen traurigen Angelegenheit nicht das geringste erfahren. Es geht uns auch nichts an, das ist es. Ich meine: Wohl ist der Kapitän vorhanden (kein Wort gegen diesen für Schiffsgesellschaften und Hafenbehörden unangezweifelt wichtigen Tatbestand), aber uns kann das gleichgültig sein. Es sind schon viele Präsidenten von Dupont oder Sears Roebuck gestorben oder pensioniert worden, und die Aktien auf der Börse haben sich um keinen Cent bewegt, weder abwärts noch aufwärts, wo doch schon irgendein verrückter Einfall eines Gewerkschaftsführers, ein Aufstand in Marokko alle Kurse bewegen kann. Der Kapitän ist es nicht, der Geschichte macht; der Kapitän ist eine Abstraktion.

Jason: Wir wollen uns zufrieden geben. Auf dem Schiff ist nichts zu machen; wer reist, hat eine gestörte Perspektive in bezug auf den Kapitän. Wir sitzen drin, auf dem Liegestuhl, liegen an der Bar, in unsern klimatisierten Kabinenschlägen – was ist das bisschen Freiheit, vom C-Deck auf den Ponte Sole zu klettern, sich das Frühstück gegen Mehrpreis ins Bett servieren zu lassen? Ergötze dich dran, wenn es dir Freude macht, aber nimm es nicht für voll. Leberecht Blümlein.

Parelli: Dreissig Monate sind die Burschen dann auf hoher See, als Schiffsjungen, Hilfsmatrosen, fern von daheim und ohne Familie. Der kleinen Freundin können sie nur Postkarten schreiben, und hat sie kein gutes Herz, so geht sie unterdessen mit dem Chefmechaniker oder Verkäufer von der Garage nebenan. Kommen sie nach drei Jahren wieder zurück, erst dann können sie sich bei einer Capitaneria di Porto melden, um das theoretische und praktische Staatsexamen über sich ergehen zu lassen, das ihnen den Berufstitel eines Aspirante Capitano L.C. (L.C. heisst Lungo Corso) gibt. Und das, wiederum, ist erst ein Anfang. Ich sage, für gewöhnlich hat man gar keine Vorstellung von der Kompliziertheit der Dinge; schaut man nur so oben drüberhin, sind alle gleich, höchstens jung oder alt, Männlein oder Weiblein, Amerikaner oder Italiener – doch sieht einer näher zu, so bildet ein jeder seinen eigenen Faden durchs grosse allgemeine Gewebe, das Muster (vor dem ich staune) entsteht aus der besonderen Verschlungenheit einzelner Fäden.

Dinkel: Was ich mir, denke ich an den Kapitän, immer wieder vorzustellen versuche: seine theoretische Machtfülle und die tatsächliche Machtlosigkeit den Zuständen, wie sie sind, gegenüber. Theoretisch kann der Kapitän zum Beispiel vor den Azoren kehrt machen und nach New York zurückfahren, aber er tut es nicht. Tut es unter keinen Umständen. Und wenn er es tut, wenn die Leute schon sagen: Seht, er macht kehrt, er ist eben doch der Kapitän!, so tut er es auch nur, weil ihm zum Beispiel die Telegraphisten berichtet haben,

Ansichten über den Kapitän

63

5

nach Wochen wieder Wasser gibt. Das verschafft ihnen ein Gefühl von Bedeutung. Es ist ihr ungeheures Bedürfnis, für jemand mit Problemen da zu sein, nur die Dummen nehmen sich heute noch achtzehnjährige Mädchen wie man einen frischen Apfel nimmt, sobald man Hunger hat. Interessante Samariterpose. Zum Glück sind die meisten doch wieder dumm, betrachtet man's genau; wenn sie ernst machen wollen, warnen sie einander als gute Freunde:

gib acht!

Du musst dir schon genau überlegen, was du anstellst, damit du nicht in dein eigenes Unglück rennst. Dieses wäre das Gegenteil ihrer Bequemlichkeit des unter der Türe wartenden Weibes mit dem Kofferraum im Wagenfonds voller Lebensmittel aus dem Einkaufszentrum oder die ideale Gastgeberin aller zur Bewunderung angeschleiften Kollegen: Du solltest ihre ordnende Hand sehen und wie sie nun – geschmackvoll, nicht? – den Tisch gerichtet hat; das Kinderzimmer hat sie selber gemalt: und wenn auch alles eine Pleite ist im Geschäft, die luftgeblähten Pläne, an die wir glauben sollten (nächstes Jahr mache ich das Doppelte, und dann wirst du deinen eigenen Wagen haben), von Frühjahr zu Frühjahr weiter zusammengeschnitten oder noch tiefer in den Garagengerümpel gestellt werden – wenigstens klappt es zuhause, da holen wir unsere besten Kräfte her.

seine Familie? Er kam nicht in sein Apartment Ostseite Manhattan zurück?

Er überraschte mich damit, dass er, bevor ich selber deutlich an irgendwelche Entscheidungen zu denken begann, zu mir im Bureau sagte: Wenn Sie schon daran denken, uns zu verlassen ... Woher, unterbrach ich, wissen Sie, dass ich fortgehen will? Wenn Sie mich fragen, antwortete er, in den US sind Sie jetzt nicht glücklich. Wieso, sagte ich, ich bin doch Amerikanerin, also zuhause.

Unoangestellte beklagen sich über Fernweh

Die Uno, sagte er, ist wie ein grosses Reisebureau. Man wird unruhig. Man beginnt am Glauben an die Absolutheit seines Reisepasses zu zweifeln. Nur in Ermangelung eines besseren liebt man noch sein Ursprungsland. Hoffen ist immer verzweifelt. In diesem Gebäude gleichen wir zu sehr einer gigantischen Business-Administration. Kann ein Geschäft zum Vaterland werden? (Er erinnerte mich an meinen Vater.) Ein geschichtlicher Staat, sagte der indische Delegationschef, kann sich wirtschaftlich, selbst moralisch, Defizite leisten; kann nicht für immer, aber doch über lange Jahre, sozusagen mit roten Zahlen arbeiten, ohne in der Treue seiner Angehörigen

149

6

From Perspectives to Holography

Drawing a perspective is a procedure for visualization, a procedure that has suffered from faddism in computer graphics, a procedure that can unfairly influence the process of creating physical form. Alberti's formalization of perspective in 1432 helped foster the Renaissance preoccupation for the observer and the viewing position (and possibly symmetry). Later, when man regularly built above six stories, the "bird's eye" and the "worm's eye" view made the stationary viewer even more manifest. Photography even further reinforced this syndrome.

Finally, the movie camera relieved the stationary-observer obsession by allowing the consideration of a path of movement and rotations of a field of vision. Cinematographic methods, however, were cumbersome, and the film processing time made movie-making a presentation procedure (off-line) rather than a study medium (on-line). Then came the instantaneous images of closed-circuit television. Coupled with a model scope or fiber-optics cord (optical devices for visually placing oneself within scale models), a designer could push his way through a model to simulate roughly the visual experience. Unhappily, television techniques are unwieldy.

The computer is a natural medium for the mass production of perspective images. At first, numerically controlled plotters were employed to draw perspectives at hundreds of small increments along a path. These drawings were then filmed with animation procedures to produce a cartoon of moving figures (Fetter, 1964), a general procedure more cumbersome than *any* previous method. Then the plotter was replaced with the cathode-ray tube in anticipation of creating perspective drawings (in their appropriate transformations) at a rate of sixteen to twenty frames per second, for providing the illusion of traveling through an environment at any speed and in a flicker-free manner (Negroponte, 1966). Assume that on the screen of a cathode-ray tube we have a perspective drawing, derived from the machine's model of some project. The rendered perspective is a crude jungle of lines describing a wire frame structure. Larry Roberts (1963) has taken out the hidden lines, David Evans et al. (1967) have put in halftones, and everybody is trying to perform the perspective transformations in real time.

Meanwhile, General Electric's Electronics Laboratory, Syracuse, New York, under NASA contract, has developed a special-purpose computer that permits a viewer to voyage through an environment with hidden lines removed, with halftones, in real time, and in color. Furthermore, the user of this system commands the movement with an aircraft-type control stick that delivers him a motor involvement with the visual simulation. P. Kamnitzer of U.C.L.A. is presently applying the NASA-General Electric system to urban visual simulation problems (Kamnitzer, 1969).

The history is long; the list of participants is long (M. Milne, 1969). Why the great concern with perspectives? First, the problem is intrinsically natural for computer graphics studies, its formulation is technically difficult (thus stimulating), and it requires no examination of design philosophy.

31

10

1 Ivan Sutherland's helmet. (Courtesy of Ivan Sutherland)

2 The Direct-View Three-Dimensional Display Tube developed at Hughes Research Laboratories by R. D. Ketchpel (1963). In contrast to other presentations in which the third dimension is simulated stereoscopically, this device displays the information in actual space. The three-dimensional display tube utilizes a phosphor-coated disc spinning at 900 rpm. Upon excitation by a cathode-ray beam at selected times, any point in the volume "swept out" may be illuminated thirty times a second. (Photograph courtesy of R. D. Ketchpel)

3 This illustration is a direct positive print of a hologram of the model to the left. If viewed as a transparency with a coherent light source behind, this hologram would display the model in three dimensions.

measurements. Unfortunately, the Wand does not leave traces in midair upon which to build consecutive lines (which aggravates the problem of hand trembling). Though a three-dimensional model is being constructed within the machine, the output associated with the Wand is at present a perspective or axonometric display.

Further efforts will eventually allow three-dimensional displays to be joined with wandlike devices. Ivan Sutherland is creating a machine that gives the illusion of actually walking around and within visual models (I. Sutherland, 1968). The device is a helmet mounted with two eyeglass-size cathode-ray tubes (with prisms) that permit stereoscopic images to be transformed in accordance with the head position of the wearer. In this case three antennas report the user's position, but the movement could also be monitored with the user driving a simulated car and actually driving through a city that does not exist in the real world. With halftones, color, and real time, this technique would afford an excellent simulation of the visual world. Sutherland's device even allows for a split image, through the prisms, that permits the designer to view his project overlaid upon the visual real world.

Another three-dimensional display technique is holography (Gabor, 1948). *TV Guide* periodically tempts its readers with three-dimensional television: ballet dancers in your living room and the Tonight Show in your bed. In hologram television, "the pictures have a realism unattainable by any other means. The three-dimensional effect is obtained without the need for a stereo pair of pictures, and without

37

11

1–6
Buchumschlag und Innenseiten
Couverture de livre et pages intérieures
Book jacket and inner pages
Karl Gerstner, Basel

7–11
Buchumschlag und Innenseiten
Couverture de livre et pages intérieures
Book jacket and inner pages
The Massachusetts Institut of Technology

1

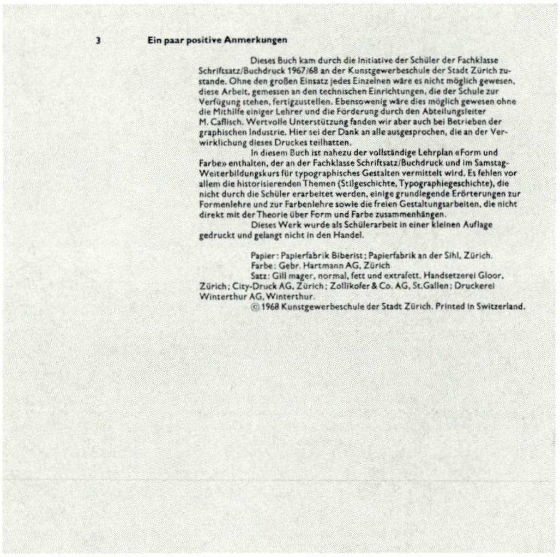

3 **Ein paar positive Anmerkungen**

Dieses Buch kam durch die Initiative der Schüler der Fachklasse Schriftsatz/Buchdruck 1967/68 an der Kunstgewerbeschule der Stadt Zürich zustande. Ohne den großen Einsatz jedes Einzelnen wäre es nicht möglich gewesen, diese Arbeit, gemessen an den technischen Einrichtungen, die der Schule zur Verfügung stehen, fertigzustellen. Ebensowenig wäre dies möglich gewesen ohne die Mithilfe einiger Lehrer und die Förderung durch den Abteilungsleiter M. Caflisch. Wertvolle Unterstützung fanden wir aber auch bei Betrieben der graphischen Industrie. Hier sei der Dank an alle ausgesprochen, die an der Verwirklichung dieses Druckes teilhatten.

In diesem Buch ist nahezu der vollständige Lehrplan «Form und Farbe» enthalten, der an der Fachklasse Schriftsatz/Buchdruck und im Samstag-Weiterbildungskurs für typographisches Gestalten vermittelt wird. Es fehlen vor allem die historisierenden Themen (Stilgeschichte, Typographiegeschichte), die nicht durch die Schüler erarbeitet werden, einige grundlegende Erörterungen zur Formenlehre und zur Farbenlehre sowie die freien Gestaltungsarbeiten, die nicht direkt mit der Theorie über Form und Farbe zusammenhängen.

Dieses Werk wurde als Schülerarbeit in einer kleinen Auflage gedruckt und gelangt nicht in den Handel.

Papier: Papierfabrik Biberist; Papierfabrik an der Sihl, Zürich.
Farbe: Gebr. Hartmann AG, Zürich
Satz: Gill mager, normal, fett und extrafett. Handsetzerei Gloor, Zürich; City-Druck AG, Zürich; Zollikofer & Co. AG, St.Gallen; Druckerei Winterthur AG, Winterthur.
© 1968 Kunstgewerbeschule der Stadt Zürich. Printed in Switzerland.

2

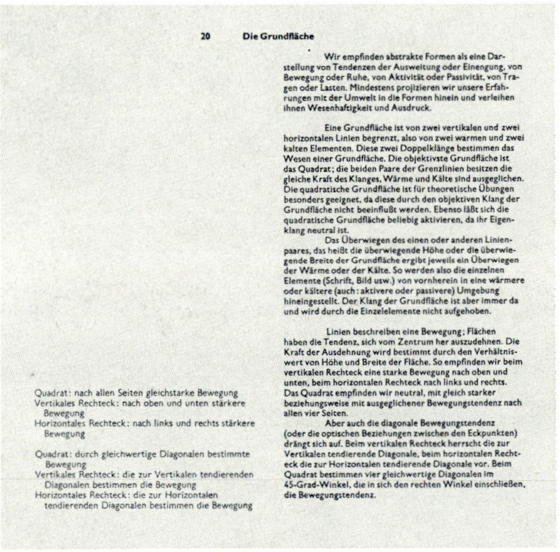

20 **Die Grundfläche**

Wir empfinden abstrakte Formen als eine Darstellung von Tendenzen der Ausweitung oder Einengung, von Bewegung oder Ruhe, von Aktivität oder Passivität, von Tragen oder Lasten. Mindestens projizieren wir unsere Erfahrungen mit der Umwelt in die Formen hinein und verleihen ihnen Wesenhaftigkeit und Ausdruck.

Eine Grundfläche ist von zwei vertikalen und zwei horizontalen Linien begrenzt, also von zwei warmen und zwei kalten Elementen. Diese zwei Doppelklänge bestimmen das Wesen einer Grundfläche. Die objektivste Grundfläche ist das Quadrat; die beiden Paare der Grenzlinien besitzen die gleiche Kraft des Klanges, Wärme und Kälte sind ausgeglichen. Die quadratische Grundfläche ist für theoretische Übungen besonders geeignet, da diese durch den objektiven Klang der Grundfläche nicht beeinflußt werden. Ebenso läßt sich die quadratische Grundfläche beliebig aktivieren, da ihr Eigenklang neutral ist.

Das Überwiegen des einen oder anderen Linienpaares, das heißt die überwiegende Höhe oder die überwiegende Breite der Grundfläche ergibt jeweils ein Überwiegen der Wärme oder der Kälte. So werden also die einzelnen Elemente (Schrift, Bild usw.) von vornherein in eine wärmere oder kältere (auch: aktivere oder passivere) Umgebung hineingestellt. Der Klang der Grundfläche ist aber immer da und wird durch die Einzelelemente nicht aufgehoben.

Linien beschreiben eine Bewegung; Flächen haben die Tendenz, sich vom Zentrum her auszudehnen. Die Kraft der Ausdehnung wird bestimmt durch den Verhältniswert von Höhe und Breite der Fläche. So empfinden wir beim vertikalen Rechteck eine starke Bewegung nach oben und unten, beim horizontalen Rechteck nach links und rechts. Das Quadrat empfinden wir neutral, mit gleich starker beziehungsweise mit ausgeglichener Bewegungstendenz nach allen vier Seiten.

Aber auch die diagonale Bewegungstendenz (oder die optischen Beziehungen zwischen den Eckpunkten) drängt sich auf. Beim vertikalen Rechteck herrscht die zur Vertikalen tendierende Diagonale, beim horizontalen Rechteck die zur Horizontalen tendierende Diagonale vor. Beim Quadrat bestimmen vier gleichwertige Diagonalen im 45-Grad-Winkel, die in sich den rechten Winkel einschließen, die Bewegungstendenz.

Quadrat: nach allen Seiten gleichstarke Bewegung
Vertikales Rechteck: nach oben und unten stärkere Bewegung
Horizontales Rechteck: nach links und rechts stärkere Bewegung

Quadrat: durch gleichwertige Diagonalen bestimmte Bewegung
Vertikales Rechteck: die zur Vertikalen tendierenden Diagonalen bestimmen die Bewegung
Horizontales Rechteck: die zur Horizontalen tendierenden Diagonalen bestimmen die Bewegung

3

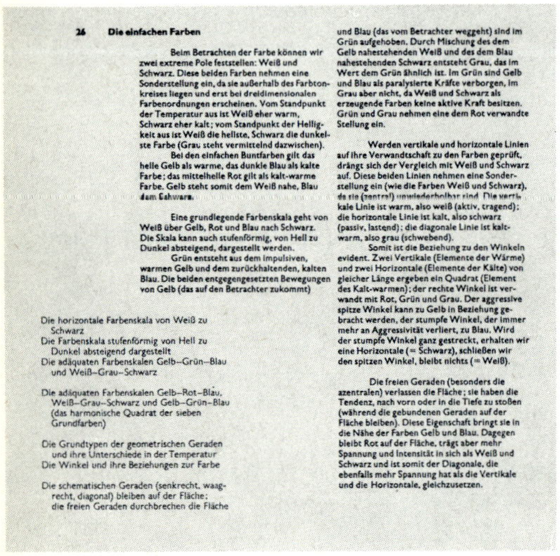

26 **Die einfachen Farben**

Beim Betrachten der Farbe können wir zwei extreme Pole feststellen: Weiß und Schwarz. Diese beiden Farben nehmen eine Sonderstellung ein, da sie außerhalb des Farbtonkreises liegen und erst bei dreidimensionalen Farbenordnungen erscheinen. Vom Standpunkt der Temperatur aus ist Weiß eher warm, Schwarz eher kalt; vom Standpunkt der Helligkeit aus ist Weiß die hellste, Schwarz die dunkelste Farbe (Grau steht vermittelnd dazwischen).

Bei den einfachen Buntfarben gilt das helle Gelb als warme, das dunkle Blau als kalte Farbe; das mittelhelle Rot gilt als kalt-warme Farbe. Gelb steht somit dem Weiß nahe, Blau dem Schwarz.

Eine grundlegende Farbenskala geht von Weiß über Gelb, Rot und Blau nach Schwarz. Die Skala kann auch stufenförmig, von Hell zu Dunkel absteigend, dargestellt werden.

Grün entsteht aus dem impulsiven, warmen Gelb und dem zurückhaltenden, kalten Blau. Die beiden entgegengesetzten Bewegungen von Gelb (das auf den Betrachter zukommt) und Blau (das vom Betrachter weggeht) sind im Grün aufgehoben. Durch Mischung des dem Gelb nahestehenden Weiß und des dem Blau nahestehenden Schwarz entsteht Grau, das im Wert dem Grün ähnlich ist. Im Grün sind Gelb und Blau als paralysierte Kräfte verborgen, im Grau aber nicht, da Weiß und Schwarz als erzeugende Farben keine aktive Kraft besitzen. Grün und Grau nehmen eine dem Rot verwandte Stellung ein.

Werden vertikale und horizontale Linien auf ihre Verwandtschaft zu den Farben geprüft, drängt sich der Vergleich mit Weiß und Schwarz auf. Diese beiden Linien nehmen eine Sonderstellung ein (wie die Farben Weiß und Schwarz), da sie (zentral) unwiederholbar sind. Die vertikale Linie ist warm, also weiß (aktiv, tragend); die horizontale Linie ist kalt, also schwarz (passiv, lastend); die diagonale Linie ist kalt-warm, also grau (schwebend).

Somit ist die Beziehung zu den Winkeln evident. Zwei Vertikale (Elemente der Wärme) und zwei Horizontale (Elemente der Kälte) von gleicher Länge ergeben ein Quadrat (Element des Kalt-warmen); der rechte Winkel ist verwandt mit Rot, Grün und Grau. Der aggressive spitze Winkel kann zu Gelb in Beziehung gebracht werden, der stumpfe Winkel, der immer mehr an Aggressivität verliert, zu Blau. Wird der stumpfe Winkel ganz gestreckt, erhalten wir eine Horizontale (= Schwarz), schließen wir den spitzen Winkel, bleibt nichts (= Weiß).

Die freien Geraden (besonders die azentralen) verlassen die Fläche; sie haben die Tendenz, nach vorn oder in die Tiefe zu stoßen (während die gebundenen Geraden auf der Fläche bleiben). Diese Eigenschaft bringt sie in die Nähe der Farben Gelb und Blau. Dagegen bleibt Rot auf der Fläche, trägt aber mehr Spannung und Intensität in sich als Weiß und Schwarz und ist somit der Diagonale, die ebenfalls mehr Spannung hat als die Vertikale und die Horizontale, gleichzusetzen.

Die horizontale Farbenskala von Weiß zu Schwarz
Die Farbenskala stufenförmig von Hell zu Dunkel absteigend dargestellt
Die adäquaten Farbenskalen Gelb–Grün–Blau und Weiß–Grau–Schwarz

Die adäquaten Farbenskalen Gelb–Rot–Blau, Weiß–Grau–Schwarz und Gelb–Grün–Blau (das harmonische Quadrat der sieben Grundfarben)

Die Grundtypen der geometrischen Geraden und ihre Unterschiede in der Temperatur
Die Winkel und ihre Beziehungen zur Farbe

Die schematischen Geraden (senkrecht, waagrecht, diagonal) bleiben auf der Fläche; die freien Geraden durchbrechen die Fläche

4

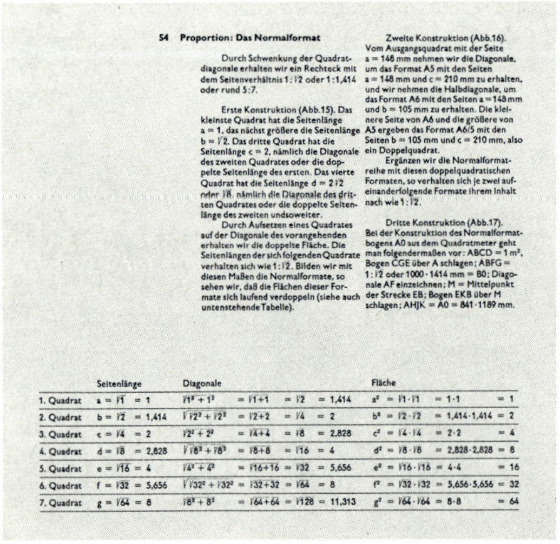

54 **Proportion: Das Normalformat**

Durch Schwenkung der Quadratdiagonale erhalten wir ein Rechteck mit dem Seitenverhältnis $1:\sqrt{2}$ oder 1:1,414 oder rund 5:7.

Erste Konstruktion (Abb.15). Das kleinste Quadrat hat die Seitenlänge a = 1, das nächst größere die Seitenlänge $b = \sqrt{2}$. Das dritte Quadrat hat die Seitenlänge c = 2, nämlich die Diagonale des zweiten Quadrates oder die doppelte Seitenlänge des ersten. Das vierte Quadrat hat die Seitenlänge $d = 2\sqrt{2}$ oder $\sqrt{8}$, nämlich die Diagonale des dritten Quadrates oder die doppelte Seitenlänge des zweiten undsoweiter.

Durch Aufsetzen eines Quadrates auf der Diagonale des vorangehenden erhalten wir die doppelte Fläche. Die Seitenlängen der sich folgenden Quadrate verhalten sich wie $1:\sqrt{2}$. Bilden wir mit diesen Maßen die Normalformate, so sehen wir, daß die Flächen dieser Formate sich laufend verdoppeln (siehe auch untenstehende Tabelle).

Zweite Konstruktion (Abb.16). Vom Ausgangsquadrat mit der Seite a = 148 mm nehmen wir die Diagonale, um das Format A5 mit den Seiten a = 148 mm und c = 210 mm zu erhalten, und wir nehmen die Halbdiagonale, um das Format A6 mit den Seiten a = 148 mm und b = 105 mm zu erhalten. Die kleinere Seite von A6 und die größere von A5 ergeben das Format A6/5 mit den Seiten b = 105 mm und c = 210 mm, also ein Doppelquadrat.

Ergänzen wir die Normalformatreihe mit diesen doppelquadratischen Formaten, so verhalten sich je zwei aufeinanderfolgende Formate ihrem Inhalt nach wie $1:\sqrt{2}$.

Dritte Konstruktion (Abb.17). Bei der Konstruktion des Normalformatbogens A0 aus dem Quadratmeter geht man folgendermaßen vor: ABCD = 1 m², Bogen CGE über A schlagen; ABFG = $1:\sqrt{2}$ oder 1000 · 1414 mm = B0; Diagonale AF einzeichnen; M = Mittelpunkt der Strecke EB; Bogen EKB über M schlagen; AHJK = A0 = 841 · 1189 mm.

	Seitenlänge	Diagonale	Fläche
1. Quadrat	$a = \sqrt{1} = 1$	$\sqrt{1^2 + 1^2} = \sqrt{1+1} = \sqrt{2} = 1{,}414$	$a^2 = \sqrt{1}\cdot\sqrt{1} = 1\cdot 1 = 1$
2. Quadrat	$b = \sqrt{2} = 1{,}414$	$\sqrt{\sqrt{2}^2 + \sqrt{2}^2} = \sqrt{2+2} = \sqrt{4} = 2$	$b^2 = \sqrt{2}\cdot\sqrt{2} = 1{,}414\cdot 1{,}414 = 2$
3. Quadrat	$c = \sqrt{4} = 2$	$\sqrt{2^2 + 2^2} = \sqrt{4+4} = \sqrt{8} = 2{,}828$	$c^2 = \sqrt{4}\cdot\sqrt{4} = 2\cdot 2 = 4$
4. Quadrat	$d = \sqrt{8} = 2{,}828$	$\sqrt{\sqrt{8}^2 + \sqrt{8}^2} = \sqrt{8+8} = \sqrt{16} = 4$	$d^2 = \sqrt{8}\cdot\sqrt{8} = 2{,}828\cdot 2{,}828 = 8$
5. Quadrat	$e = \sqrt{16} = 4$	$\sqrt{4^2 + 4^2} = \sqrt{16+16} = \sqrt{32} = 5{,}656$	$e^2 = \sqrt{16}\cdot\sqrt{16} = 4\cdot 4 = 16$
6. Quadrat	$f = \sqrt{32} = 5{,}656$	$\sqrt{\sqrt{32}^2 + \sqrt{32}^2} = \sqrt{32+32} = \sqrt{64} = 8$	$f^2 = \sqrt{32}\cdot\sqrt{32} = 5{,}656\cdot 5{,}656 = 32$
7. Quadrat	$g = \sqrt{64} = 8$	$\sqrt{8^2 + 8^2} = \sqrt{64+64} = \sqrt{128} = 11{,}313$	$g^2 = \sqrt{64}\cdot\sqrt{64} = 8\cdot 8 = 64$

5

6

1–6
Buchumschlag, Innenseiten und Raster
Couverture de livre, pages intérieures et trame
Book jacket, inner pages and grid
Hans Rudolf Bosshard, Zürich

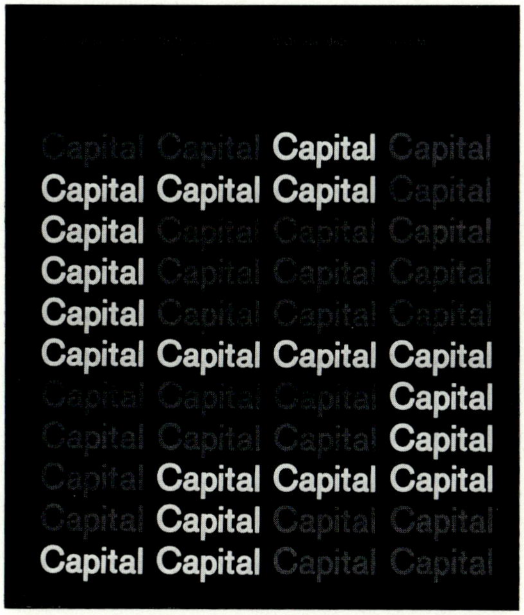

7

57 Unternehmer – schafft starke Gewerkschaften

schafft starke Gewerkschaften

Der Ausgangspunkt

Niemand wäre in der Bundesrepublik in den ersten Jahren nach dem Krieg auf die Idee gekommen, das Mitgliederproblem der Gewerkschaften aufzurollen. Die altgedienten Veteranen der Arbeiterbewegung waren froh, wieder in «ihrer» Gewerkschaft zu sein. Zum Teil wirkte auch die Arbeitsfront des Dritten Reiches nach. Man war eben einfach in der Arbeitnehmerorganisation. Auch die Beiträge wurden zum Teil noch – wie einst – über die Betriebe eingezogen. Die Gewerkschaftszugehörigkeit schien ein Teil der Betriebszugehörigkeit zu sein – siehe Geschichte eins. In dem fünfziger Jahrzehnt traten zwei Änderungen ein: Die Beschäftigtenziffern stiegen und erreichten die 21-Millionen-Grenze. Die Gewerkschaften des DGB konnten ihre absoluten Mitgliederzahlen kaum erhöhen. Relativ sanken sie auf einen Organisationsindex von unter 30 Prozent. Warum? Die Gewerkschaften verloren in den fünfziger Jahren mehr und mehr für große Teile der Arbeitnehmerschaft ihren fast legendären Schutzcharakter und ihren rituellen Nimbus. Der Arbeitnehmer meinte, er brauche die Gewerkschaft nicht mehr unbedingt. Sein Lebensstandard schien sich auch ohne die Gewerkschaft zu erhöhen – einfach durch Expansion der Wirtschaft, Vollbeschäftigung und Anwerbelöhne. Außerdem grassierte das Ohnemich, mit dem die Gewerkschaften zu Beginn der fünfziger Jahre in der Frage der Wehrbereitschaft selbst kokettiert hatten. Nun schlug diese Waffe wie ein Bumerang auf die Veranstalter zurück. Auch die Gewerkschaft traf das Ohnemich der individualisierten Gesellschaft der Bundesrepublik in den späteren fünfziger und zu Beginn der sechziger Jahre. Sich Organisieren wurde anrüchig. Man blieb besser privat. Das war genau der Ausgangspunkt der Überlegungen des Vorsitzenden der IG Bau, Steine, Erden, Georg Leber, der an die Zeit zurückdachte, als «auf dem Bau» eigentlich niemand unorganisiert sein durfte, wenn er nicht riskieren wollte, von einem gezielten Backstein unbarmherzig erreicht zu werden. Auch diese Zeit war vorbei. DieWaffe des direkten Terrors wurde nicht mehr eingesetzt. Der indirekte Zwang war im Baugewerbe schwieriger als in der stationären Industrie. Georg Leber stellte fest, daß seine Gewerkschaft ihren Mitgliederbestand halten konnte. In der gleichen Zeit wuchs die Zahl der Beschäftigten in der Bauwirtschaft erheblich. Die Industriegewerkschaft Bau, Steine, Erden hatte dadurch keine sichtbaren Mitgliedervorteile. Die Lenker der IG Bau überlegten. «Wir haben seit 12 Jahren die Löhne in der Bauwirtschaft geräuschlos mit unserem Partner verabredet. Wir haben Ausgleichskassen für Urlaub, Alter und Schlechtwetter geschaffen. Wir sind für die Förderung des Winterbaus eingetreten», erklärten sie. Die Arbeitnehmer der Bauwirtschaft hätten die Vorteile dieser Regelung akzeptiert, ohne daraus irgendwelche Konsequenzen zu ziehen.

8

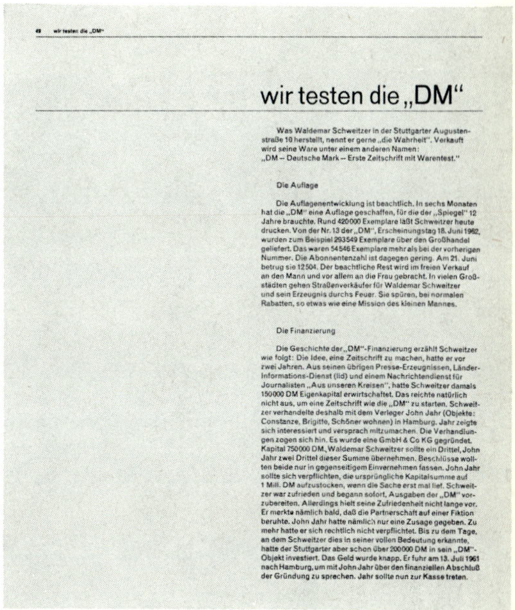

49 wir testen die „DM“

wir testen die „DM“

Was Waldemar Schweitzer in der Stuttgarter Augustenstraße 10 herstellt, nennt er gerne „die Wahrheit“. Verkauft wird seine Ware unter einem anderen Namen:
„DM – Deutsche Mark – Erste Zeitschrift mit Warentest.“

Die Auflage

Die Auflagenentwicklung ist beachtlich. In sechs Monaten hat die „DM“ eine Auflage geschaffen, für die der „Spiegel“ 12 Jahre brauchte. Rund 420000 Exemplare läßt Schweitzer heute drucken. Von der Nr. 13 der „DM“, Erscheinungstag 18. Juni 1962, wurden zum Beispiel 293549 Exemplare über den Großhandel geliefert. Das waren 54546 Exemplare mehr als bei der vorherigen Nummer. Die Abonnentenzahl ist dagegen gering. Am 21. Juni betrug sie 12504. Der beachtliche Rest wird im freien Verkauf an den Mann und vor allem an die Frau gebracht. In vielen Großstädten gehen Straßenverkäufer für Waldemar Schweitzer und sein Erzeugnis durchs Feuer. Sie spüren, bei normalen Rabatten, so etwas wie eine Mission des kleinen Mannes.

Die Finanzierung

Die Geschichte der „DM“-Finanzierung erzählt Schweitzer wie folgt: Die Idee, eine Zeitschrift zu machen, hatte er vor zwei Jahren. Aus seinen übrigen Presse-Erzeugnissen, Länder-Informations-Dienst (lid) und einem Nachrichtendienst für Journalisten „Aus unseren Kreisen“, hatte Schweitzer damals 150000 DM Eigenkapital erwirtschaftet. Das reichte natürlich nicht aus, um eine Zeitschrift wie die „DM“ zu starten. Schweitzer verhandelte deshalb mit dem Verleger John Jahr (Objekte: Constanze, Brigitte, Schöner wohnen) in Hamburg. Jahr zeigte sich interessiert und versprach mitzumachen. Die Verhandlungen zogen sich hin. Es wurde eine GmbH & Co KG gegründet. Kapital 750000 DM, Waldemar Schweitzer sollte ein Drittel, John Jahr zwei Drittel dieser Summe übernehmen. Beschlüsse wollten beide nur in gegenseitigem Einvernehmen fassen. John Jahr sollte sich verpflichten, die ursprüngliche Kapitalsumme auf 1 Mill. DM aufzustocken, wenn die Sache erst mal lief. Schweitzer war zufrieden und begann sofort, Ausgaben der „DM“ vorzubereiten. Allerdings hielt seine Zufriedenheit nicht lange vor. Er merkte nämlich bald, daß die Partnerschaft auf einer Fiktion beruhte. John Jahr hatte nämlich nur eine Zusage gegeben. Zu mehr hatte er sich rechtlich nicht verpflichtet. Bis zu dem Tage, an dem Schweitzer dies in seiner vollen Bedeutung erkannte, hatte der Stuttgarter aber schon über 200000 DM in sein „DM“-Objekt investiert. Das Geld wurde knapp. Er fuhr am 13. Juli 1961 nach Hamburg, um mit John Jahr über den finanziellen Abschluß der Gründung zu sprechen. Jahr sollte nun zur Kasse treten.

9

68 Capital Interview

an alle Kollegen: Vorsicht Frieden

10

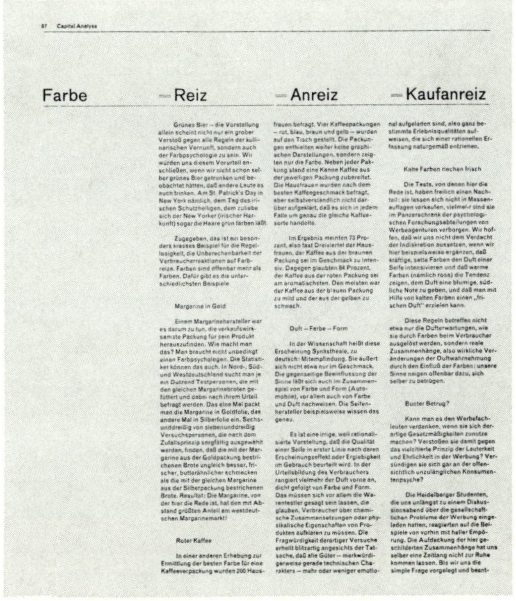

67 Capital Analyse

Farbe – Reiz – Anreiz – Kaufanreiz

11

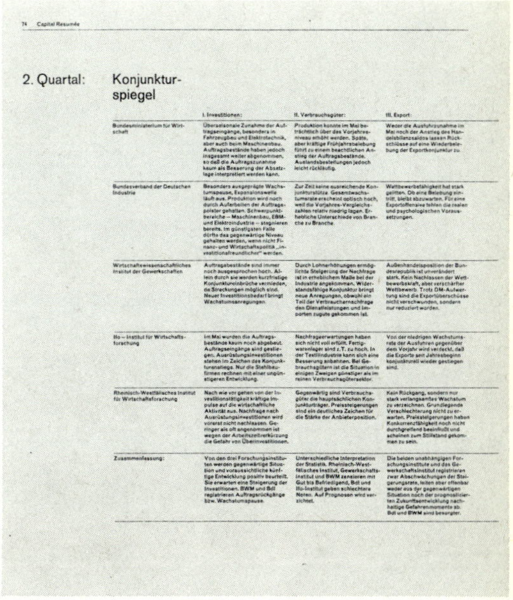

74 Capital Resumée

2. Quartal: Konjunkturspiegel

12

7–12
Zeitschriftenumschlag und Innenseiten
Couverture d'illustré et pages intérieures
Magazine cover and inner pages
Gerstner + Kutter, Basel

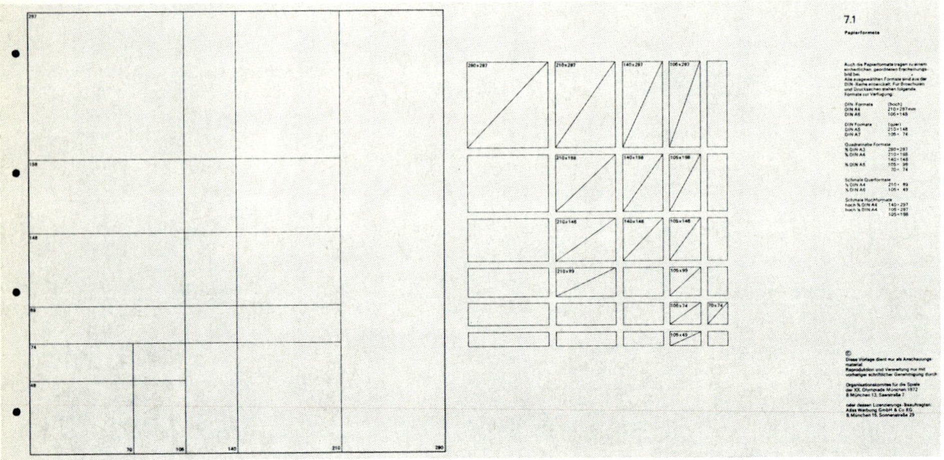

1

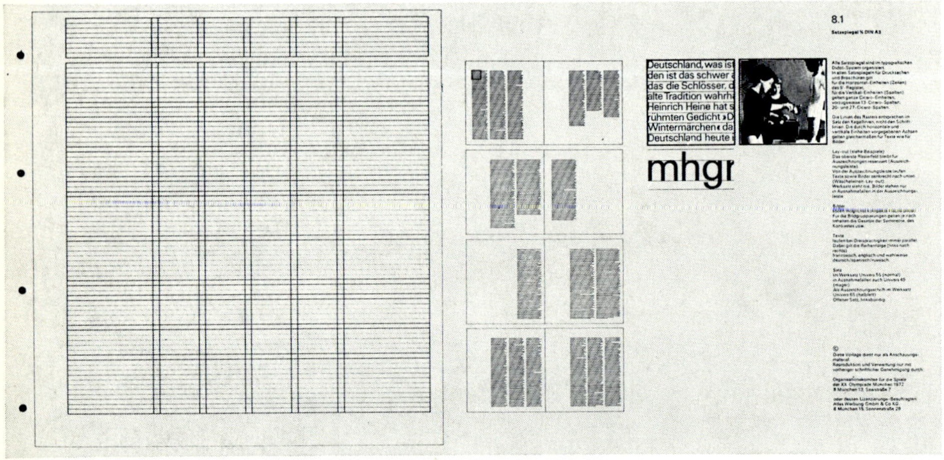

2

3

1, 2, 3
Richtlinien und Normen für die visuelle Gestaltung
Organisations-Komitee für die Spiele der XX. Olympiade München 1972
Otl Aicher
3 Beispiele der Normblätter für die typografische Gestaltung
Papierformate (1), Satzspiegel 2/3 DIN A3 (2), Tabelle für Manuskript- und Satzberechnung (3).

1, 2, 3
Directives et normes pour la conception visuelle
Comité d'organisation des XXe Jeux Olympiques
3 exemples de feuilles de normes pour la conception typographique
Otl Aicher
Formats de papier (1), format de composition 2/3 DIN A3 (2), Tableau de calcul pour manuscrits et travaux de composition (3)

1, 2, 3
Guiding principles and standards for visual designing
Organizing Committee for the XX Olympic Games Munich 1972
Otl Aicher
3 examples of standard sheets for typographic designing (1)
Paper format, Type area 2/3 DIN A3 (2), Table for calculation of manuscript and typesetting (3)

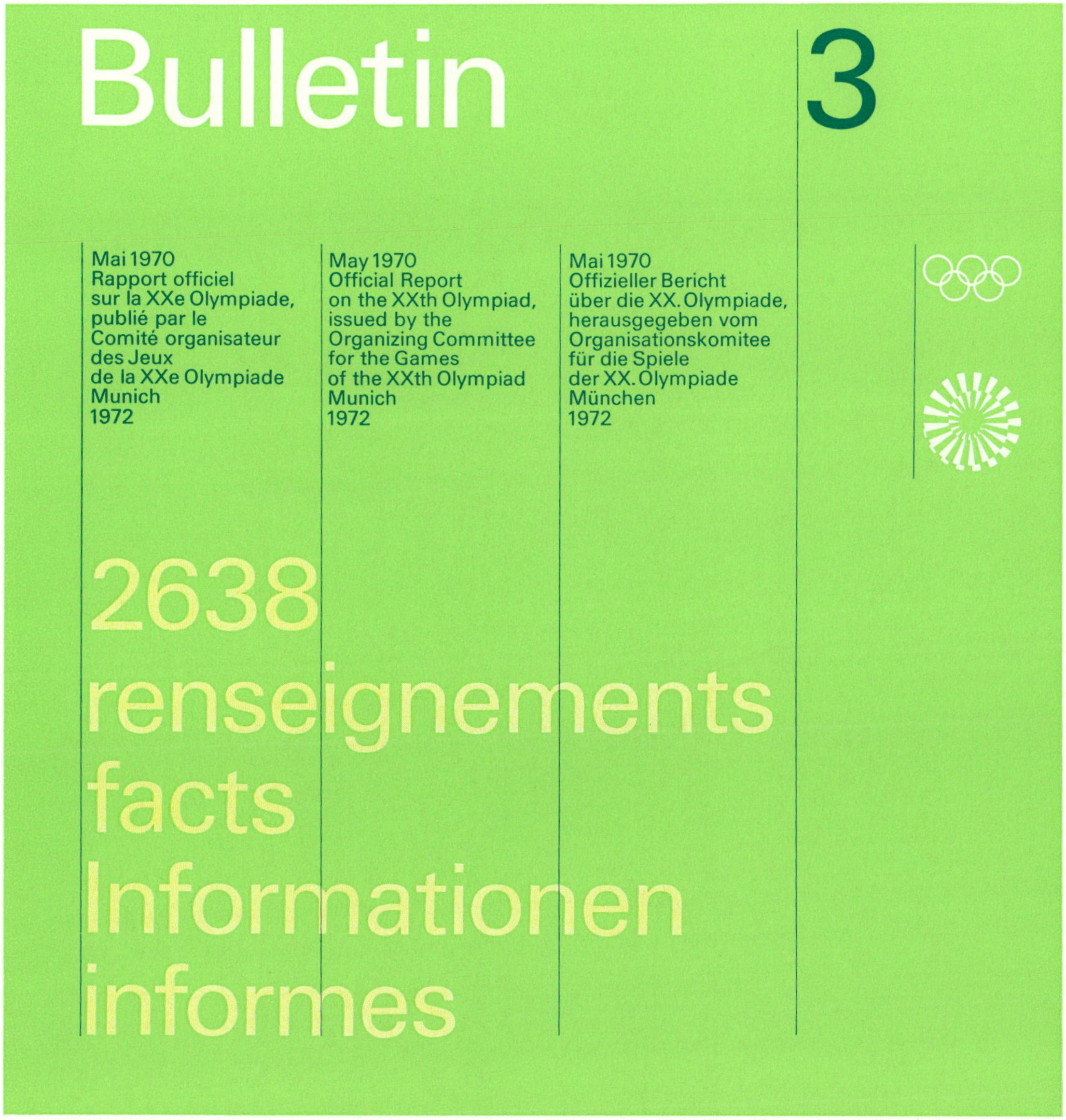

4

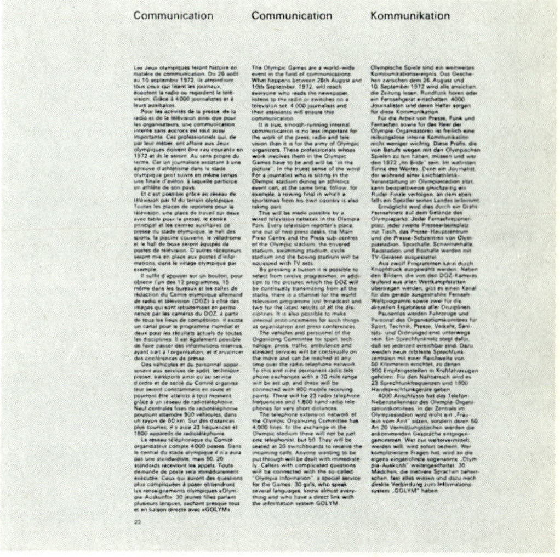

5

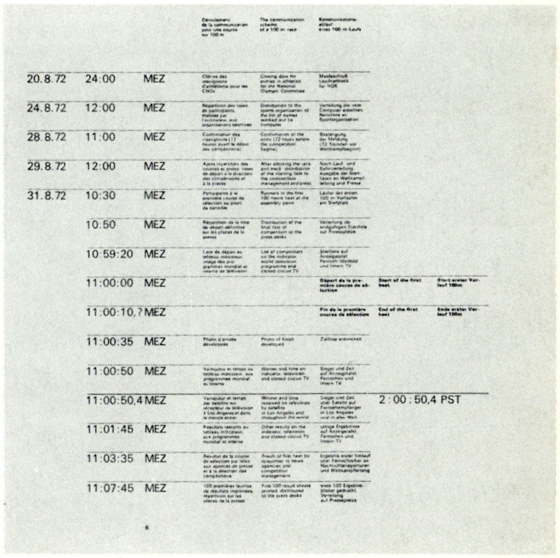

6

4, 5, 6
Bulletin-Umschlag und Innenseiten
Couverture de bulletin et pages intérieures
Bulletin cover and inner pages
Otl Aicher, Rolf Müller, München

1

2

1
Industrieprospekt-Umschlag
Couverture de prospectus industriel
Cover of industrial prospectus
Chris Hofstetter, Zürich

2
Prospektumschlag
Couverture de prospectus
Prospectus cover
Edgar Fitt, New York

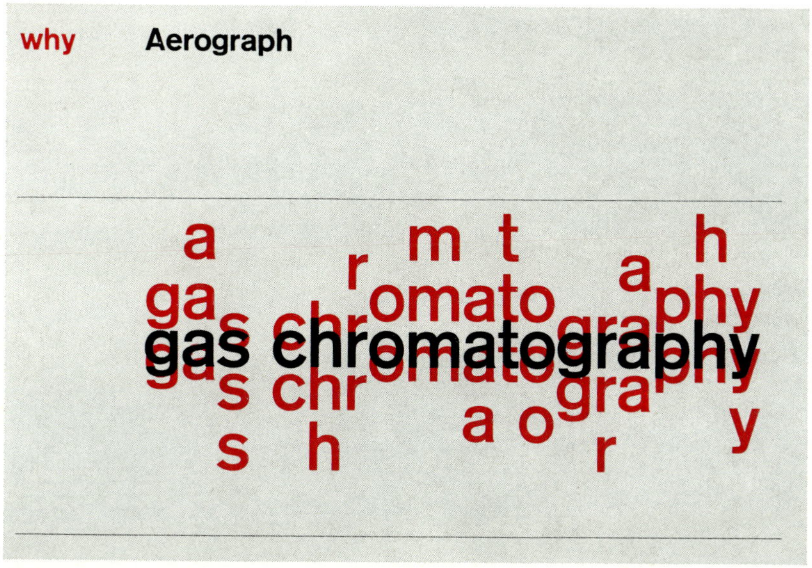

3

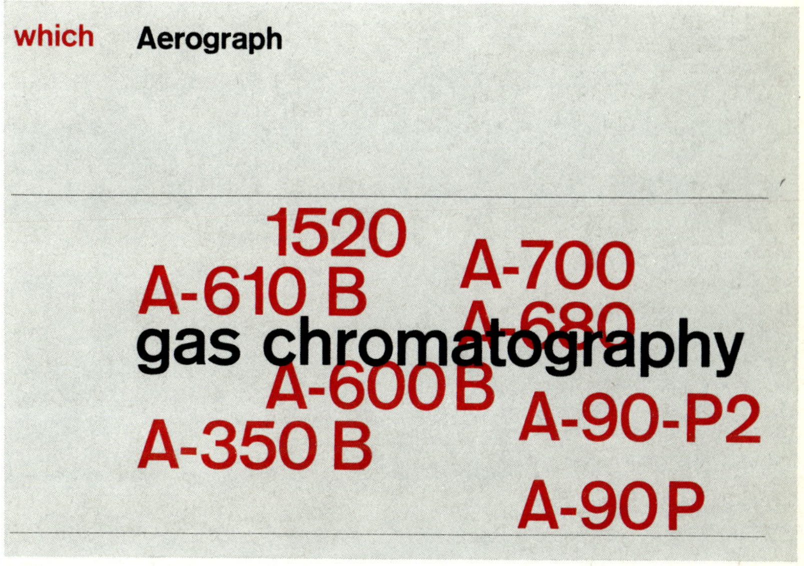

4

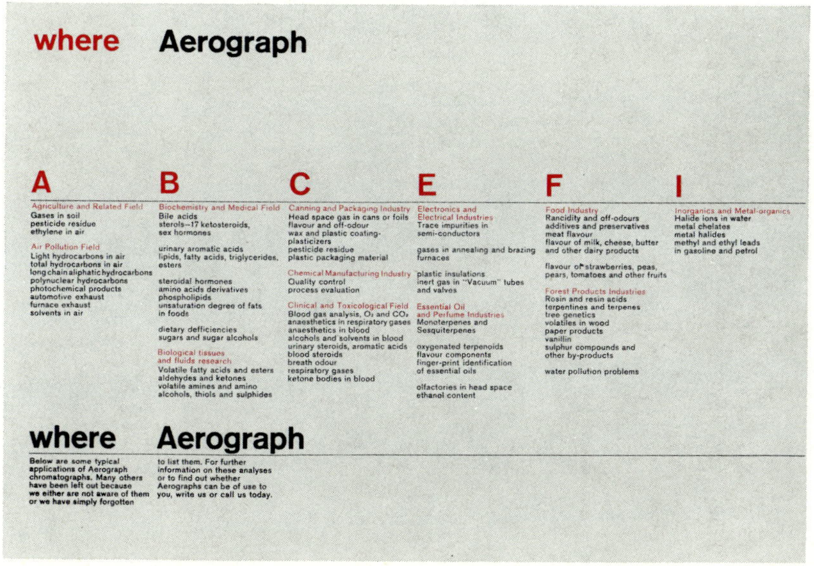

5

6

3–6
Prospektumschlag und Innenseiten
Couverture de prospectus et pages intérieures
Prospectus cover and inner pages
E. + U. Hiestand, Zürich

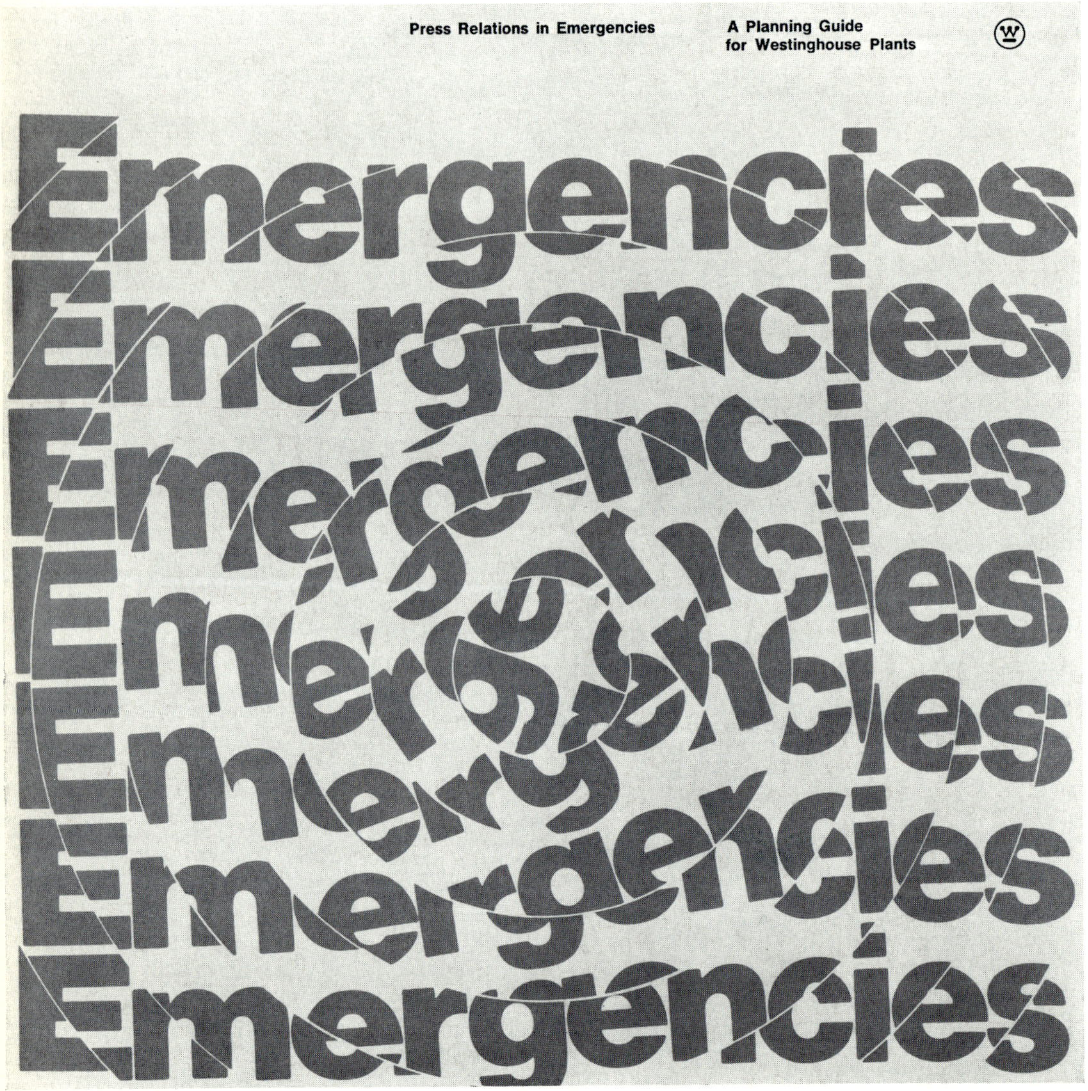

1

2

1
Prospektumschlag
Couverture de prospectus
Prospectus cover
Peter Megert, Ohio State University

2
Prospektumschlag
Couverture de prospectus
Prospectus cover
Hans Neuburg, Zürich

3
Broschürenumschlag
Couverture de brochures
Booklet cover
Rudolph de Harak, New York

3

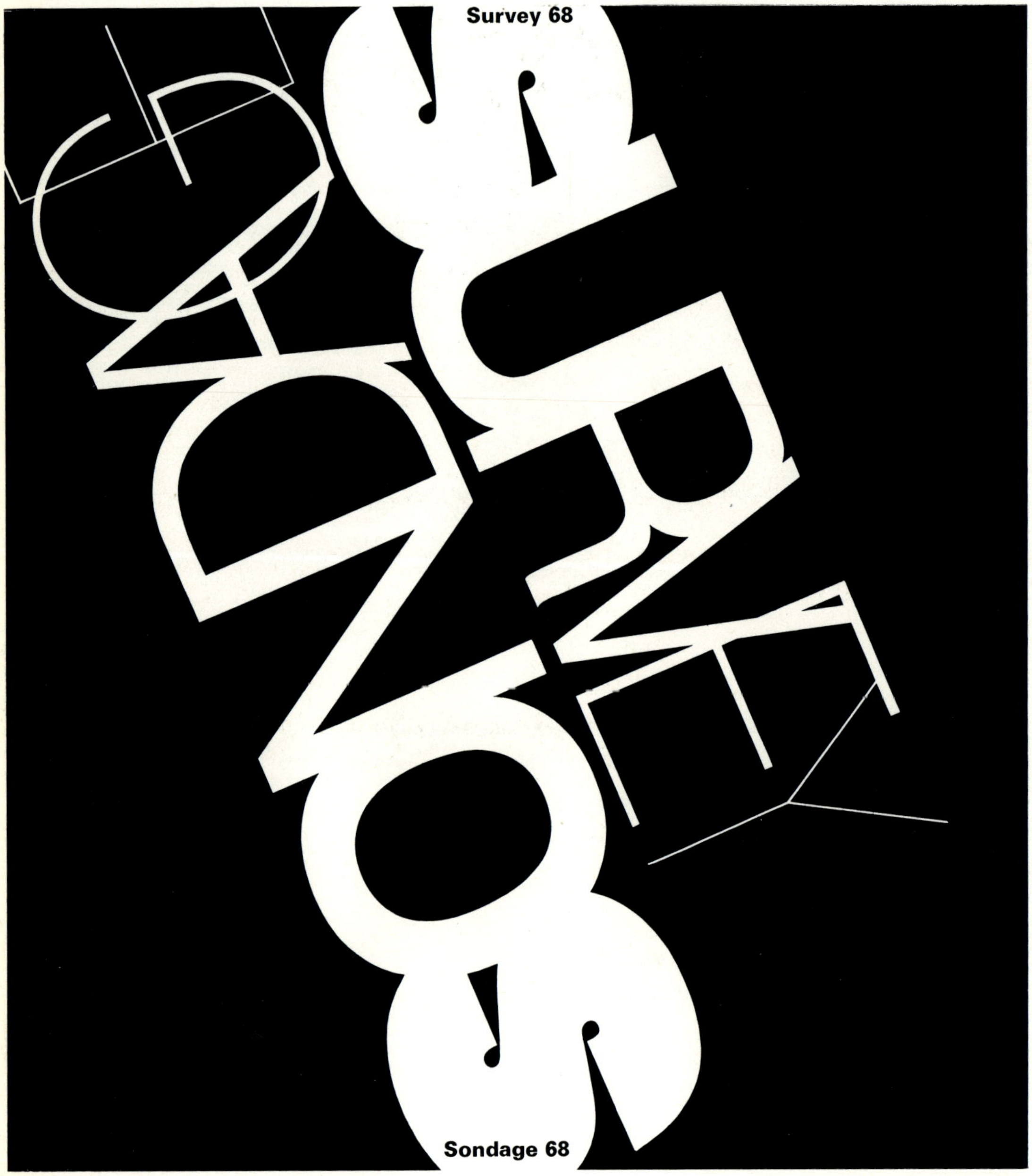

1

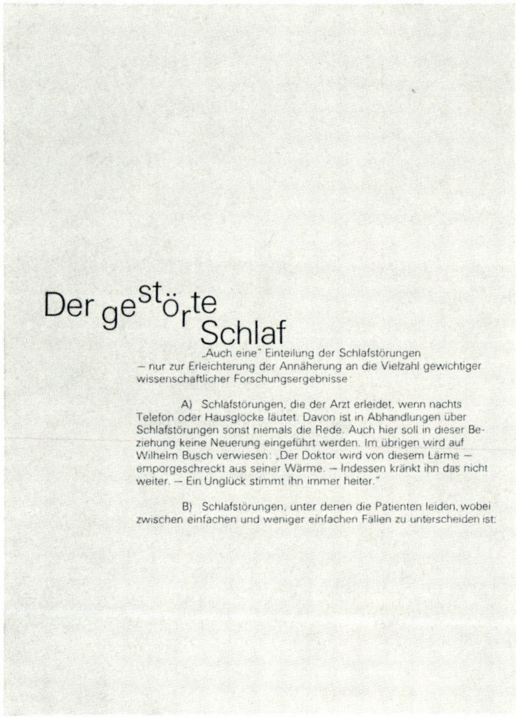
Der gestörte Schlaf

„Auch eine" Einteilung der Schlafstörungen – nur zur Erleichterung der Annäherung an die Vielzahl gewichtiger wissenschaftlicher Forschungsergebnisse:

A) Schlafstörungen, die der Arzt erleidet, wenn nachts Telefon oder Hausglocke läutet. Davon ist in Abhandlungen über Schlafstörungen sonst niemals die Rede. Auch hier soll in dieser Beziehung keine Neuerung eingeführt werden. Im übrigen wird auf Wilhelm Busch verwiesen: „Der Doktor wird von diesem Lärme – emporgeschreckt aus seiner Wärme. – Indessen kränkt ihn das nicht weiter. – Ein Unglück stimmt ihn immer heiter."

B) Schlafstörungen, unter denen die Patienten leiden, wobei zwischen einfachen und weniger einfachen Fällen zu unterscheiden ist:

2

1
Katalogumschlag
Couverture de catalogue
Catalogue cover
Gottschalk + Ash, Montreal

2
Prospekt-Innenseite
Pages intérieures de prospectus
Prospectus, inner pages
Roland Aeschlimann, Basel

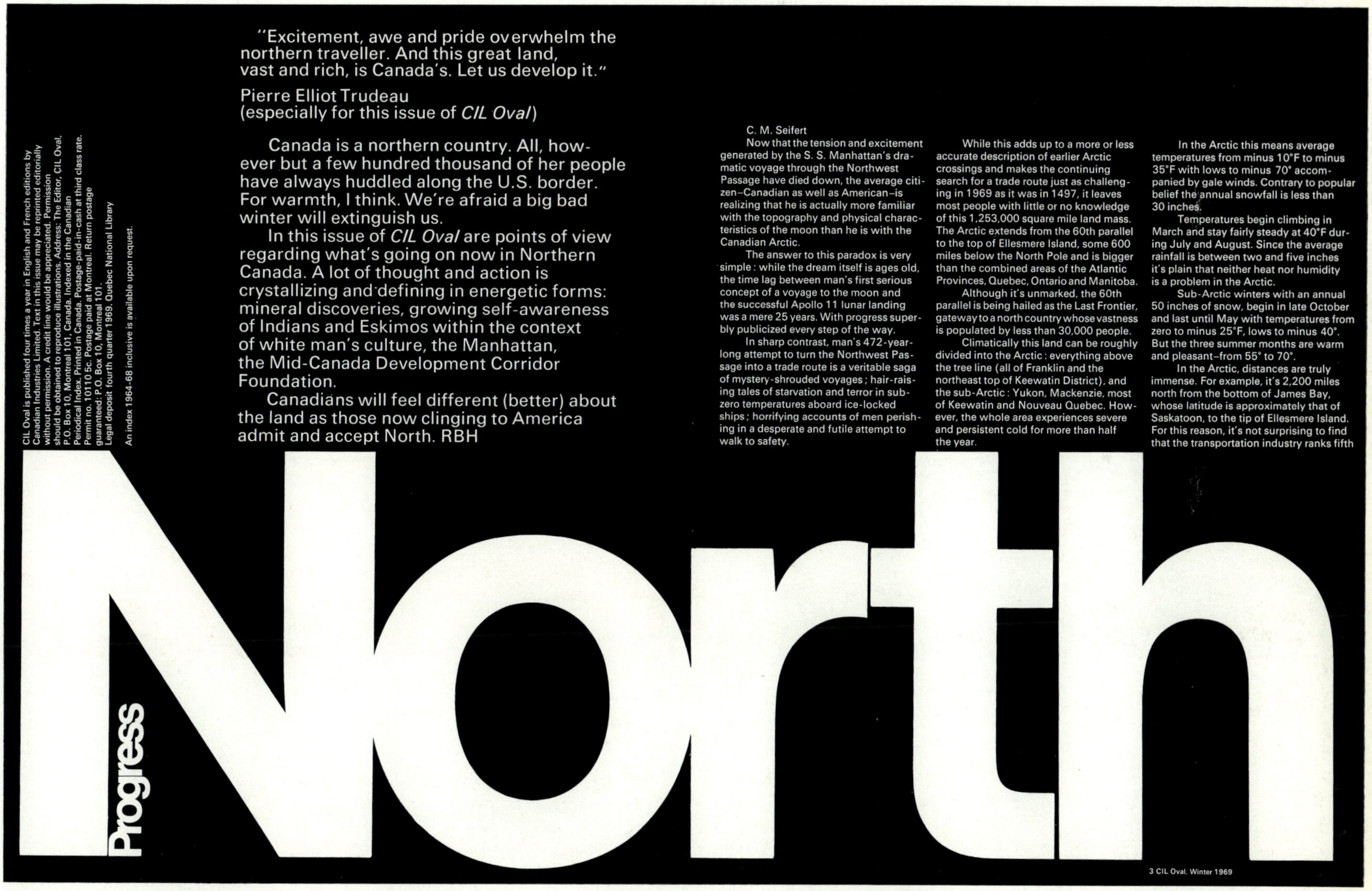

3

3
Prospekt-Innenseiten
Page intérieure de prospectus
Prospectus, inner page
Gottschalk + Ash, Montreal

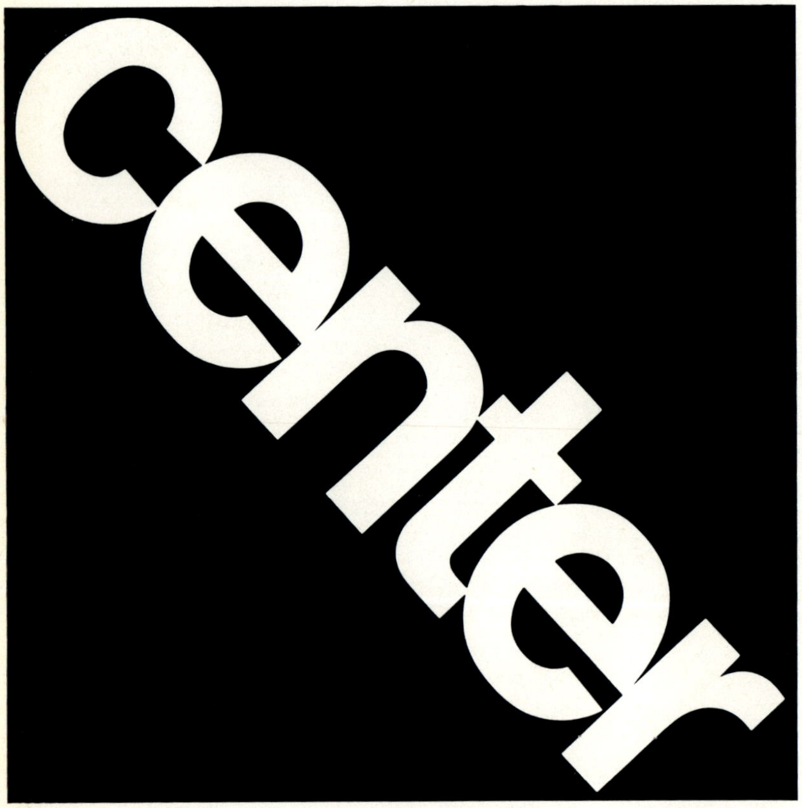

1

2

1
Broschürenumschlag
Couverture de brochure
Booklet cover
Giulio Cittato, Chicago

2
Programmumschlag
Couverture de programme
Programme cover
Gottschalk + Ash, Montreal

3

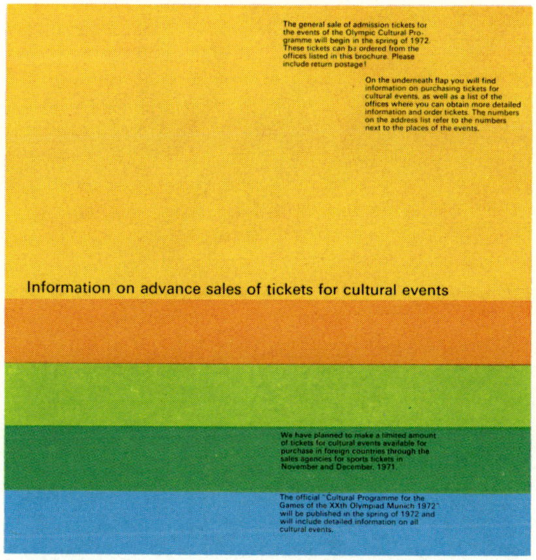

4

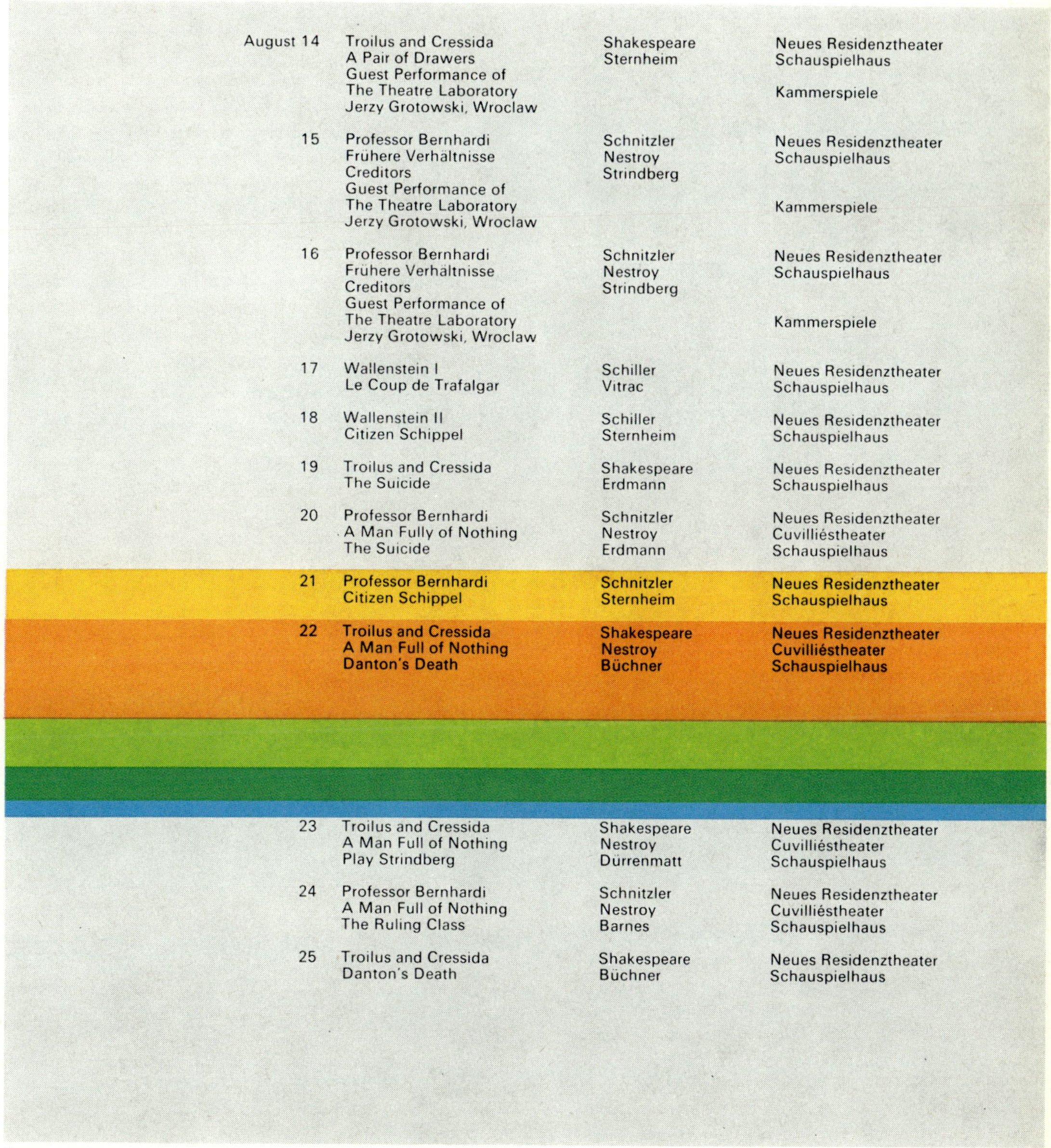

August 14	Troilus and Cressida	Shakespeare	Neues Residenztheater
	A Pair of Drawers	Sternheim	Schauspielhaus
	Guest Performance of The Theatre Laboratory Jerzy Grotowski, Wroclaw		Kammerspiele
15	Professor Bernhardi	Schnitzler	Neues Residenztheater
	Frühere Verhältnisse	Nestroy	Schauspielhaus
	Creditors	Strindberg	
	Guest Performance of The Theatre Laboratory Jerzy Grotowski, Wroclaw		Kammerspiele
16	Professor Bernhardi	Schnitzler	Neues Residenztheater
	Frühere Verhältnisse	Nestroy	Schauspielhaus
	Creditors	Strindberg	
	Guest Performance of The Theatre Laboratory Jerzy Grotowski, Wroclaw		Kammerspiele
17	Wallenstein I	Schiller	Neues Residenztheater
	Le Coup de Trafalgar	Vitrac	Schauspielhaus
18	Wallenstein II	Schiller	Neues Residenztheater
	Citizen Schippel	Sternheim	Schauspielhaus
19	Troilus and Cressida	Shakespeare	Neues Residenztheater
	The Suicide	Erdmann	Schauspielhaus
20	Professor Bernhardi	Schnitzler	Neues Residenztheater
	A Man Fully of Nothing	Nestroy	Cuvilliéstheater
	The Suicide	Erdmann	Schauspielhaus
21	Professor Bernhardi	Schnitzler	Neues Residenztheater
	Citizen Schippel	Sternheim	Schauspielhaus
22	Troilus and Cressida	Shakespeare	Neues Residenztheater
	A Man Full of Nothing	Nestroy	Cuvilliéstheater
	Danton's Death	Büchner	Schauspielhaus
23	Troilus and Cressida	Shakespeare	Neues Residenztheater
	A Man Full of Nothing	Nestroy	Cuvilliéstheater
	Play Strindberg	Dürrenmatt	Schauspielhaus
24	Professor Bernhardi	Schnitzler	Neues Residenztheater
	A Man Full of Nothing	Nestroy	Cuvilliéstheater
	The Ruling Class	Barnes	Schauspielhaus
25	Troilus and Cressida	Shakespeare	Neues Residenztheater
	Danton's Death	Büchner	Schauspielhaus

5

3, 4, 5
Programmumschlag und Innenseiten
Couverture de programme et pages intérieures
Programme cover and inner pages
Rolf Müller, München

1

2

1
Inserat für dehnbare Verbindungsstücke
Annonce pour joints extensibles
Advertisement for flexible connecting pieces
Centro S. R. L. Milano, François Robert

2
Inserat für ein pharmazeutisches Produkt
Annonce pour un produit pharmaceutique
Advertisement for a pharmaceutical product
Brian Stones, Manchester

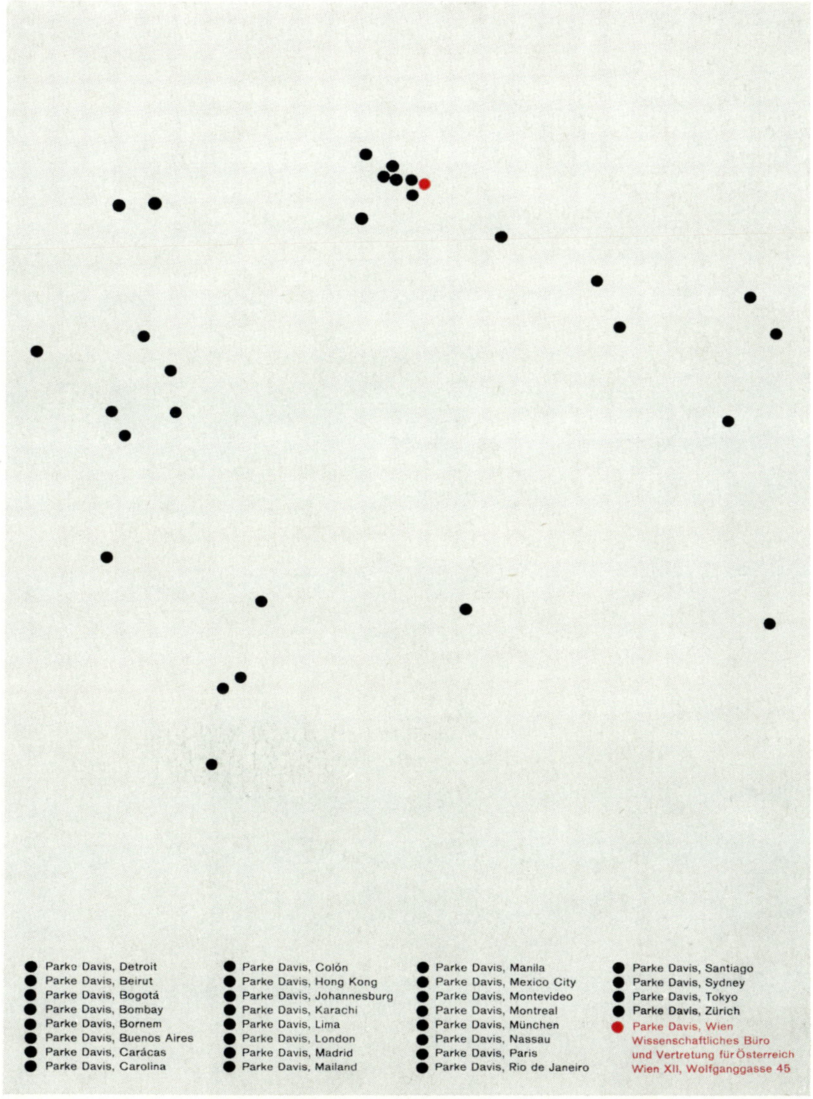

3

4

3
Inserat für ein wissenschaftliches Büro und dessen Vertretungen
Annonce pour un bureau scientifique et ses agences
Advertisement for a scientific office and its representation
Pierre Mendell, München

4
Inserat für eine Ausstellung
Annonce pour une exposition
Advertisement for an exhibition
Massimo Vignelli, New York

Inserat für eine Ausstellung
Annonce pour une exposition
Advertisement for an exhibition
Massimo Vignelli, New York

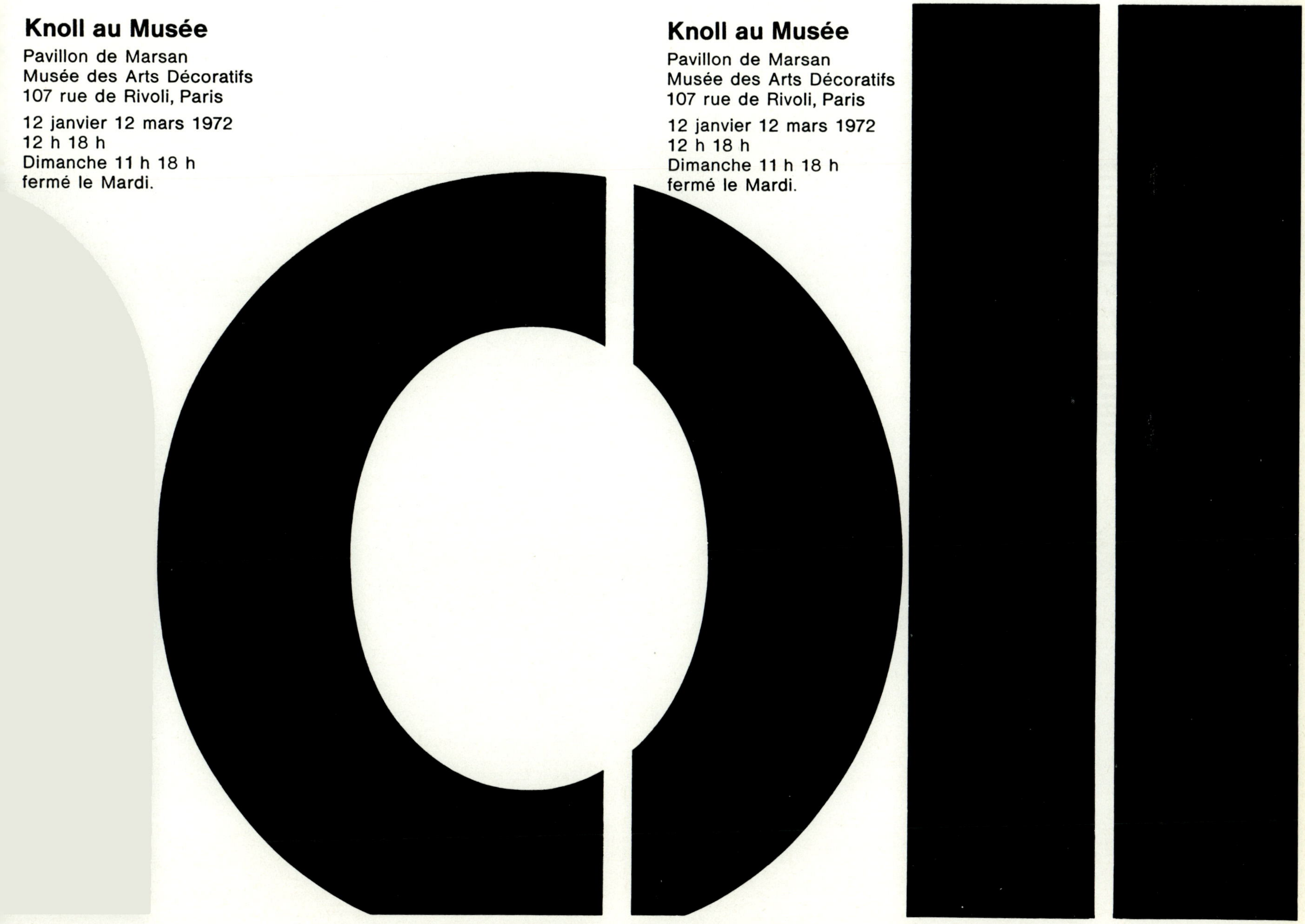
Knoll au Musée
Pavillon de Marsan
Musée des Arts Décoratifs
107 rue de Rivoli, Paris
12 janvier 12 mars 1972
12 h 18 h
Dimanche 11 h 18 h
fermé le Mardi.
Knoll au Musée
Pavillon de Marsan
Musée des Arts Décoratifs
107 rue de Rivoli, Paris
12 janvier 12 mars 1972
12 h 18 h
Dimanche 11 h 18 h
fermé le Mardi.

1

2

1, 2, 3
Inserate für einen Mode-Ausverkauf
Annonces pour soldes d'articles de mode
Advertisements for a fashion-house sale
Werbeagentur E. Halpern, Zürich

Aufgabe
amtlich bewilligter Teil-Ausverkauf vom 16. Januar bis 15. Februar 1967
der Kinder-
die schöne Qualitätsware aus der gepflegten modissa-Abteilung für 3- bis 15jährige Töchter wird zum billigsten Preis restlos liquidiert
Winter- und Übergangsmäntel ab 19.80 Woll- und Übergangskleider ab 19.80
Riesenauswahl Regenmäntel ab 19.80 Frühjahrs- und Sommerkleider ab 14.90
sensationelle Preis-Reduktionen bis 70%
Abteilung
Jupes und Gehhosen ab 9.80 Set (Pulli und Jacke zusammen) ab 14.90
Blusen und Riesenauswahl Pulli ab 4.90 Kostüme ab 29.80
Skihosen und Skijacken ab 14.90 Badehosen und Bikini ab 4.90
ganze Serien und hochwertige Einzelstücke wurden im Preis nochmals reduziert
modissa
Verkauf Limmatquai 68, 4. Etage Tram Rathaus
H
3

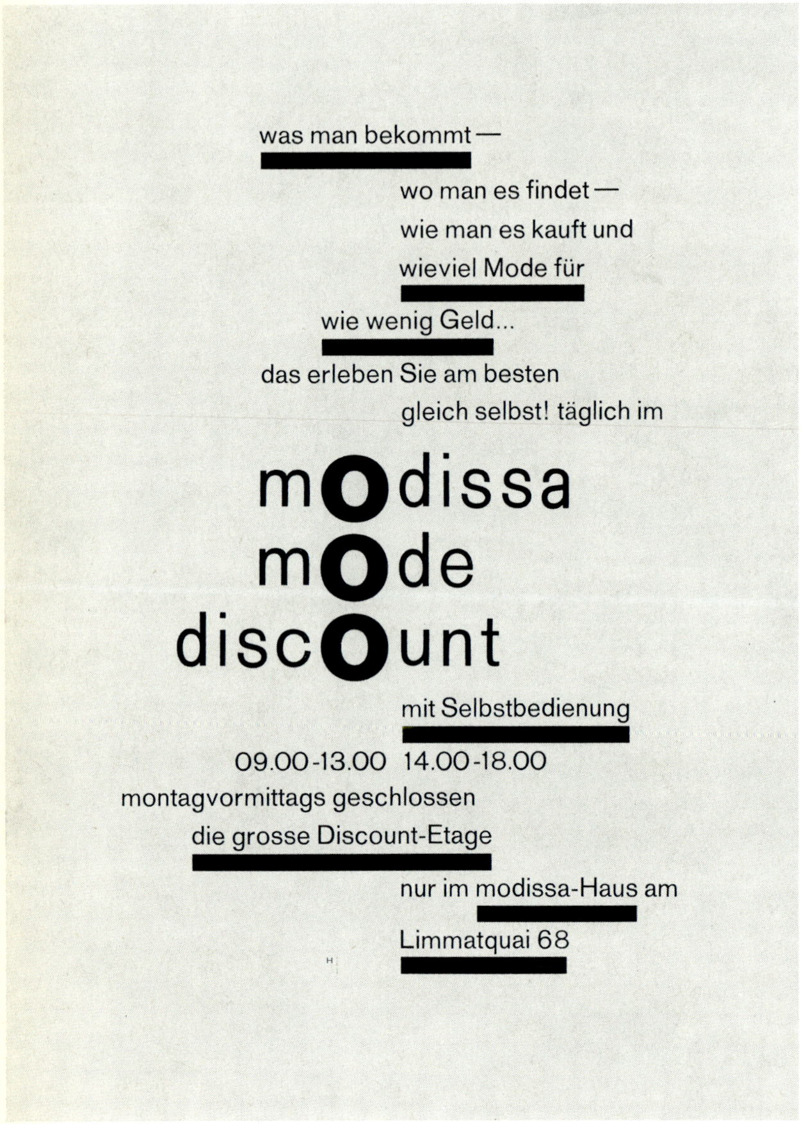

1

2

1, 2
Inserate für ein Mode Discount-Geschäft
Annonces pour un magasin «discount» d'articles de mode
Advertisements for a fashion discount firm
Werbeagentur E. Halpern, Zürich

3
Inserat für eine Druckerei
Annonce pour une imprimerie
Advertisement for a publishing firm

Union
Druck+Verlag AG
Solothurn

a z

Von A-Z eine moderne Druckerei

Ausgesucht schöne Schriften –
Modernste Einrichtungen –
Tüchtige, gut geschulte Fachleute –
Die Druckerei für kultivierte, geschmackvolle Privat- und Kleindrucksachen.
Für durchdachte, in kürzester Zeit gedruckte Großauflagen.
Stellen Sie unsere Leistungsfähigkeit auf die Probe.
Wir stehen Ihnen jederzeit zur Verfügung.

From A to Z
a Modern Printing Plant

A marvelous selection of beautiful types –
The most up-to-date equipment –
A fine staff of experienced printers –
Our Modern Printing Plant offers you the character and style so desirable for your personal printing, handles large-scale printing orders speedily, carefully and efficiently.
Put us to the test –
We are at all times at your service.

De A-Z une imprimerie moderne

Un choix merveilleux de beaux caractères –
Des installations ultra-modernes –
Des spécialistes chevronnés –
C'est l'imprimerie qui vous offre la finesse et le cachet que vous aimez dans vos imprimés personnels, qui exécute rapidement, avec soin et raffinement, les impressions à grand tirage.
Mettez nos capacités à l'épreuve –
nous sommes en tout temps à votre disposition.

Union
Druck+Verlag AG
Solothurn

Buchdruck, Offsetdruck
Telefon 065 2 32 67

3

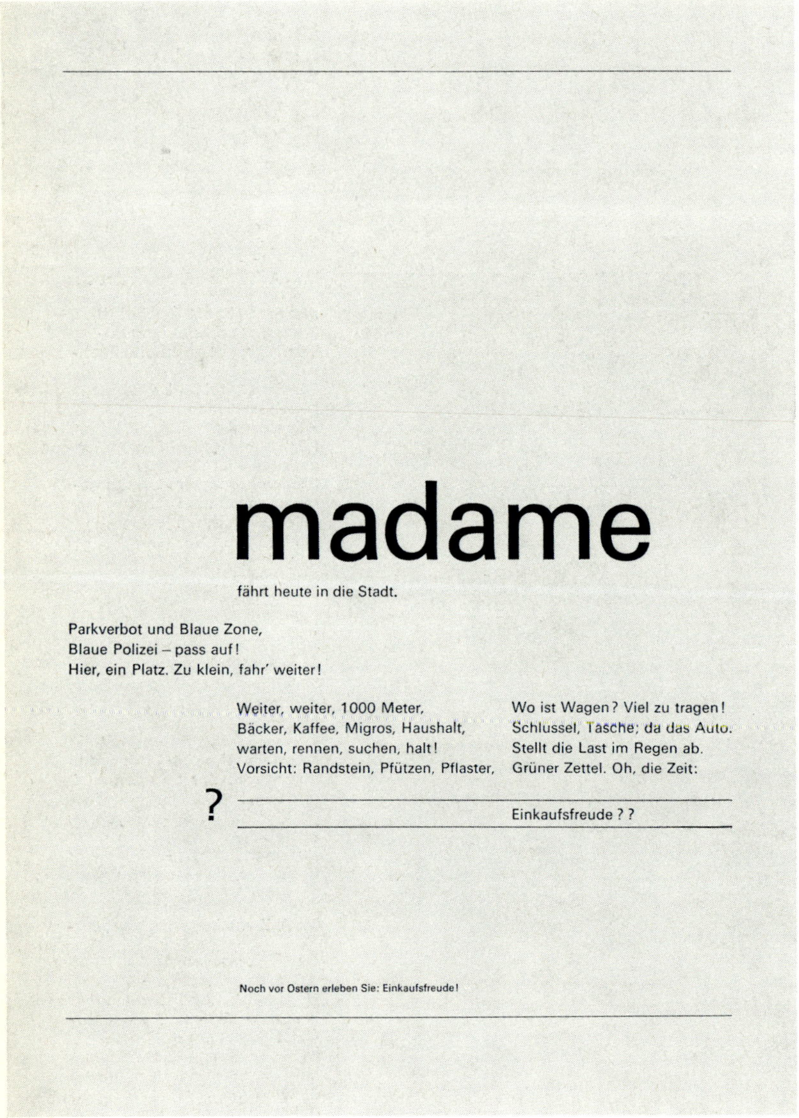

1

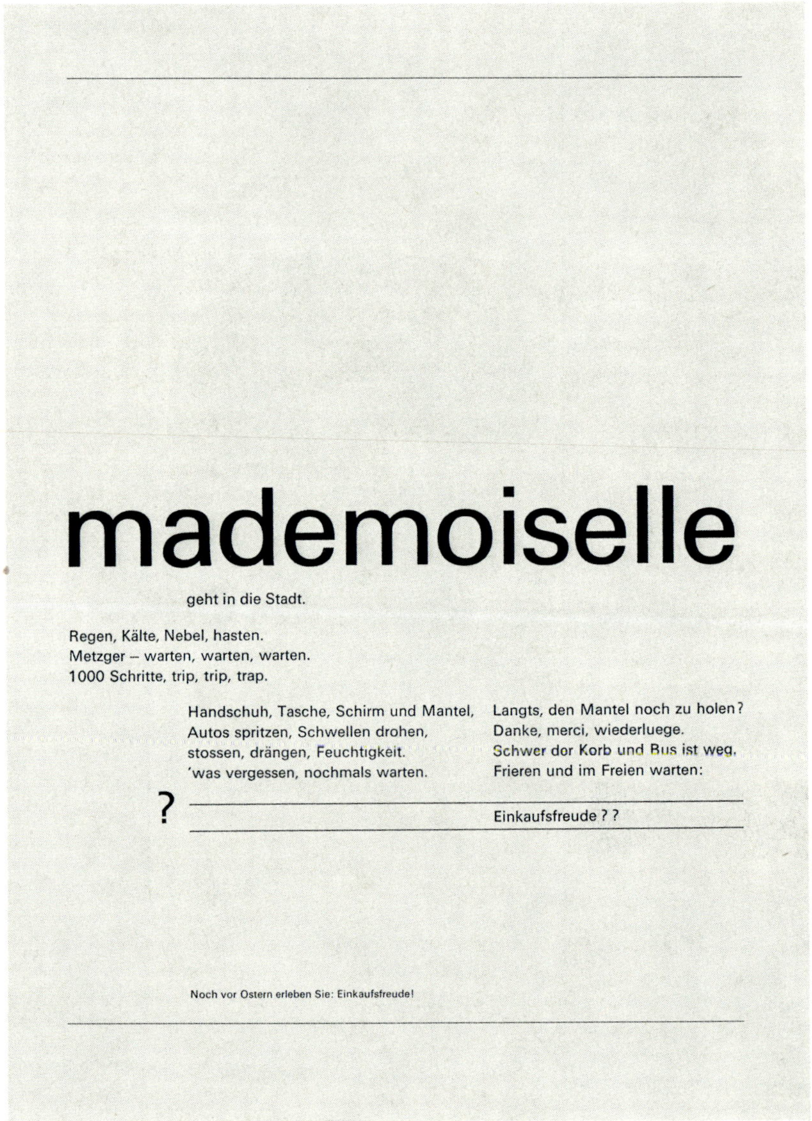

2

1–4
Eröffnungsinserate für ein Einkaufszentrum
Annonces d'inauguration d'un centre d'achat
Advertisements for the opening of a shopping centre
Jost Hochuli, St. Gallen

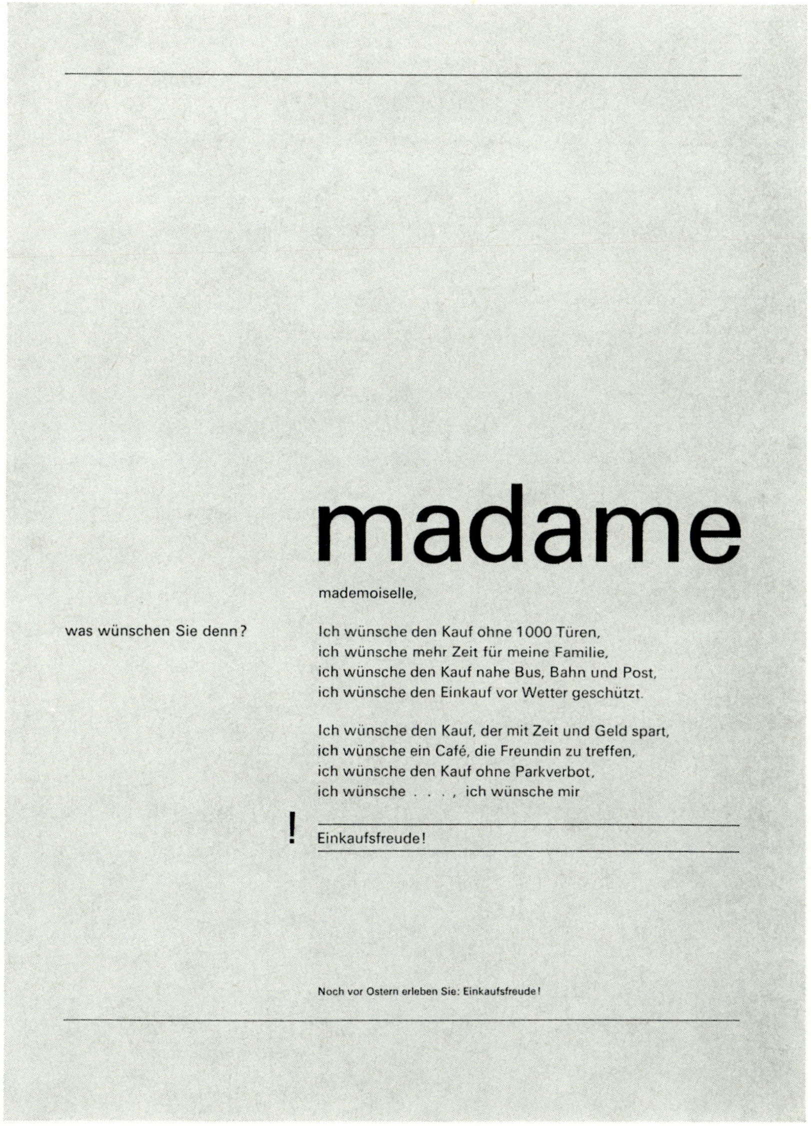
madame
mademoiselle,
was wünschen Sie denn?
Ich wünsche den Kauf ohne 1000 Türen,
ich wünsche mehr Zeit für meine Familie,
ich wünsche den Kauf nahe Bus, Bahn und Post,
ich wünsche den Einkauf vor Wetter geschützt.
Ich wünsche den Kauf, der mit Zeit und Geld spart,
ich wünsche ein Café, die Freundin zu treffen,
ich wünsche den Kauf ohne Parkverbot,
ich wünsche . . . , ich wünsche mir
!
Einkaufsfreude!
Noch vor Ostern erleben Sie: Einkaufsfreude!

3

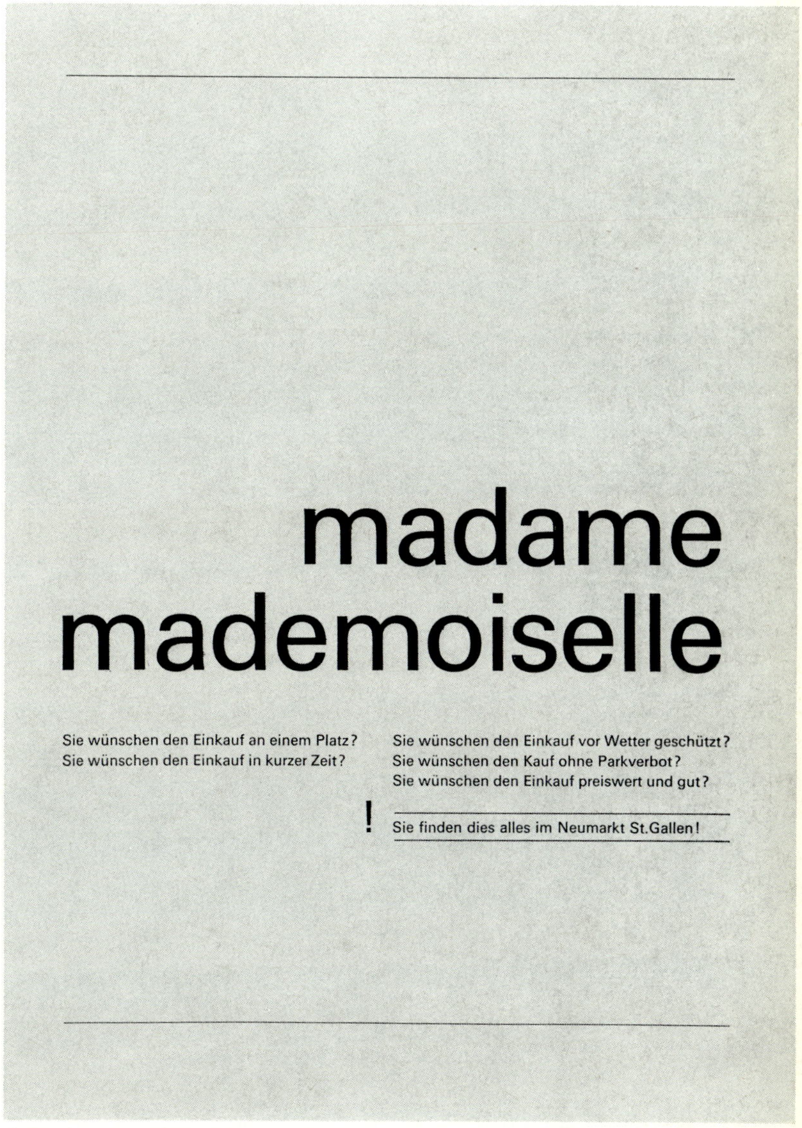
madame
mademoiselle
Sie wünschen den Einkauf an einem Platz?
Sie wünschen den Einkauf in kurzer Zeit?
Sie wünschen den Einkauf vor Wetter geschützt?
Sie wünschen den Kauf ohne Parkverbot?
Sie wünschen den Einkauf preiswert und gut?
!
Sie finden dies alles im Neumarkt St.Gallen!

4

1

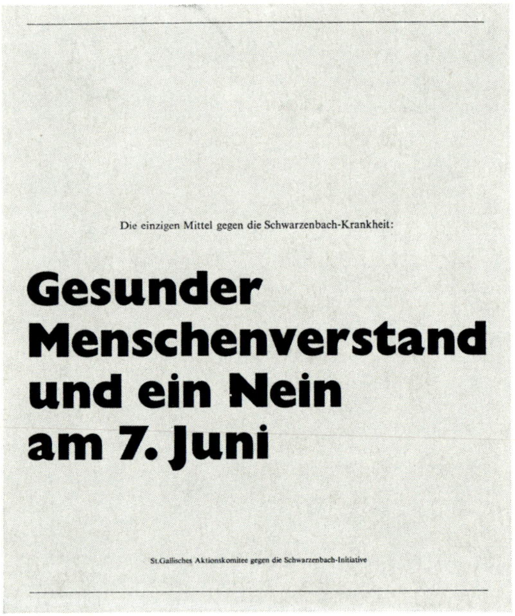

2

3

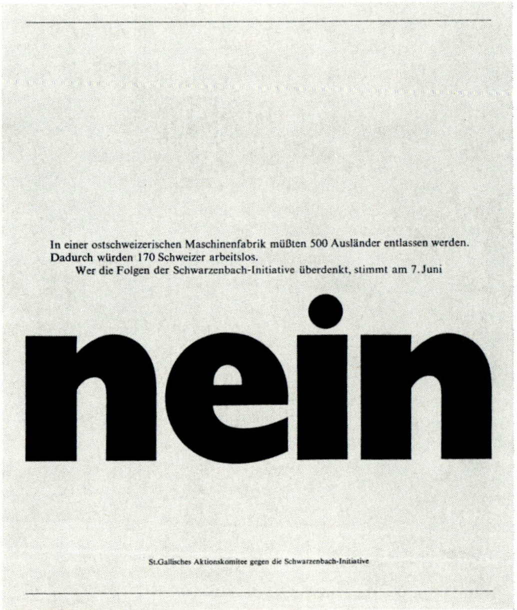

4

1–4
Inseratserie für eine politische Kampagne
Série d'annonces pour une campagne politique
Series of advertisements for a political campaign
Jost Hochuli, St. Gallen

5

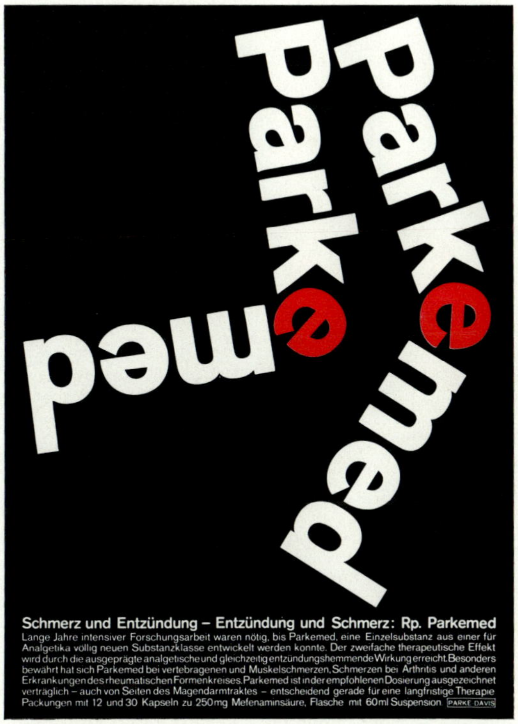

6

7

5, 6, 7
Inseratserie für ein pharmazeutisches Produkt
Série d'annonces pour un produit pharmaceutique
Series of advertisements for a pharmaceutical product
Pierre Mendell, München

1

2

1, 2
Ausstellungsplakate
Affiches d'exposition
Exhibition posters
Massimo Vignelli, New York

3

4

3
Personalplakat eines Warenhauses
Affiche pour le personnel d'un grand magasin
Staff poster of a department-store
Ufficio Publicità J. C. Penny, Milano

4
Warenhausplakat
Affiche pour un grand magasin
Department-store poster
Ufficio Publicità J. C. Penny, Milano

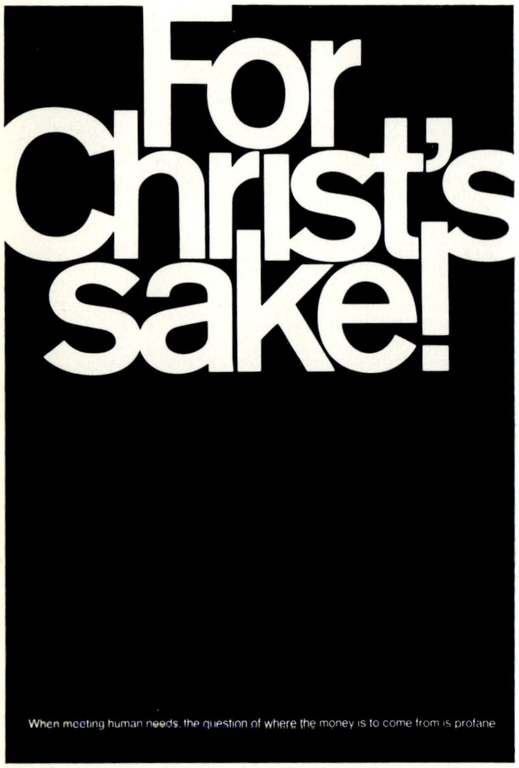

1

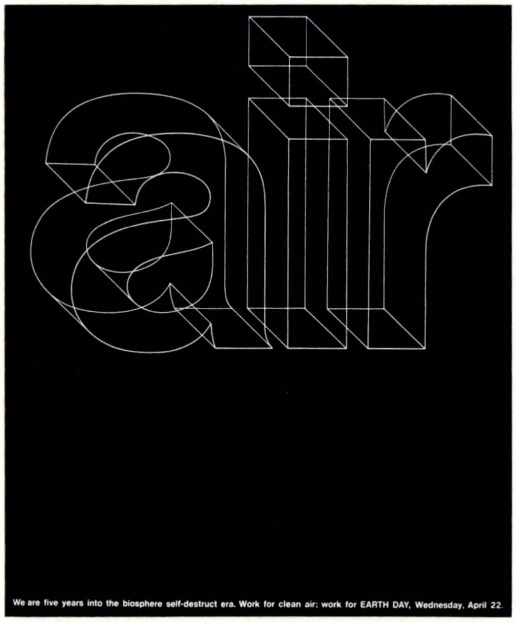

2

3

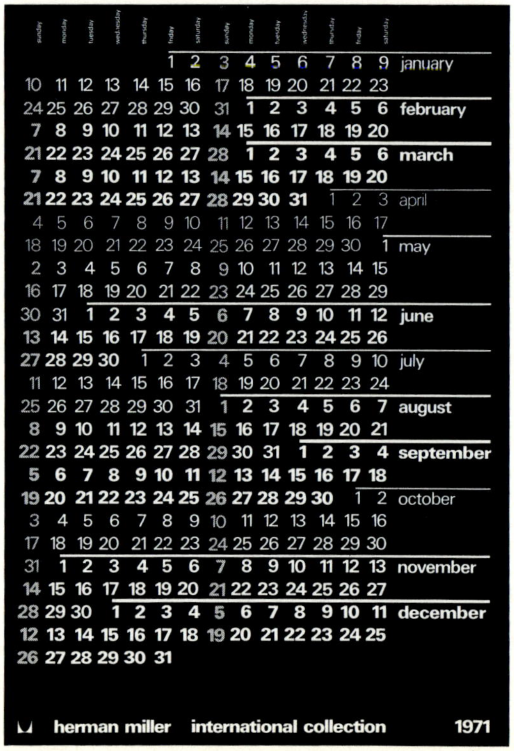

4

1
Plakat für eine Kirchgemeinde
Affiche pour une communauté religieuse
Poster for a church parish
Rudolph de Harak, New York

2
Aktionsplakat «Saubere Luft»
Affiche pour la campagne «L'air propre»
Campaign poster "Clean air"
Peter Kemble, USA

3
Ausstellungsplakat
Affiche d'exposition
Exhibition poster
Hans Neuburg, Zürich

4
Kalenderplakat
Affiche au calandrier
Calendar poster

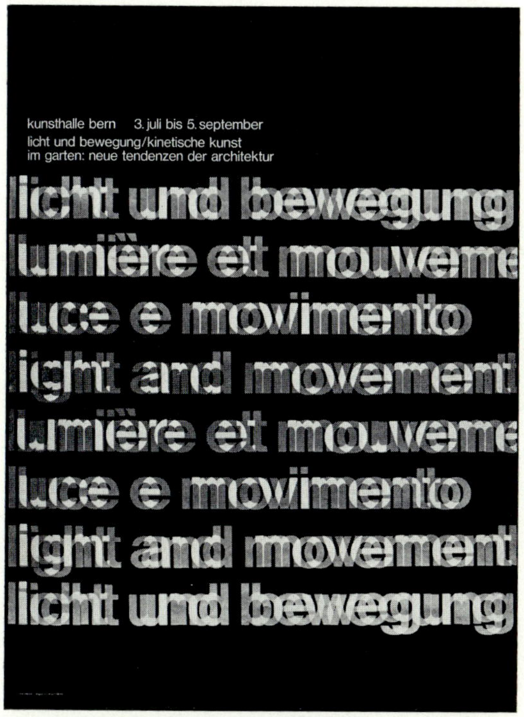

5

6

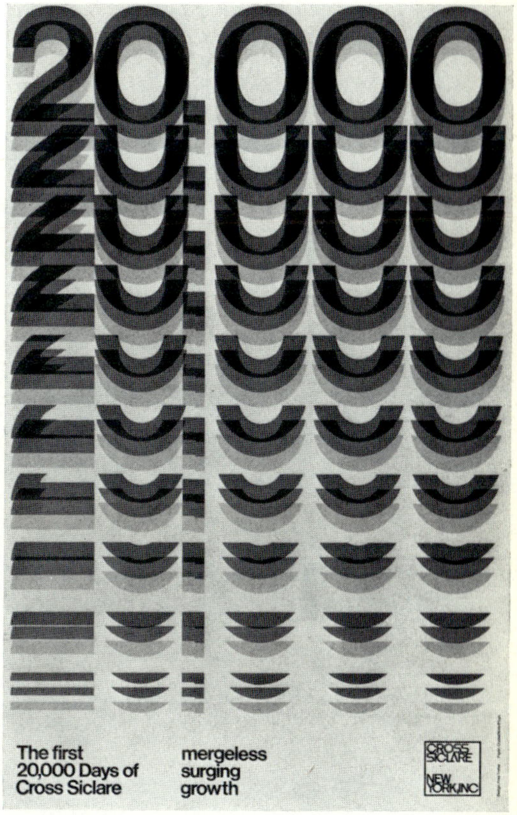

7

8

5
Ausstellungsplakat
Affiche d'exposition
Exhibition poster
Peter Megert, Ohio State University, USA

6
Plakat für eine Segelwoche
Affiche pour une semaine de voile
Poster for a sailing week
Rolf Müller, München

7
Jubiläumsplakat
Affiche d'un Jubilé
Anniversary poster
Fred Troller, Port Chester, USA

8
Plakat für eine Fluggesellschaft
Affiche pour une compagnie aérienne
Poster for an airline
Fred Troller, Port Chester, USA

1

1
Plakat für eine Opernpremiere
Affiche pour une première à l'opéra
Poster for an opera première
Werbeagentur MB + Co. Zürich

2–7
Plakatserie für Opernpremieren
Série d'affiches pour premières à l'opéra
Series of posters for opera premières
Werbeagentur MB + Co. Zürich, Peter Andermatt

Opernhaus Zürich
Dienstag, 30. Dezember 1969, 20 Uhr
Neuinszenierung
Perichole
Operette von Jacques Offenbach
Musikalische Leitung Frank Egermann
Inszenierung, Bühnenbild, Kostüme Jörg Zimmermann
Chöre Hans Erismann
Choreographie Nestor Mondino
In den Hauptpartien
Ingeborg Fanger
Ina Dressel
Ruth Rohner
Marga Schiml
Anneliese Fackler
Bodo Schwanbeck
Maurice Besançon
Paul Späni
Walter Hesse
Erwin Parker

2

Opernhaus Zürich
Samstag
18. November 1967
20 Uhr
Neuinszenierung
Musikalische Leitung Armin Jordan
Inszenierung Martin Markun
Bühnenbild und Kostüme Toni Businger
Chöre Hans Erismann
Romantisch-komische Oper von Friedrich von Flotow
Martha

3

Opernhaus Zürich
Samstag,
21 Oktober 1967
20 Uhr
Neuinszenierung
Musikalische Leitung Alberto Erede
Inszenierung Werner Düggelin
Bühnenbild Kostüme Jörg Zimmermann
Chöre Hans Erismann
Oper von Jules Massenet
Manon

4

Opernhaus Zürich
Samstag, 19. März 1966, 20 Uhr
Neuinszenierung
Der fliegende Holländer
Romantische Oper von Richard Wagner
Musikalische Leitung: Victor Reinshagen
Inszenierung: Hans Zimmermann
Bühnenbild/Kostüme: Max Röthlisberger
Chöre: Hans Erismann

5

Opernhaus Zürich
Samstag, 28. Januar 1967, 20 Uhr
Neuinszenierung
Oper von Charles François Gounod
Margarete
(Faust)
Musikalische Leitung Nello Santi
Inszenierung Lotfi Mansouri
Bühnenbild und Kostüme Max Röthlisberger
Chöre Hans Erismann
Choreographie Nicolas Beriozoff

6

Opernhaus Zürich
Ballett
Neuinszenierungen
Samstag, 22. Februar 1969, 20 Uhr
Fräulein Julie
Ballett nach Strindberg von Birgit Cullberg
Musik: Ture Rangström
Musikalische Leitung Armin Jordan
Choreographie Birgit Cullberg
Bühnenbild/Kostüme Sven Erixson
Marsyas
Schweizerische Erstaufführung
Ballett von Erich Walter und Heinrich Wendel
Musik: Luigi Dallapiccola
Musikalische Leitung Armin Jordan
Choreographie Erich Walter
Bühnenbild Heinrich Wendel
Kostüme Günther Kappel
Der Dreispitz
Ballett von Gregorio Martinez Sierra
Musik: Manuel de Falla
Musikalische Leitung Armin Jordan
Choreographie Gabriel Popescu
Bühnenbild/Kostüme Toni Businger

7

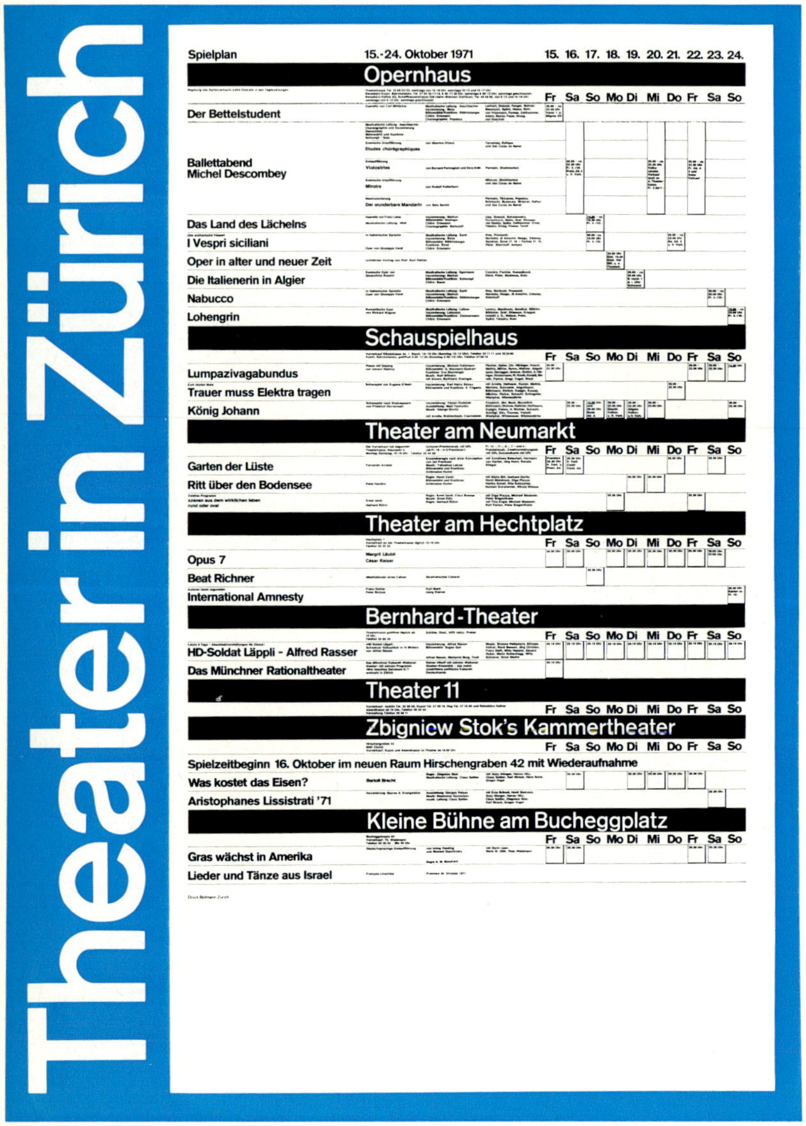

1

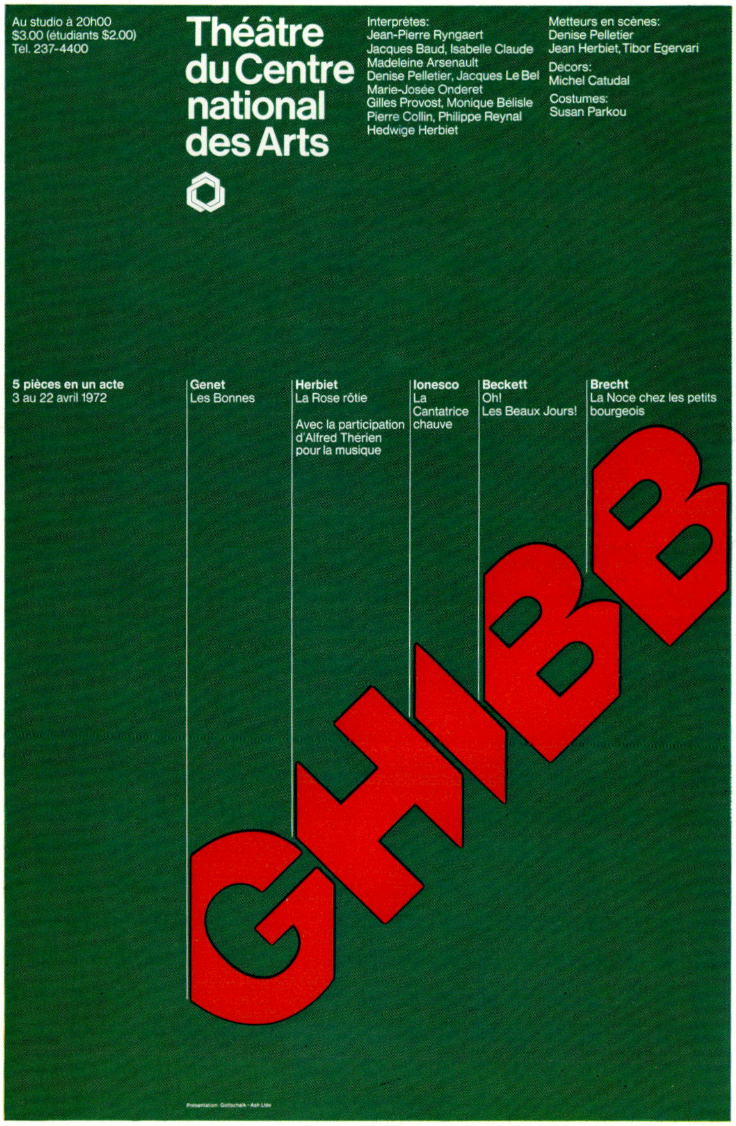

2

1
Wöchentliches Programmplakat für verschiedene Theater
Affiche avec le programme hebdomadaire de divers théâtres
Weekly programme poster for various theatres
Werbeagentur MB + Co. Zürich, Peter Andermatt

2
Theaterplakat
Affiche de théâtre
Theatre poster
Gottschalk + Ash, Montreal

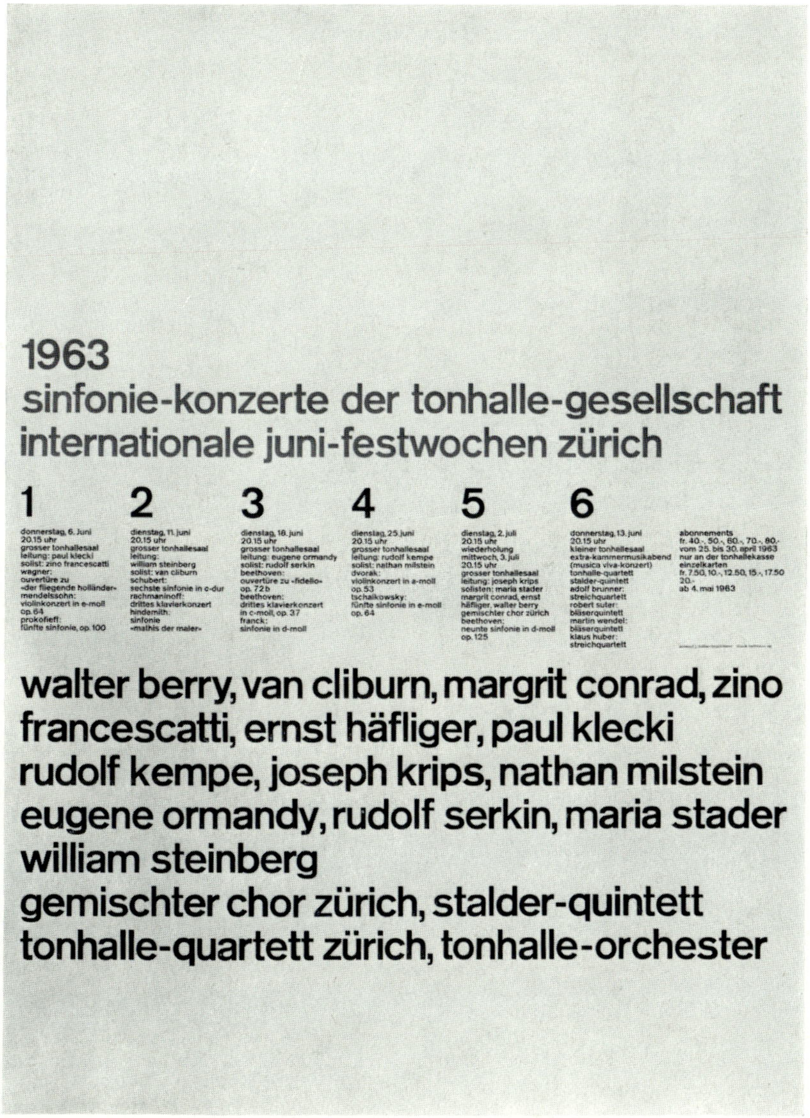

3

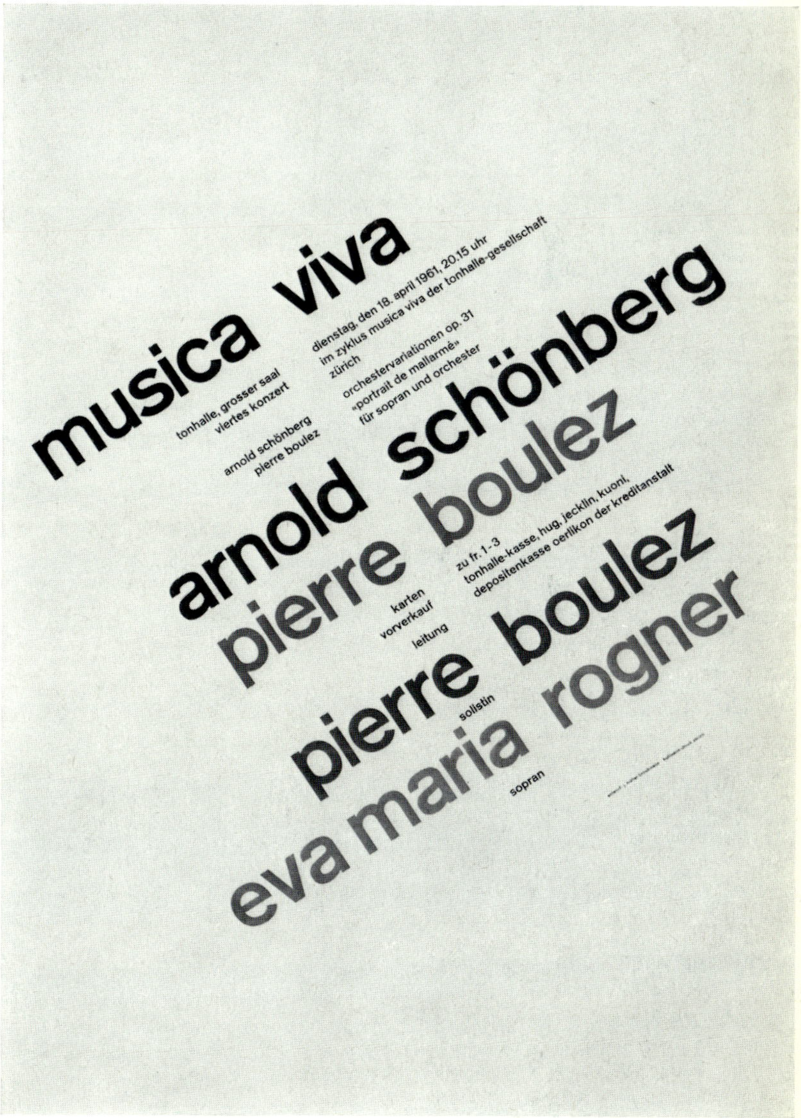

4

3, 4
Konzertplakate
Affiches de concert
Concert posters
J. Müller-Brockmann, Zürich

1

2

1, 2
Konzertplakate
Affiches de concert
Concert posters
J. Müller - Brockmann, Zürich

1

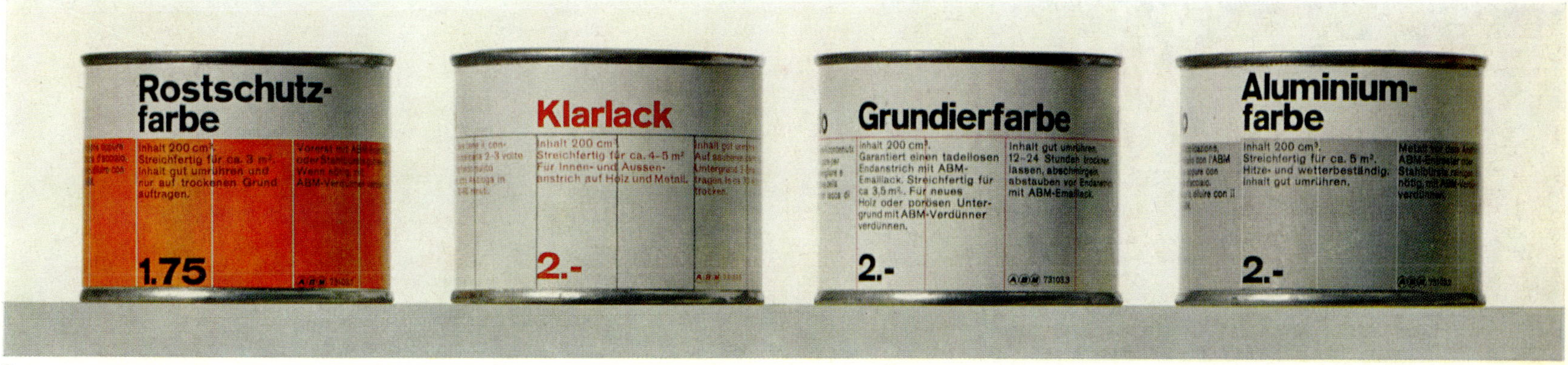

2

1
Batterien
Piles
Batteries
E. + U. Hiestand, Zürich

2
Farbbüchsen
Boîtes de couleur
Paint cans
E. + U. Hiestand, Zürich

1

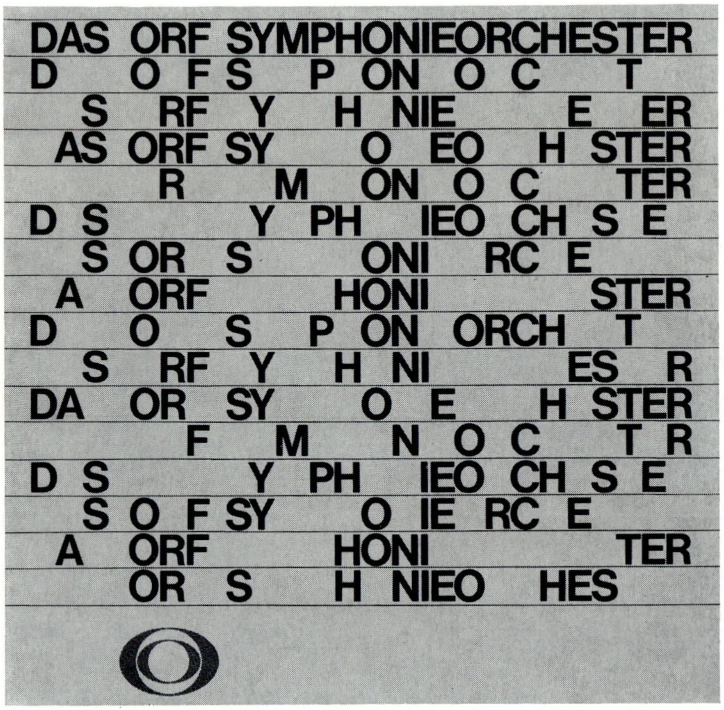

2

3

1
Schallplattenhülle
Enveloppe de protection de disque
Record sleeve
Tabis Bachmann, Zürich

2
Schallplattenhülle
Enveloppe de protection de disque
Record sleeve
Georg Schmid, Wien

3
Schallplattenhülle
Enveloppe de protection de disque
Record sleeve

4
Schallplattenhülle
Enveloppe de protection de disque
Record sleeve
Georg Schmid, Wien

DAS ORF SYMPHONIEORCHESTER 1971
AS RF YMPHONIEORCHESTER 971
S F MPHONIEORCHESTER 71
PHONIEORCHESTER 1
HONIEORCHESTER
ONIEORCHESTER
NIEORCHESTER
IEORCHESTER
EORCHESTER
ORCHESTER
RCHESTER
CHESTER
HESTER
ESTER
STER
TER
ER
R

4

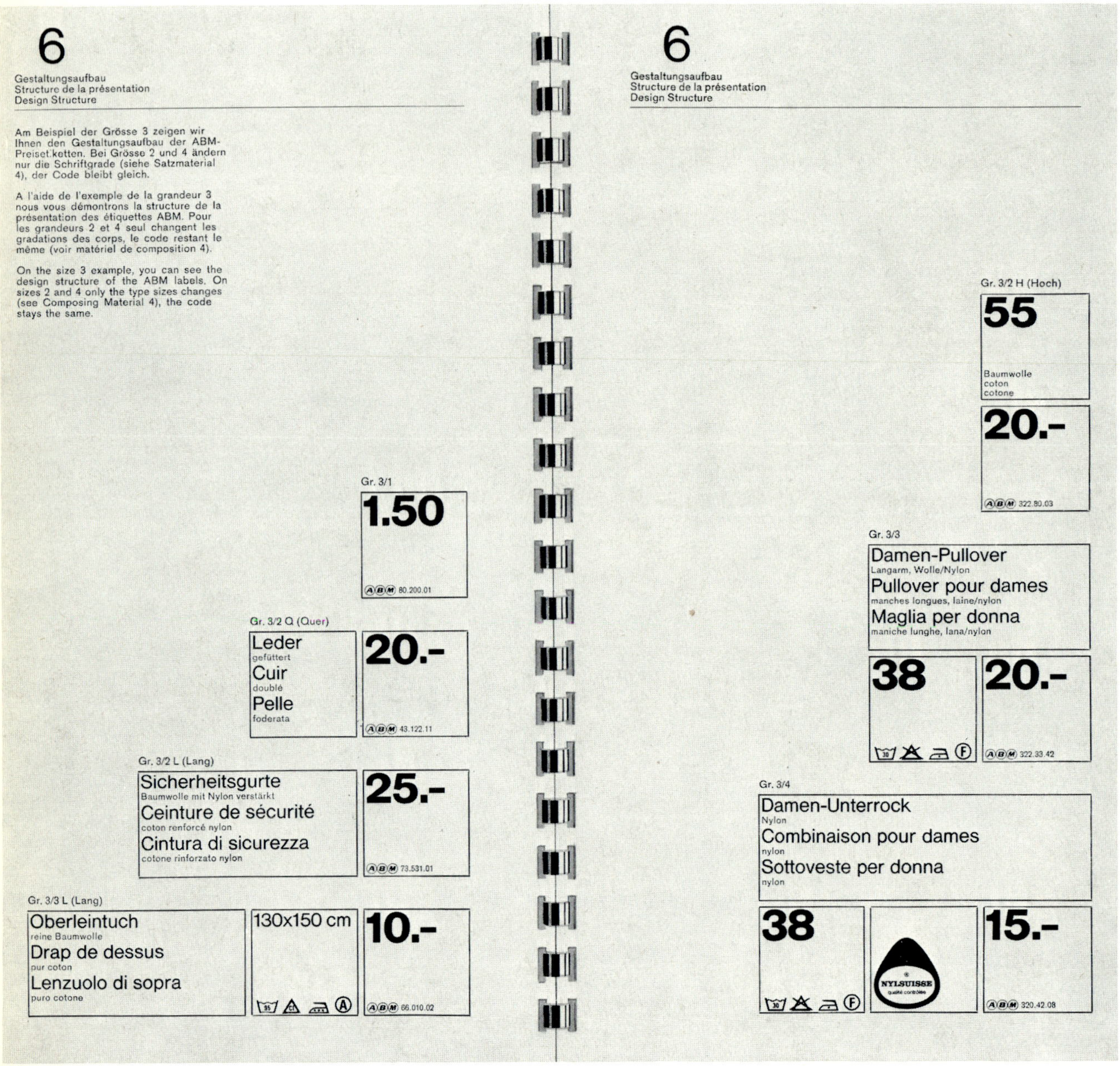
6

Gestaltungsaufbau
Structure de la présentation
Design Structure

Am Beispiel der Grösse 3 zeigen wir Ihnen den Gestaltungsaufbau der ABM-Preisetiketten. Bei Grösse 2 und 4 ändern nur die Schriftgrade (siehe Satzmaterial 4), der Code bleibt gleich.

A l'aide de l'exemple de la grandeur 3 nous vous démontrons la structure de la présentation des étiquettes ABM. Pour les grandeurs 2 et 4 seul changent les gradations des corps, le code restant le même (voir matériel de composition 4).

On the size 3 example, you can see the design structure of the ABM labels. On sizes 2 and 4 only the type sizes changes (see Composing Material 4), the code stays the same.

Gr. 3/1

1.50
ABM 80.200.01

Gr. 3/2 Q (Quer)

Leder
gefüttert
Cuir
doublé
Pelle
foderata

20.–
ABM 43.122.11

Gr. 3/2 L (Lang)

Sicherheitsgurte
Baumwolle mit Nylon verstärkt
Ceinture de sécurité
coton renforcé nylon
Cintura di sicurezza
cotone rinforzato nylon

25.–
ABM 73.531.01

Gr. 3/3 L (Lang)

Oberleintuch
reine Baumwolle
Drap de dessus
pur coton
Lenzuolo di sopra
puro cotone

130x150 cm

10.–
ABM 66.010.02

6

Gestaltungsaufbau
Structure de la présentation
Design Structure

Gr. 3/2 H (Hoch)

55
Baumwolle
coton
cotone

20.–
ABM 322.80.03

Gr. 3/3

Damen-Pullover
Langarm, Wolle/Nylon
Pullover pour dames
manches longues, laine/nylon
Maglia per donna
maniche lunghe, lana/nylon

38

20.–
ABM 322.33.42

Gr. 3/4

Damen-Unterrock
Nylon
Combinaison pour dames
nylon
Sottoveste per donna
nylon

38

NYLSUISSE

15.–
ABM 320.42.08

1

1
Gestaltungsanweisungen für Preisetiketten
Instructions pour la conception d'étiquettes de prix
Design instructions for price labels
E. + U. Hiestand, Zürich

2

2
Preisetiketten
Etiquettes de prix
Price labels
E. + U. Hiestand, Zürich

1–6

7

1–6
Etiketten für ein Warenhaus
Etiquettes d'un grand magasin
Labels of a department-store
Ufficio Publicità, J. C. Penny, Milano

7
Einwickelpapier
Papier d'emballage
Wrapping paper
Ufficio Publicità, J. C. Penny, Milano

Geschäftsdrucksachen
Imprimés d'affaires
Business stationary

1

2

3

2

3

1
Briefbogen für eine kaufmännische Stellenvermittlung
Papier à lettre pour un bureau de placement commercial
Letter head for a commercial employment agency
E. + U. Hiestand, Zürich

2
Briefbogen und Kuvert für eine Industriefirma
Papier à lettre et enveloppe pour une entreprise industrielle
Letter head and envelope for an industrial firm
Chris Hofstetter, Zürich

3
Briefbogen und Kuvert für ein Malergeschäft
Papier à lettre et enveloppe pour une entreprise de peinture
Letter head and envelope for a decorating firm
Werbeagentur MB + Co., Zürich

1

2

3

1

2

3

2

1
Briefbogen und Kuvert für einen Kunstverein
Papier à lettre et enveloppe pour une société d'art
Letter head and envelope for an art society
Siegfried Odermatt, Zürich

2
Briefbogen, Kuvert und Visitenkarte für einen Verlag
Papier à lettre, enveloppe et carte de visite d'une maison d'édition
Letter head, envelope and visiting card for a publishing firm
Michael Paviera, Zürich

3
Briefbogen und Kuvert für ein grafisches Atelier
Papier à lettre et enveloppe pour un atelier graphique
Letter head and envelope for a design studio
Gottschalk + Ash, Montreal

4

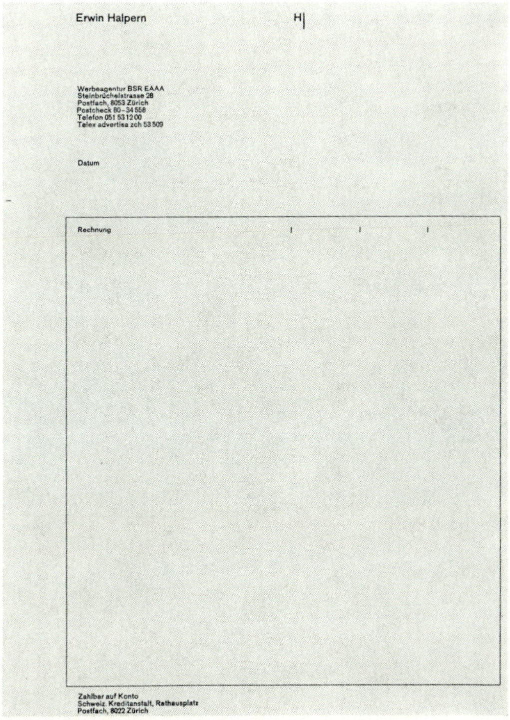

4

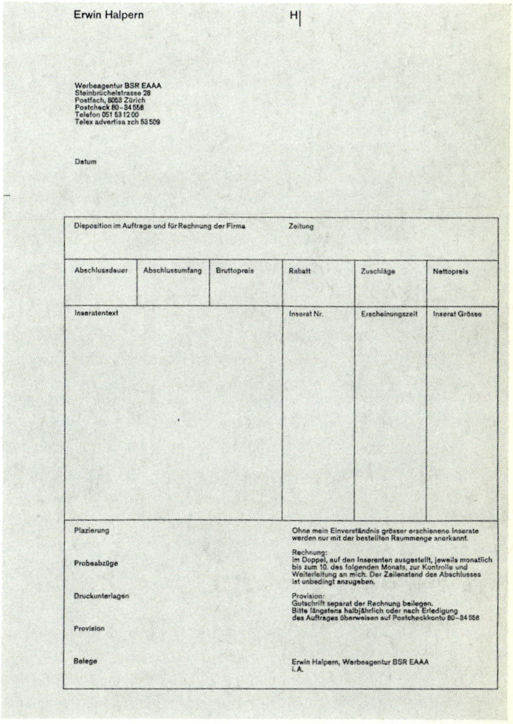

4

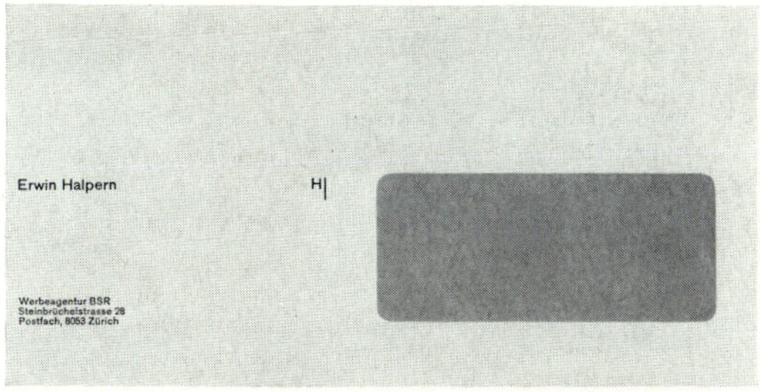

4

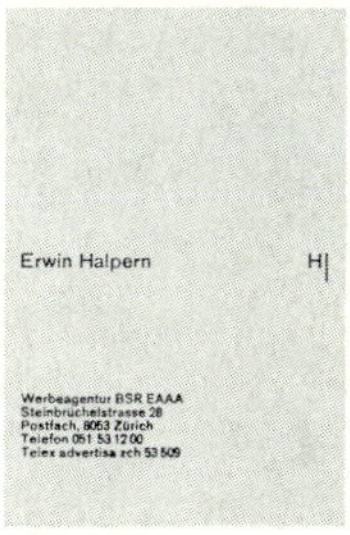

4

4
Briefbogen, Geschäftsformulare, Kuvert und Visitenkarte für eine Werbeagentur
Papier à lettre, formules d'affaires, enveloppe et carte de visite pour une agence
Letter head, business forms, envelop and visiting card for a agency
Werbeagentur E. Halpern, Zürich

UNION

Union Kassenfabrik AG, Zürich

Fabrique de caisses Union SA, Zurich
Union Safe Works Ltd., Zurich
Gestaltung/ Conception/ Design:
Siegfried Odermatt, Zürich

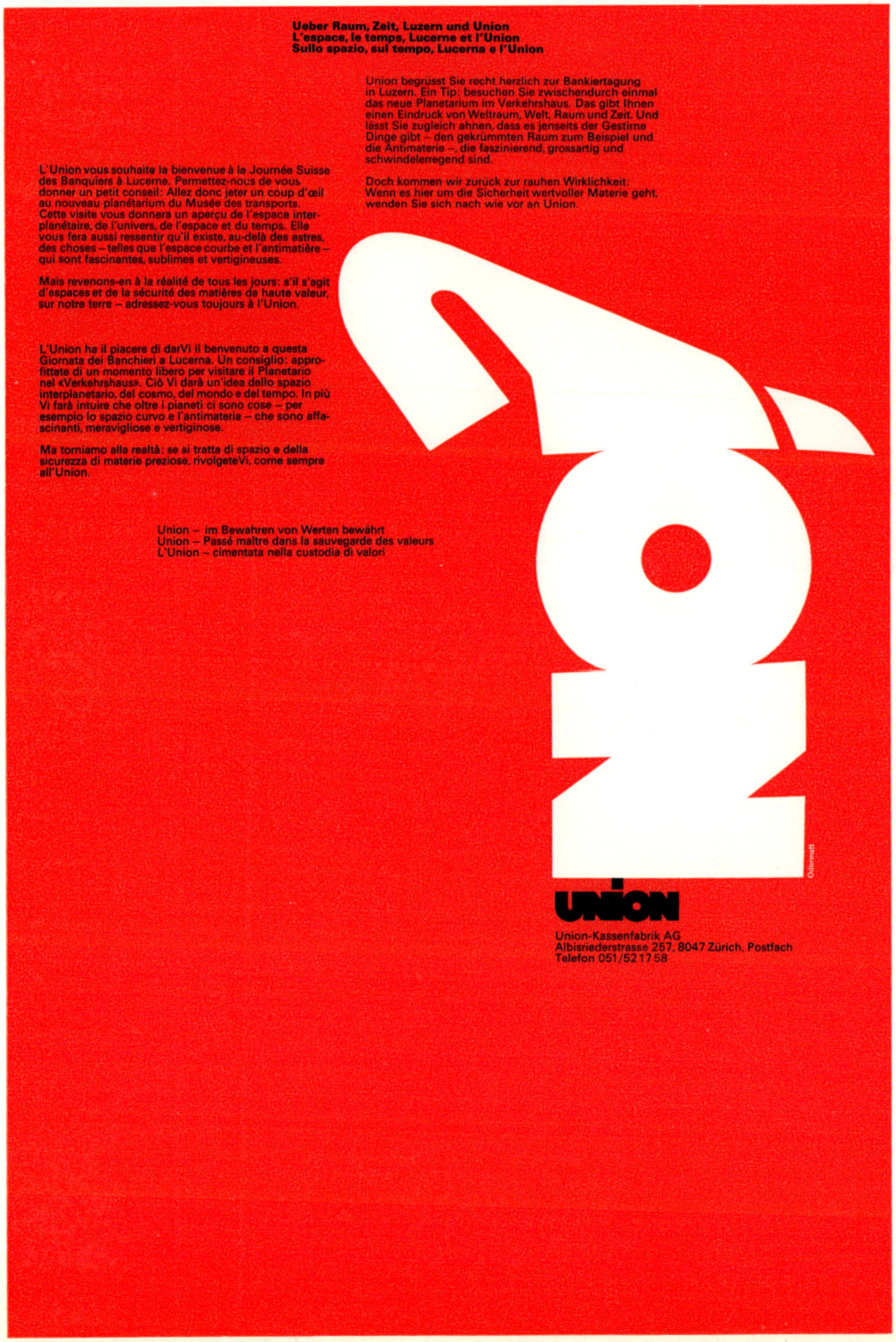

1

1
Informationsinserat
Annonce d'information
Information advertisement

2

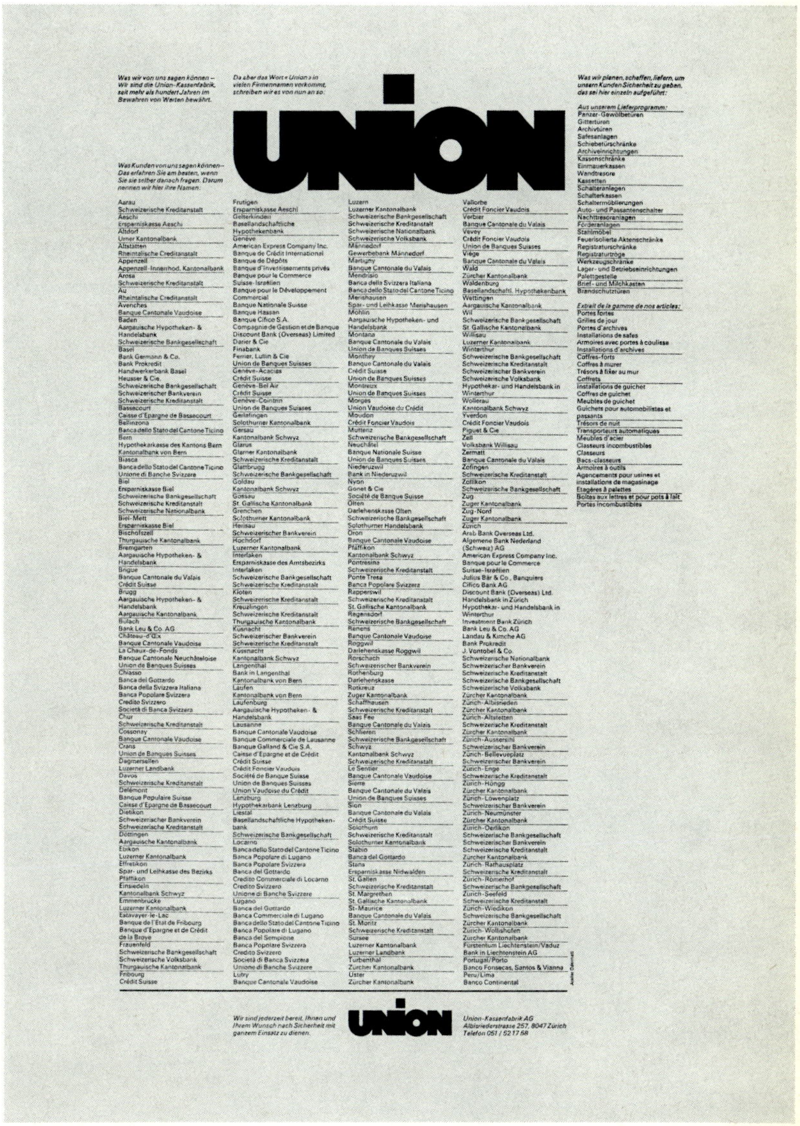

3

2
Inserat für neue Produkte
Annonce pour nouveaux produits
Advertisement for a new product

3
Referenzinserat
Annonce de référence
Reference advertisement

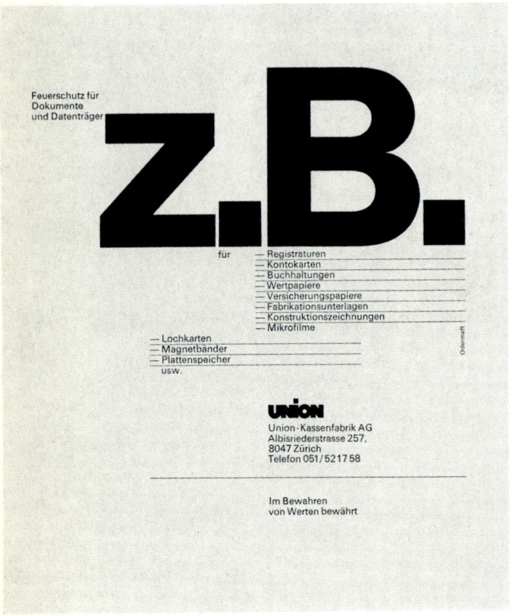

1

2

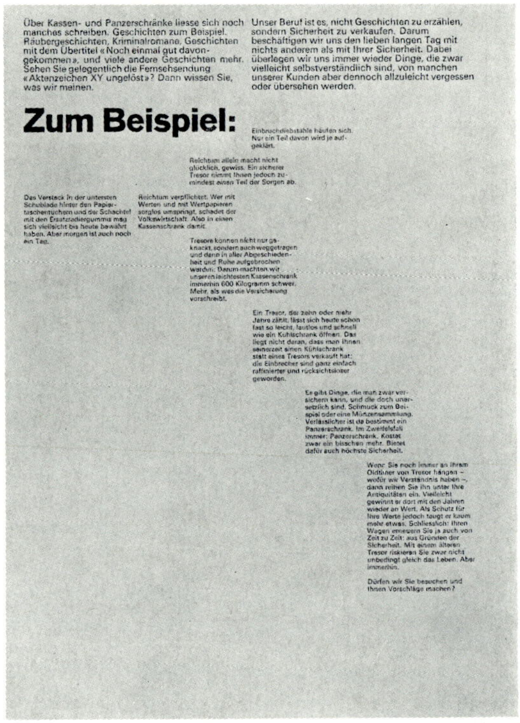

3

1
Produkteinserat
Annonce des produits
Advertisement for products

2, 3
Prospekt für Kassen- und Panzerschränke
Prospectus pour caisses et coffres-forts
Prospectus for safes

Union
Kassenfabrik AG

Banktresor- und Schalteranlagen, Stahlmöbel
Kassenschränke

Albisriederstrasse 257
8047 Zürich, Postfach
Schweiz

Postcheckkonto 80-425
Telegramme: Unionkasse

Telefon 051/52 17 58
Telex CH-54 923

Ihr Zeichen
Ihr Schreiben vom
Unser Zeichen
8047 Zürich

Betrifft

4

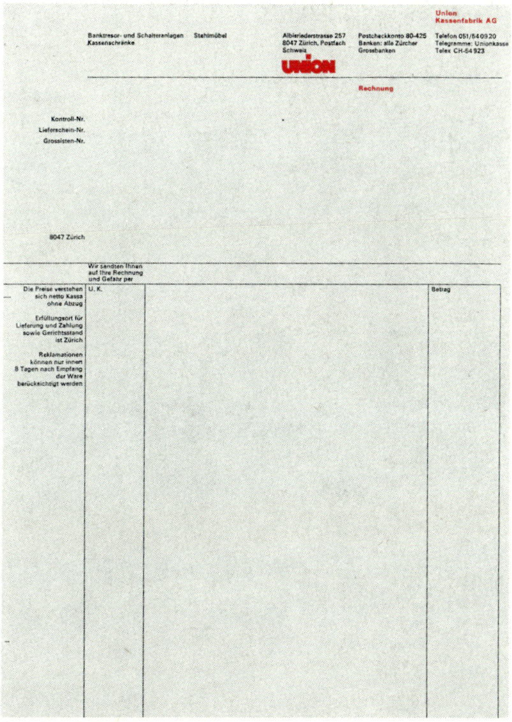
Union
Kassenfabrik AG

Banktresor- und Schalteranlagen
Kassenschränke

Stahlmöbel

Albisriederstrasse 257
8047 Zürich, Postfach
Schweiz

Postcheckkonto 80-425
Banken: alle Zürcher
Grossbanken

Telefon 051/54 09 20
Telegramme: Unionkasse
Telex CH-54 923

Rechnung

Kontroll-Nr.
Lieferschein-Nr.
Grossisten-Nr.

8047 Zürich

Wir sandten Ihnen
auf Ihre Rechnung
und Gefahr per

Die Preise verstehen sich netto Kassa ohne Abzug

Erfüllungsort für Lieferung und Zahlung sowie Gerichtsstand ist Zürich

Reklamationen können nur innert 8 Tagen nach Empfang der Ware berücksichtigt werden

U. K.		Betrag

4

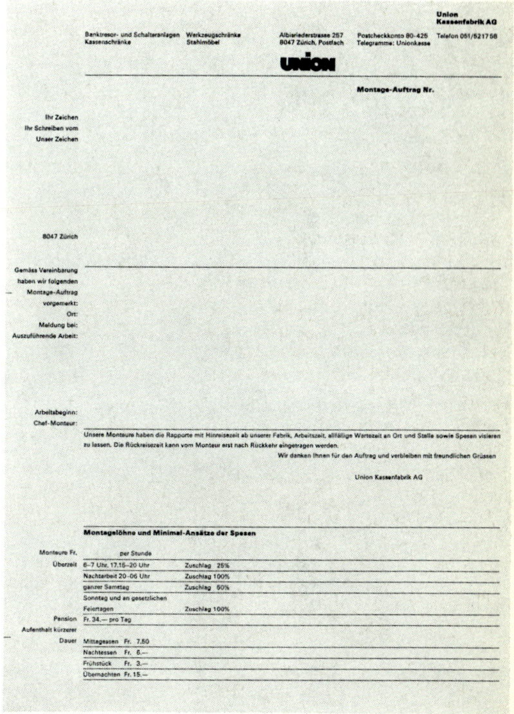
Union
Kassenfabrik AG

Banktresor- und Schalteranlagen
Kassenschränke

Werkzeugschränke
Stahlmöbel

Albisriederstrasse 257
8047 Zürich, Postfach

Postcheckkonto 80-425
Telegramme: Unionkasse

Telefon 051/52 17 58

Montage-Auftrag Nr.

Ihr Zeichen
Ihr Schreiben vom
Unser Zeichen

8047 Zürich

Gemäss Vereinbarung haben wir folgenden Montage-Auftrag vorgemerkt:
Ort:
Meldung bei:
Auszuführende Arbeit:

Arbeitsbeginn:
Chef-Monteur:

Unsere Monteure haben die Rapporte mit Hinreisezeit ab unserer Fabrik, Arbeitszeit, allfällige Wartezeit an Ort und Stelle sowie Spesen visieren zu lassen. Die Rückreisezeit kann vom Monteur erst nach Rückkehr eingetragen werden.

Wir danken Ihnen für den Auftrag und verbleiben mit freundlichen Grüssen

Union Kassenfabrik AG

Montagelöhne und Minimal-Ansätze der Spesen

Monteure Fr.	per Stunde	
Überzeit	6–7 Uhr, 17.15–20 Uhr	Zuschlag 25%
	Nachtarbeit 20–06 Uhr	Zuschlag 100%
	ganzer Samstag	Zuschlag 50%
	Sonntag und an gesetzlichen Feiertagen	Zuschlag 100%
Pension	Fr. 34.— pro Tag	
Aufenthalt kürzerer Dauer	Mittagessen Fr. 7.50	
	Nachtessen Fr. 6.—	
	Frühstück Fr. 3.—	
	Übernachten Fr. 15.—	

4

Fabrique de
Coffres-forts
Union SA
Zurich/Suisse

Union
Kassenfabrik AG
Zürich/Schweiz

Albisriederstrasse 257
8047 Zürich, Postfach

4

Union
Kassenfabrik AG
Zürich/Schweiz

Albisriederstrasse 257
8047 Zürich, Postfach

Telefon 01/54 09 20
Telex CH-54923

Dr. oec. Diego A. Gruenberg Direktor

4

4
Briefbogen, Formulare, Kuvert, Visitenkarte
Papier à lettre, formulaires, enveloppe, carte de visite
Letter head, forms, envelope, visiting card

therma

Therma AG, Fabrik für Kücheneinrichtungen, Apparate und Geräte, Schwanden, Schweiz
Usine Therma SA pour équipement de cuisine, appareils et instruments, Schwanden, Suisse
Therma AG, Works for kitchen fittings, apparatus and utensils, Schwanden, Switzerland
Gestaltung/ Conception/ Design:
Werbeagentur E. Halpern, Zürich
Schriftzug/ Logotype/ Logotype:
Carlo Vivarelli, Zürich

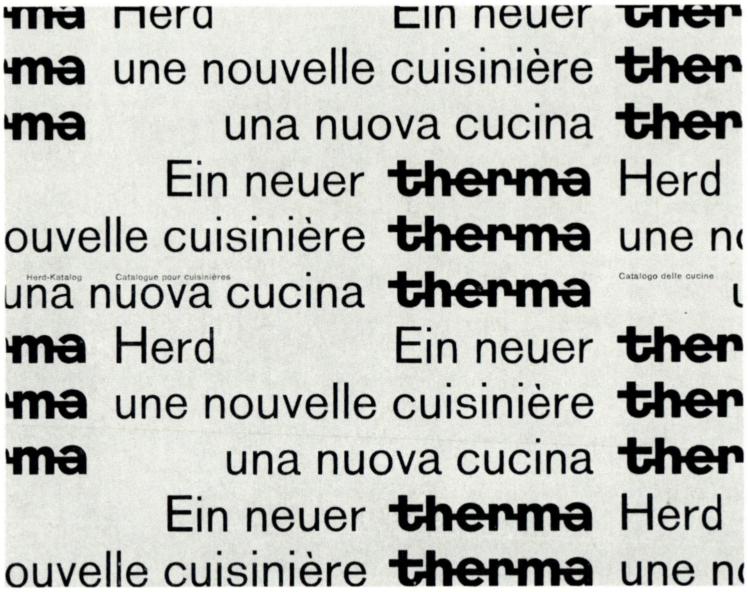

1

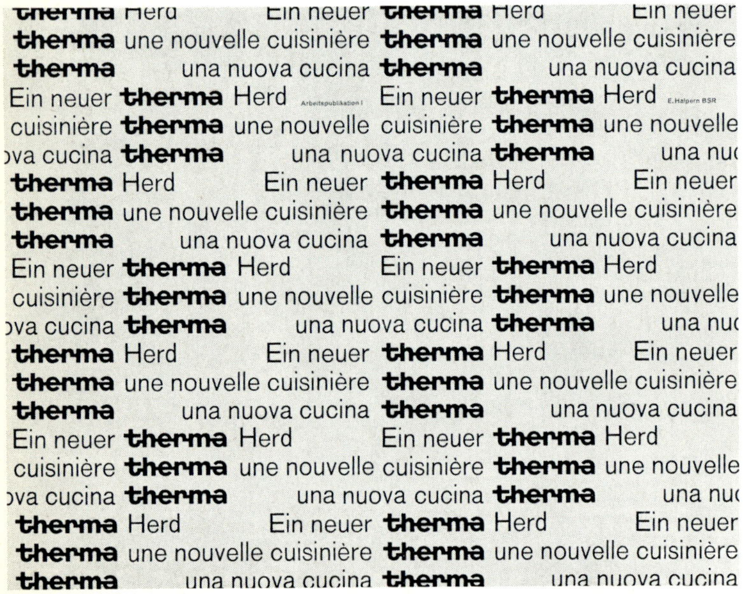

2

3

1, 2, 3
Prospektumschläge
Couvertures de prospectus
Prospectus covers

4

5

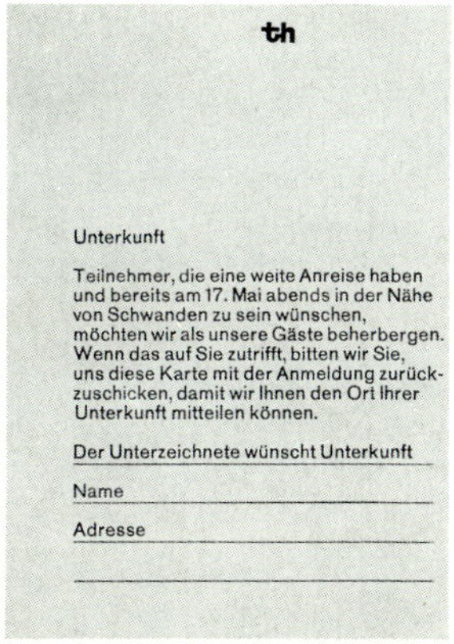

6

6

6

4, 5
Broschürenumschläge
Couvertures de brochures
Booklet covers

6
Briefbogen, Kuvert und Einladungskarte
Papier à lettre, enveloppe et carte d'invitation
Letter head, envelope and invitation card

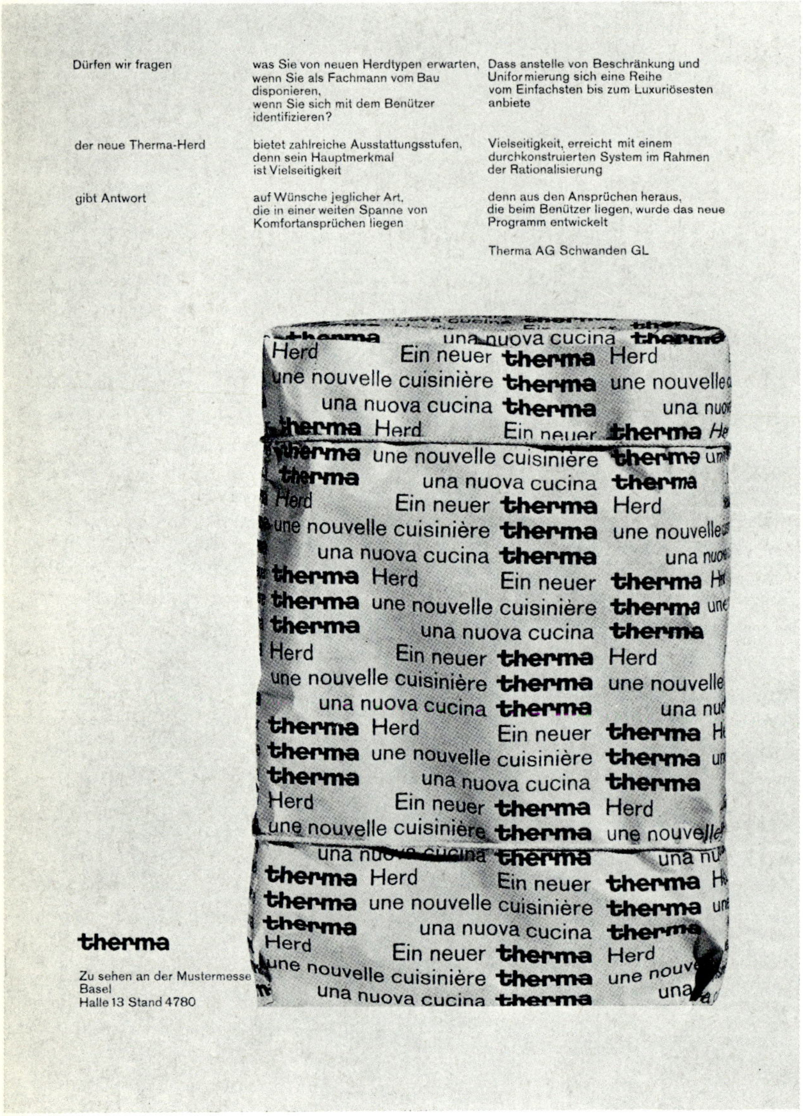

1

2

1
Inserat für neue Kochherdtypen
Annonce pour nouveaux types de cuisinières
Advertisement for new types of stoves

2
Inserat für Grossküchen
Annonce pour grande cuisines
Advertisement for large-scale kitchens

3

4

3
Inserat für Fabrikationsprogramm
Annonce pour un programme de fabrication
Advertisement for production programme

4
Inserat für eine Fachmesse
Annonce pour foire-exposition
Advertisement for a trade fair

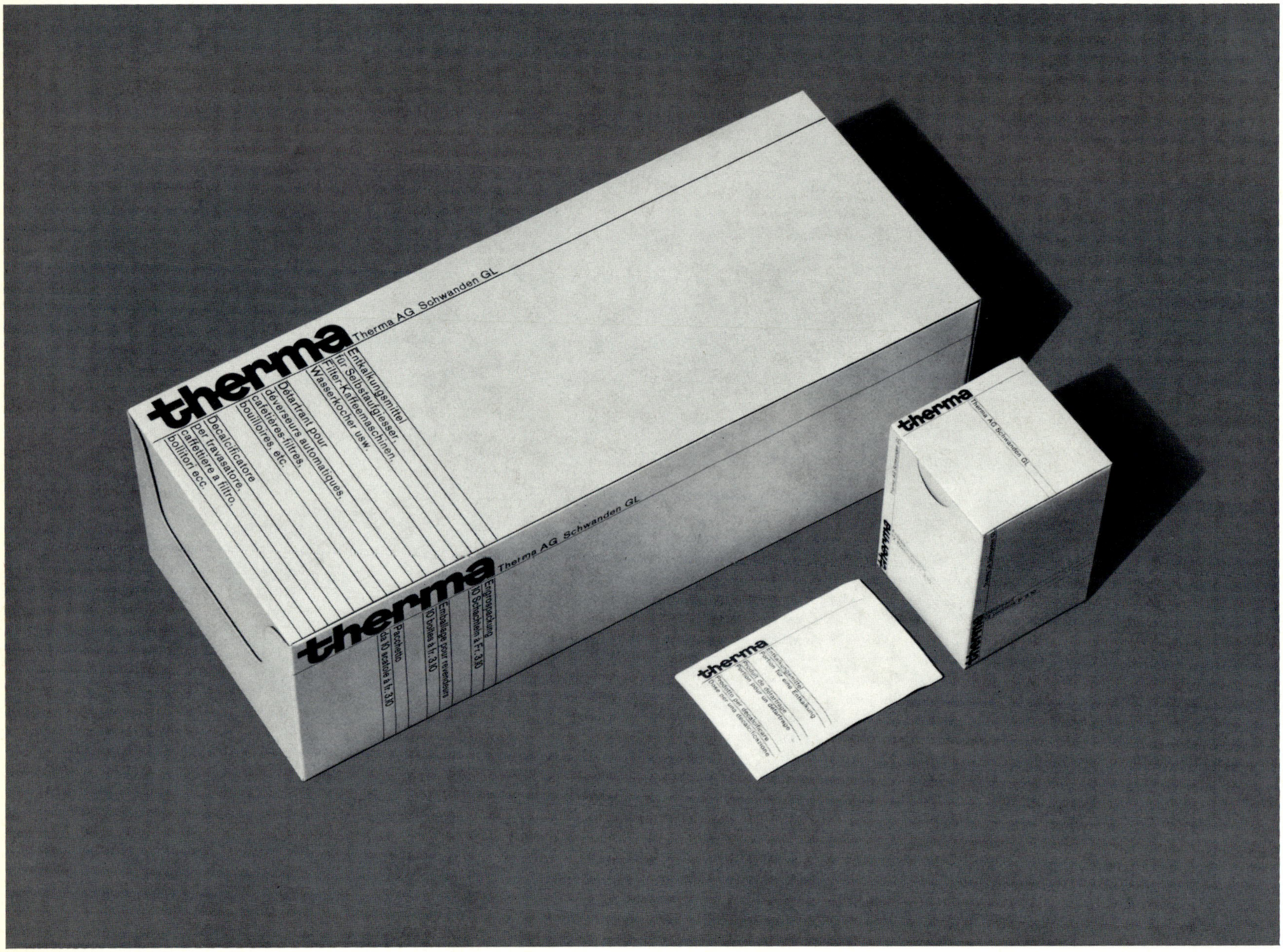

Verpackungen für ein Entkalkungsmittel
Conditionnements pour un produit anticalcaire
Package for a decalcifying agent

Die folgende Übersicht zeigt die Entwicklung der lateinischen Schriftformen in ihren wichtigsten Phasen, angefangen bei der griechischen Lapidarschrift bis zu den in jüngster Zeit entwickelten OCR-2 Formen.

Alle Zeitangaben beziehen sich auf die Perioden, in denen die Schriften angewandt wurden oder auf deren Erscheinungsdatum.

Je nach Produktionstechnik und Quellen wurden Reproduktionen nach Originalen aus der Entstehungszeit oder aus der folgenden Anwendungsperiode verwendet (handgeschriebene Texte oder gezeichnete und dann geschnittene und gedruckte Schriften) wie auch nach später aufgezeichneten Schriften (z. B. für die in Stein gehauenen Typen).

Die Gegenüberstellung mit bekannten Grössen, seien es Dichter, Gelehrte und Politiker oder Kunstwerke, soll lediglich die zeitliche Einordnung der abgebildeten Schriften erleichtern. Ausser der Tatsache, dass diese Männer und Frauen in der entsprechenden Zeit gelebt und die Werke in derselben Zeit entstanden sind, besteht kein direkter Zusammenhang zu den Schriften.

Le présent aperçu montre l'évolution des formes de la lettre latine à travers ses phases les plus importantes, à partir de l'écriture lapidaire grecque jusqu'aux formes OCR-2 développées actuellement.

Toute indication de dates se réfère aux époques pendant lesquelles ces caractères étaient en usage ou à la date de leur création.

Les reproductions présentées se rapportent à des originaux d'une période intiniale donnée ou à celle de leur emploi courant (soit des textes manuscrits ou des lettres dessinées et puis découpées et imprimées) ainsi qu'à des travaux exécutés ultérieurement (comme par exemple pour les caractères taillés en pierre), suivant leur origine et les techniques utilisées.

La juxtaposition avec des personnages de renom – poètes, savants et politiciens – ou avec des œuvres d'art connues ne sert qu'à faciliter la compréhension chronologique des caractères illustrées. A part le fait que ces hommes et femmes ont vécu au cours de la période donnée et que ces œuvres d'art proviennent de la même époque, il n'y a pas de rapport direct entre eux et les caractères.

The following survey shows the evolution of Roman type forms in their most important phases, starting with Greeck lapidary characters through the OCR-2 forms developed in recent times.

The dates indicated refer to the epoch during which they were in use or the time when they first appeared.

Depending on the source and on the production technique, reproductions from originals dating from the very beginning or a subsequent period during which such were type forms applied (handwritten texts or drawn and then cut and printed characters), as well as scriptures recorded at a later date (as for instance for the characters hewn into stone) were used.

Comparisons with people of renown – poets, scientists, politicians – or with a famous piece of art are intended merely to facilitate understanding of the chronological order of the illustrated characters. Apart from the fact that these people lived during the period concerned and that the shown cultural values have been produced in that era, there is no direct connection between them and the characters involved.

5. Jahrhundert v. Chr.
5e s. av. J.-C.
5th century B. C.

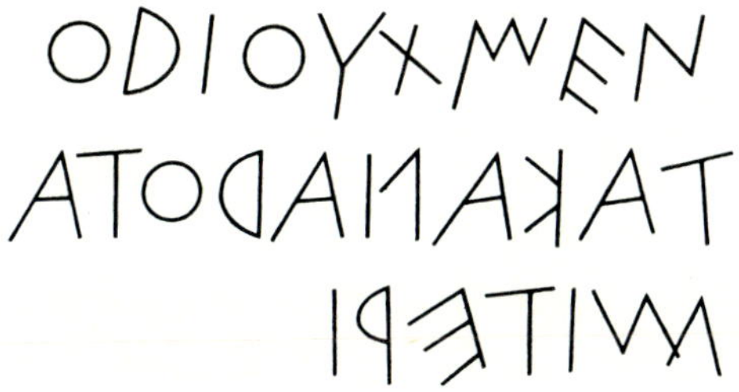

Griechische Lapidarschrift
Ecriture lapidaire grecque
Greek lapidary type

Sokrates

Parthenon, Athen
Parthénon, Athènes
Parthenon, Athens

2. Jahrhundert v. Chr.
2e s. av. J.-C.
2nd century B. C.

Römische Lapidarschrift
Ecriture lapidaire romaine
Roman lapidary type

Hannibal

Stoa des Attalos, Athen
Salle du roi Attalos, Athènes
Stoa of Attalos, Athens

1. Jahrhundert v. Chr.
1er s. av. J.-C.
1st century B. C.

Römische Kapitalis-Monumentalis
Capitalis monumentalis romaine
Roman capitalis monumentalis

Caesar

Forum des Caesar, Rom
Forum de César, Rome
Caesar's Forum, Rome

1. bis 5. Jahrhundert
1er au 5e siècle
1st to 5th century A. D.

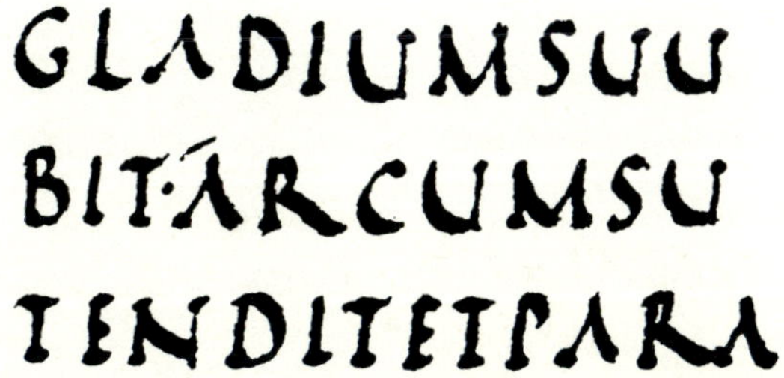

Kapitalis rustika
Capitalis rustica
Capitalis rustica

Augustus

Pont du Gard, Südfrankreich
Pont du Gard, Provence (France)
Pont du Gard, Southern France

1. bis 3. Jahrhundert
1er au 3e siècle
1st to 3rd century

Römische Majuskelkursiv
Capitale cursive romaine
Roman majuscule cursive

Nero

Kolosseum, Rom
Colisée, Rome
Colosseum, Rome

3. bis 9. Jahrhundert
3e au 9e siècle
3rd to 9th century

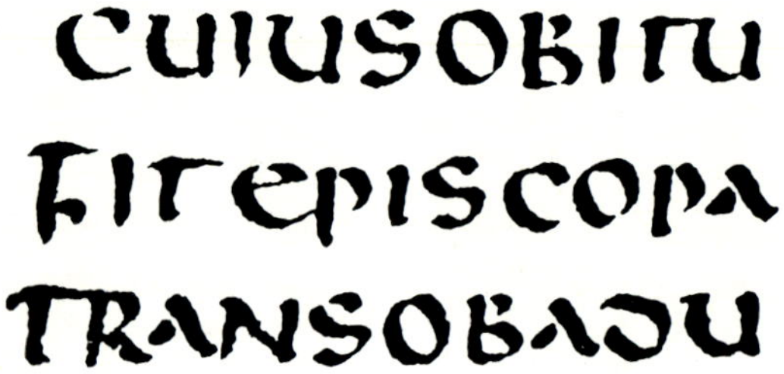

Römische Unziale
Onciale romaine
Roman uncial

Septimus Severus

Ölmühle von Brisgane, Umgebung von Tebessa, Algerien
Moulin à huile de Brisgane, environs de Tébessa, Algérie
Brisgane oil-mill, near Tebessa, Algeria

3. bis 7. Jahrhundert
3e au 7e siècle
3rd to 7th century

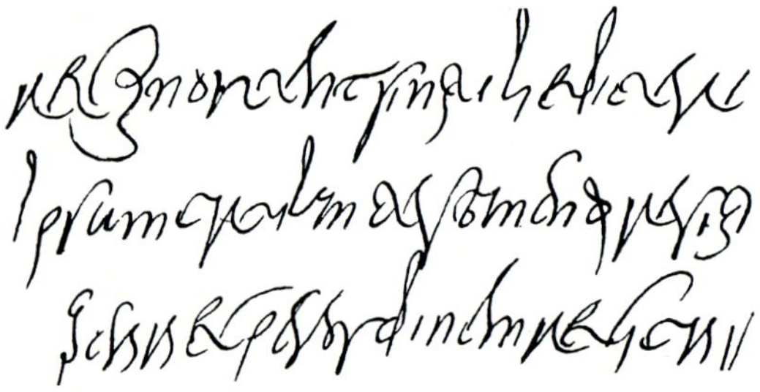

Römische Minuskelkursiv
Minuscule cursive romaine
Roman minuscule cursive

Diokletian

Palast des Diokletian, Split
Palais de Dioclétien, Split
Diocletian's Palace, Split

3. bis 7. Jahrhundert
3e au 7e siècle
3rd to 7th century

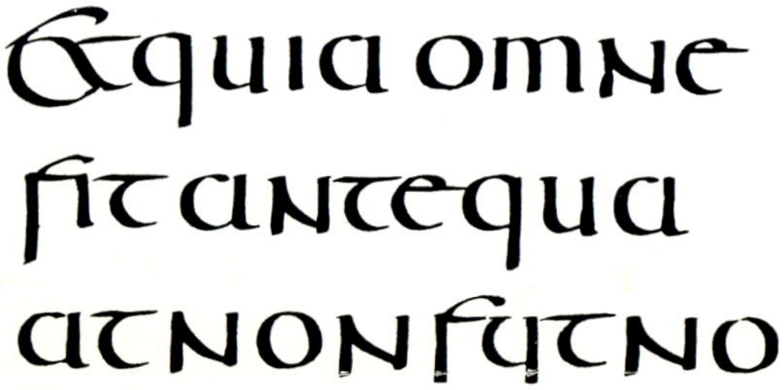

Römische Halbunziale
Semi-onciale romaine
Roman half-uncial

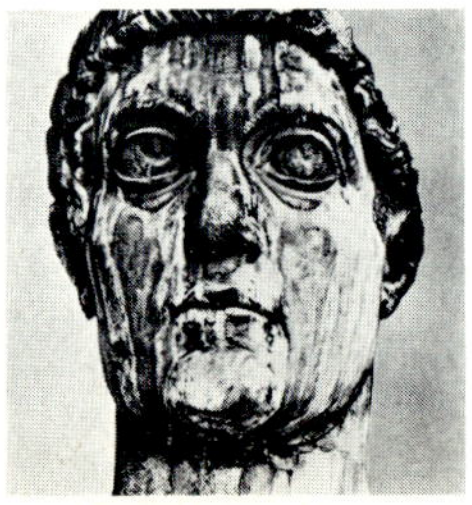

Konstantin der Grosse
Constantin le Grand
Constantine the Great

Konstantinsbogen, Rom
Colonne de Constantin, Rome
Arch of Constantine, Rome

4. und 5. Jahrhundert
4e et 5e siècle
4th and 5th century

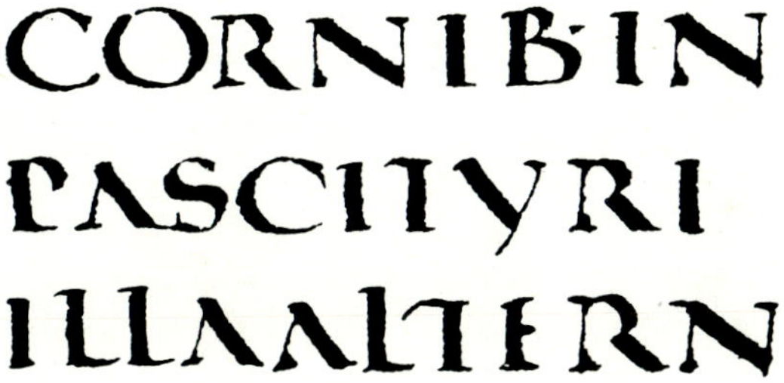

Kapitalis quadrata
Capitalis quadrata
Square capitals

Aurelius Augustinus

Frau mit Kind, Fresko, Rom
Femme avec enfant, fresque, Rome
Woman with child, fresco, Rome

7. bis 12. Jahrhundert
7e au 12e siècle
7th to 12th century

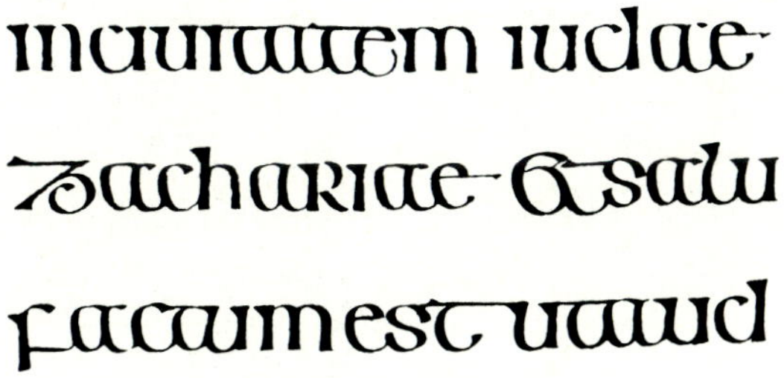

Irisch-angelsächsische Halbunziale
Semi-onciales irlandaises-anglo-saxonnes
Irish-Anglo-Saxon half-uncial

Herakleios

Book of Kells, Irland
Livre de Kells, Irlande
Book of Kells, Ireland

7. bis 9. Jahrhundert
7e au 9e siècle
7th to 9th century

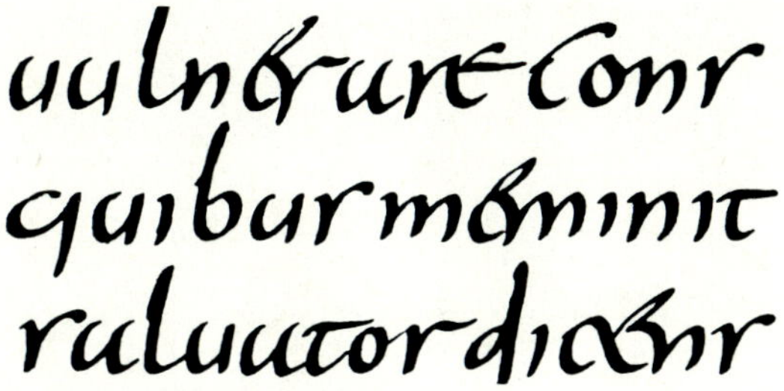

Römische halbkursive Minuskel
Semi-cursive romaine
Roman half-cursive

Mohammed

Dom und Kampanile, Torcello
Dôme et campanile, Torcello
Cathedral and campanile, Torcello

7. bis 9. Jahrhundert
7e au 9e siècle
7th to 9th century

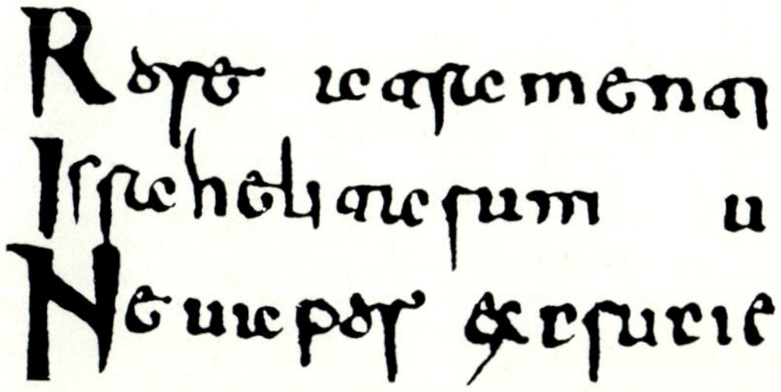

Langobardische Minuskel
Minuscule lombarde
Lombardic minuscule

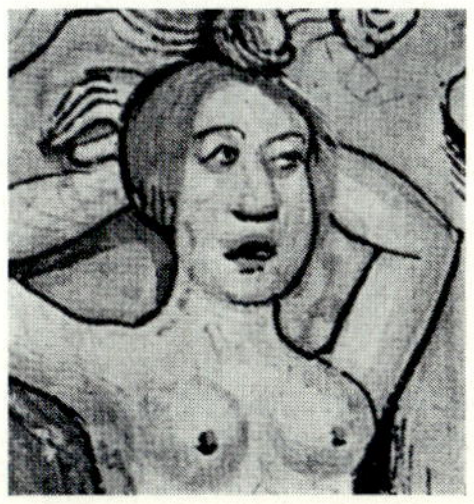

Königin Brunhild
Reine Brunhilde
Queen Brunhild

San Apollinare in Classe, Ravenna
Saint Apollinaire, Ravenne
San Apollinare in Classe, Ravenna

7. und 8. Jahrhundert
7e et 8e siècle
7th and 8th century

Merowingische Minuskel
Minuscule mérovingienne
Merovingian minuscule

Willibrod, Benediktiner
Saint Willibrod, bénédictin
Willibrod, Benedictiner

Heiliger Demetrius mit Stiftern, Saloniki
Saint Démétrios avec élèves, Salonique
St. Demetrius with founders, Salonika

8. bis 11. Jahrhundert
8e au 11e siècle
8th to 11th century

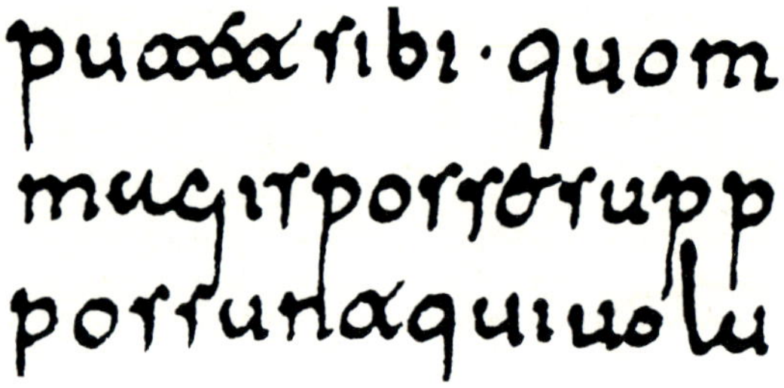

Westgotische Minuskel
Minuscule visigothique
Visigothic minuscule

Bonifatius, Missionar
Boniface, missionnaire
Boniface, missionary

Westgotisch-germanische Flechtbandornamentik
Entrelacs ornamentaux visigothiques
Westgothic-German plaited band ornament

8. bis 11. Jahrhundert
8e au 11e siècle
8th to 11th century

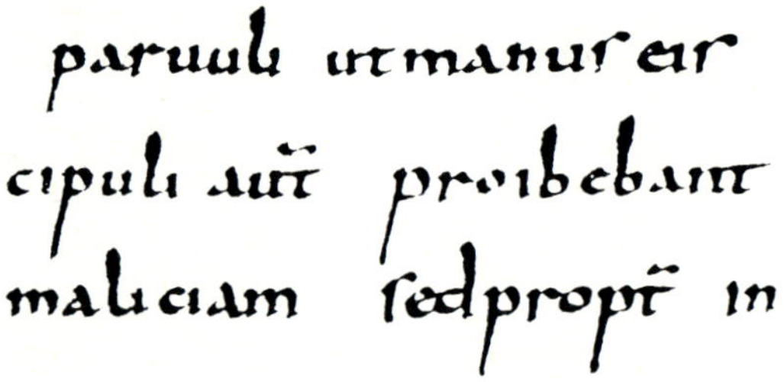

Karolingische Minuskel
Minuscule carolingienne
Carolingian minuscule

Karl der Grosse
Charlemagne
Charlemagne

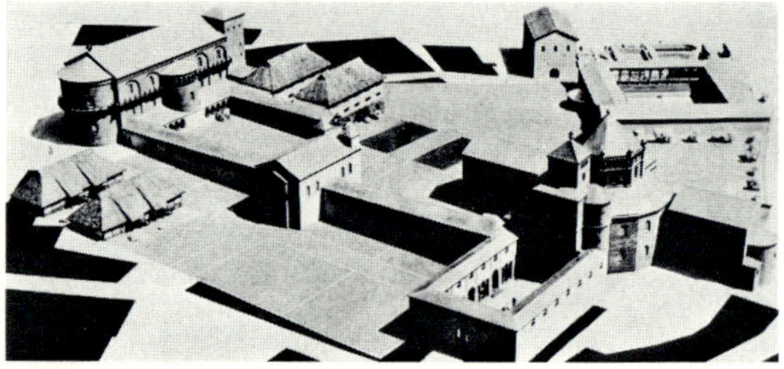

Aachener Pfalz von Karl dem Grossen
Palais d'Aix la Chapelle
Imperial Palace of Charlemagne, Aix-la-Chapelle

9. bis 13. Jahrhundert
9e au 13e siècle
9th to 13th century

Beneventanische Minuskel
Minuscule bénéventine
Beneventan minuscule

Ludwig der Deutsche
Louis l'Allemand
Ludwig the German

St. Nazarius Torhalle, Lorsch
Porche St-Nazaire, Lorsch
St. Nazarius Porch, Lorsch

11. und 12. Jahrhundert
11e et 12e siècle
11th and 12th century

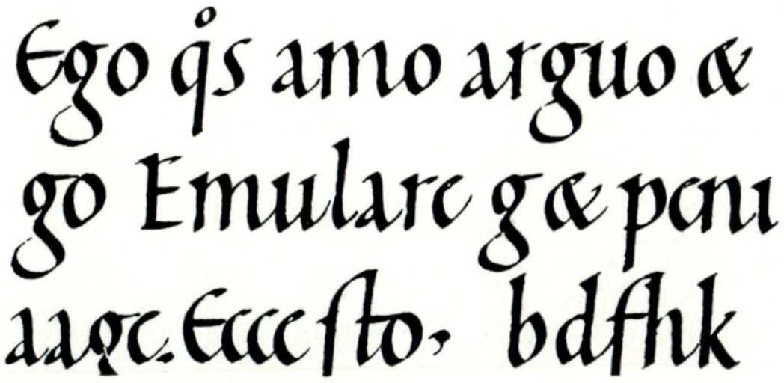

Spätkarolingische Minuskel
Minuscule carolingienne tardive
Late Carolingian minuscule

Papst Gregor VII.
Pape Grégoire VII
Pope Gregory VII.

Abteikirche Sainte-Foy, Conques
Abbaye Sainte-Foy, Conques
Sainte-Foy Abbey, Conques

12. und 13. Jahrhundert
12e et 13e siècle
12th and 13th century

Frühgotische Minuskel
Minuscule gothique primitive
Early gothic minuscule

Richard I. Löwenherz
Richard Ier cœur de Lion
Richard the Lion-Hearted

Abteikirche Fontenay
Abbaye de Fontenay
Fontenay Abbey

13. bis 15. Jahrhundert
13e au 15e siècle
13th to 15th century

Gotische Minuskel
Minuscule gothique
Gothic minuscule

Walter v. d. Vogelweide

Kathedrale von Wells
Cathédrale de Wells
Wells Cathedral

13. bis 15. Jahrhundert
13e au 15e siècle
13th to 15th century

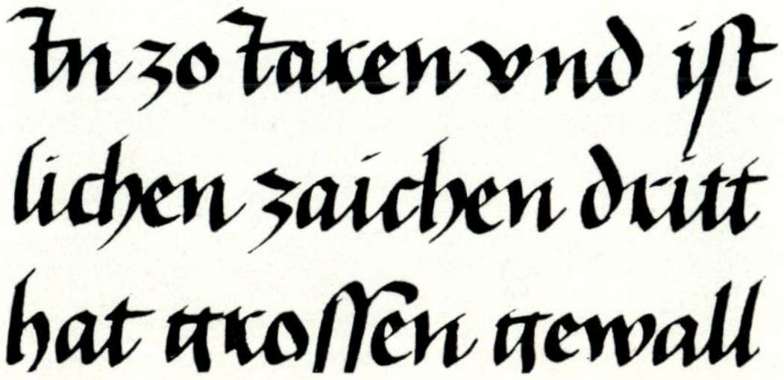

Gotische Kursiv (Bastarda)
Cursive gothique (bâtarde)
Gothic cursive (bastard)

Friedrich II.

Castel del Monte, Apulien
Château del Monte, Apulien
Castel del Monte, Apulia

13. bis 15.Jahrhundert
13ᵉ au 15ᵉ siècle
13th to 15th century

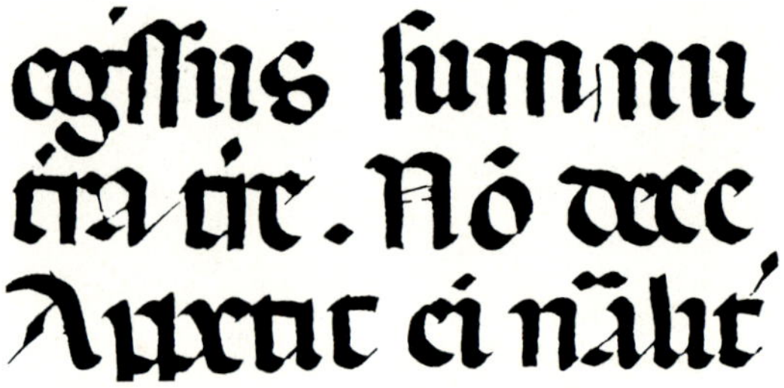

Rotunda

Rudolf I. Habsburg

Kathedrale von Salisbury
Cathédrale de Salisbury
Salisbury Cathedral

14. und 15. Jahrhundert
14ᵉ et 15ᵉ siècle
14 and 15th century

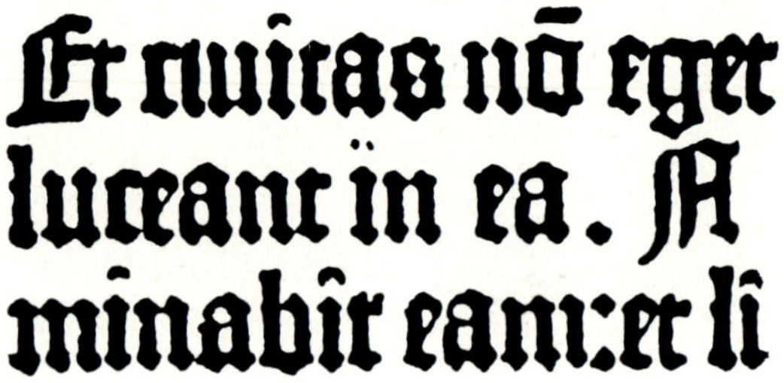

Textur
Textura
Textura

Johannes Gutenberg

Dom von Mailand
Dôme de Milan
Milan Cathedral

14. Jahrhundert
14ᵉ siècle
14th century

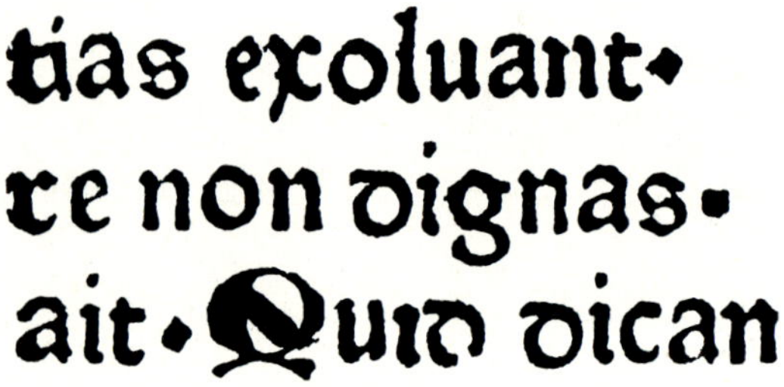

Gotico Antiqua
Antique Gotico
Gotico antique

Dante Alighieri

Dogenpalast, Venedig
Palais des Doges, Venise
Doges' Palace, Venice

15. und 16. Jahrhundert
15ᵉ et 16ᵉ siècle
15th and 16th century

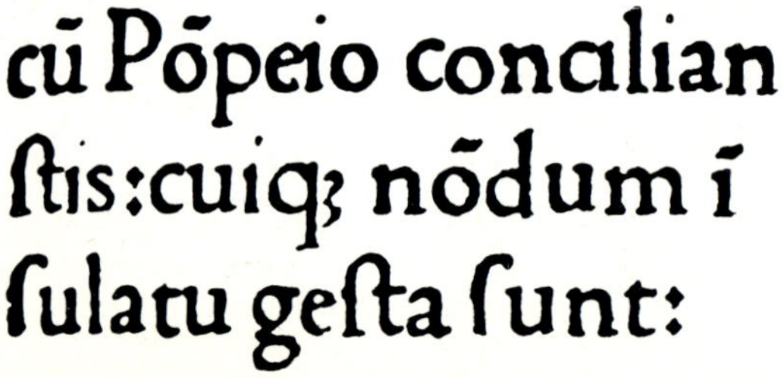

Humanistische Minuskel
Minuscule humaniste
Humanistic minuscule

Jeanne d'Arc

Palazzo Vendramin Calergi, Venedig
Palais Vendramin Calergi, Venise
Vendramin Calergi Palace, Venice

15. und 16. Jahrhundert
15e et 16e siècle
15th and 16th century

A t magnum fecit qu
M iſcuit, oſeri ſtudio
D ifficile? et mirum

Humanistische Kursiv
Cursive humaniste
Humanistic cursive

Christoph Kolumbus

Leonardo da Vinci, Das Abendmahl
Léonard de Vinci, La Cène
Leonardo da Vinci, The Last Supper

---

16. Jahrhundert
16e siècle
16th century

Sertorius in de
krieg. wider den
brachten die hiſ

Schwabacher

Albrecht Dürer

Palazzo Strozzi, Florenz
Palais Strozzi, Florence
Strozzi Palace, Florence

---

16. und 17. Jahrhundert
16e et 17e siècle
16th and 17th century

Zum erſten mach
vnd teyll die mit
kleyn ſirung/vnd

Fraktur
Fraktur (caractères allemand)
Fraktur (German type)

William Shakespeare

Audley End, Essex

---

16. Jahrhundert
16e siècle
16th century

Dises Ailfft Capitell
nach Sant vlrichs ſ
den keiſern vnd wie ſ

Deutsche Kanzlei- und Kurrentschrift
Ecriture de chancellerie et courante allemande
German chancery and running hand

Galileo Galilei

Escorial, Spanien
Escurial, Espagne
Escorial, Spain

1531

ABCDEFGHIJK
abcdefghijklmnop
&ÆŒ£12345678

Garamond

Martin Luther

Louvre, Cour Carrée, Paris

1725

ABCDEFGHIJKI
abcdefghijklmnop
&ÆŒ£1234567

Caslon

Johann Seb. Bach

Kloster Einsiedeln
Couvent d'Einsiedeln
Einsiedeln Monastery

Mitte 18. Jahrhundert
Moitié du 18e siècle
Mid 18th century

ABCDEFGHIJK
abcdefghijklmnop
&ÆŒ£12345678

Baskerville

Jean J. Rousseau

Die Wies, Süddeutschland
Die Wies, Allemagne du sud
Die Wies, southern germany

Mitte 18. Jahrhundert
Moitié du 18e siècle
Mid 18th century

ABCDEFGHIJK
abcdefghijklmnop
&ÆŒ£1234567

Fournier

Maria Theresia

Amalienburg, München
Amalienburg, Munich
Amalien Castle, Munich

Mitte 18. Jahrhundert
Moitié du 18e siècle
Mid 18th century

ABCDEFGHIJI
abcdefghijklmn
&ÆŒ£1234567

Didot

George Washington

Wohnhaus in Massachusetts
Maison coloniale, Massachusetts
Colonial House, Massachusetts

1788 (1818)

ABCDEFGHIJK
abcdefghijklmn
&ÆŒ£123456

Bodoni

M. de Robespierre

Brandenburger Tor, Berlin
Porte de Brandenbourg, Berlin
Brandenburg Gate, Berlin

1803

ABCDEFGHIJK
abcdefghijklmn
&ÆOE£1234567

Walbaum

Napoleon I. Bonaparte
Napoléon Ier Bonaparte
Napoleon I. Bonaparte

Arc de Triomphe, Paris

1816

LETTERFOU
NDER CASL
ON JUNR W

Erste Groteskschrift
Première écriture sans serif
First sans-serif

Heinrich Pestalozzi

Altes Museum, Berlin
Ancien Musée, Berlin
Old Museum, Berlin

1821

ABCDEF
IJKLMN
QRSTUV

Italienne

Johann W. von Goethe

San Francesco di Paolo, Neapel
San Francesco di Paolo, Naples
San Francesco di Paolo, Naples

1844

ABCDEFGI
YZabcdefgl
fifl&ÆŒ12

Clarendon

Karl Marx

Joseph Paxton, Kristallpalast, London
Joseph Paxton, Cristal Palace, Londres
Joseph Paxton, Crystal Palace, London

1898

A B C D E F G
a b c d e f g h i j
k l m n o p q r s

Akzidenz-Grotesk

Madame Curie

H. Guimard, Métro-Station, Paris
H. Guimard, station de métro, Paris
H. Guimard, Métro Station, Paris

1927

ABCDEFGHIJK
abcdefghijklmn
&ÆŒ£1234567

Gill

Bert Brecht

Le Corbusier, Villa Savoye, Poissy

1927

ABCDEFGHIJKL
abcdefghijklmn
&ÆŒ£123456

Futura

Charles Lindbergh

F. L. Wright, Wasserfallhaus, Pennsylvania
F. L. Wright, Maison de la chute d'eau, Pennsylvanie
F. L. Wright, «Falling waters», Pennsylvania

1931

ABCDEFGHI
abcdefghijklmn
&ÆŒ£123456

Times New Roman

Herbert Clark Hoover

Alvar Aalto, Detail einer Decke
Alvar Aalto, détail d'un plafond
Alvar Aalto, Detail of a ceiling

1954

ABCDEFGHIJ
abcdefghijklmr
&ÆŒ£123456

Folio

Konrad Adenauer

Le Corbusier, Kapelle Ronchamp
Le Corbusier, chapelle de Ronchamp
Le Corbusier, Ronchamp Chapel

1957

ABCDEFGHIJ
abcdefghijklm
&ÆŒ£12345

Univers

Harold Macmillan

Mies van der Rohe, Technologisches Institut Illinois
Mies van der Rohe, Institut technologique d'Illinois
Mies van der Rohe, Technological Institute, Illinois

1957

ABCDEFGHIJ
abcdefghijklm
&ÆŒ£123456

Helvetica

Papst Johannes XXIII.
Pape Jean XXIII
Pope John XXIII.

Eero Saarinen, Hallenbad Yale University Connecticut
Eero Saarinen, piscine couverte de l'Université de Yale
Eero Saarinen, Swimming-bath, Yale University

1958

0 1 2 3 4 5 6 7
8 9 ⑇ 0 1 2 3 4
5 6 7 8 9 ⑇

E 13 B

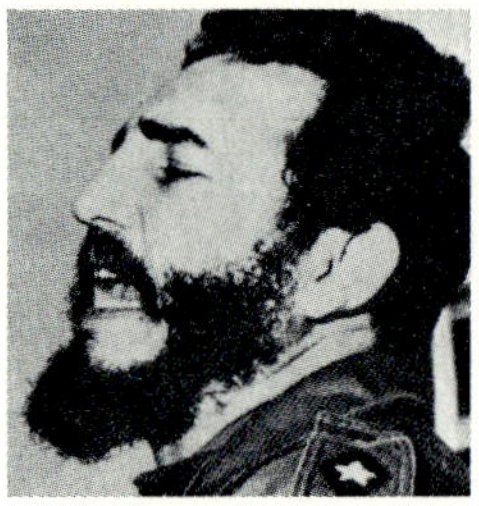

Fidel Castro

Pier Luigi Nervi, Palazzetto dello Sport, Rom
Pier Luigi Nervi, Palais des sports, Rome
Pier Luigi Nervi, Sport Palace, Rome

1963

ABCDEFGHIJ
KLMNOPQRS
TUVWXabcd

OCR-B

John F. Kennedy

Buckminster Fuller, Wood River Kuppel, Illinois
Buckminster Fuller, coupole Wood River, Illinois
Buckminster Fuller, Wood River Dome, Illinois